KB039599

환자안전을 위한
의료판례 분석

02 내과(심장)

김소윤 · 이미진 · 김태호 · 최동훈 · 이 원
조단비 · 이승희 · 정창록 · 이세경 · 정연이 · 손명세

박영사

머 리 말

'사람은 누구나 잘못 할 수 있다'. 사람은 누구나 잘못 할 수 있고 의료인도 사람이므로, 의료인도 잘못 할 수 있다. 그러나 의료인의 잘못은 환자에게 위해로 발생할 수 있기 때문에 받아들이기 힘든 것이 사실이다.

하지만 환자안전과 관련된 사건이 발생할 때마다 사건 발생과 관련된 의료인의 잘못을 찾고 시정하는 것만으로 환자안전의 향상을 기대할 수 있을까? 2010년 빈크리스틴 투약오류로 백혈병 치료를 받던 아이가 사망한, 일명 종현이 사건이 뉴스에도 보고되고 사회적으로 큰 파장을 일으켰지만 2012년 같은 유형의 투약오류 사건이 발생하여 환자가 사망하였다. 이 사건뿐만 아니라 의료분쟁 사례들을 살펴보다 보면 유사한 사건들이 반복되는 것을 알 수 있다. 그렇기 때문에 환자안전의 향상을 위해서는 의료인의 잘못에 집중하는 것이 아니라 다른 차원의 접근이 필요하다.

이러한 유사한 사건들이 재발하지 않도록 하려면 어떤 노력을 해야 할까라는 고민 속에서 '의료소송 판결문 분석을 통한 원인분석 및 재발방지 대책 제시' 연구가 2014년부터 시작되었다. 대한의사협회의 발주를 받아 의료소송 판결문의 수집 및 분석을 통해 해당 사례의 원인을 분석하고, 원인별 재발방지대책을 주체별로 제시하는 연구를 수행하였다. 당시 내과, 외과, 산부인과, 정형외과, 신경외과 의료소송 판결문을 활용하여 환자안전의 향상을 위한 연구('의료소송 판결문 분석을 통한 재발방지 대책 수립 연구')를 수행하였고, 현재는 의료행위별로 분류하여 원인분석 및 재발방지 대책 제시 연구가 진행되고 있다.

연세대학교 의료법윤리학연구원에서는 그동안 의료의 질 향상 및 환자안전을 위해 다양한 노력을 기울여왔다. 1999년 '산부인과 관련 판례 분석 연구'를 시작으로 '의료분쟁조정제도 실행방안 연구', '의료사고 피해구제 및 의료분쟁 조정 등에 관한 법률 실행방안 연구', '의료사고 예방체계 구축방안 연구' 등을 수행하였고, 이를 통해 의료사고 및 의료소송과 관련된 문제들을 다각도로 바라보았다. 이와 같이 의료분쟁의 해결에서 머무는 것이 아니라 이러한 사례들을 통해 의료체계의 개선이 이루어질 수 있도록 정책적 제안에도 힘써왔다. 연구뿐만 아니라 연세대학교 대학원 및 보건대학원에서 의료소송 판례 분석과 관련된 강의들을 개설하여 교육을 통해 학생들의 관심을 촉구하였다. 또한 환자안전 및 환자안전법 관련 연구를 수행하면서 환자안전법 제정 및 환자안전 체계 구축을 위해 노력하였다.

2015년 1월 제정된 환자안전법이 시행되고, 환자안전 보고학습시스템 구축 및 운영 초기 단계이다. 의료기관 내에서 발생한 환자안전사건을 외부에 공개하고 보고하기 어려운 사회적 분위기 등을 고려하였을 때 의미있는 분석 및 연구가 가능하기에는 시간이 걸릴 것으로 예상된다. 이에 이미 수집되어 있는 의료분쟁 및 의료소송 자료를 활용하여 분석한 해당 연구들이 환자안전법 및 보고학습시스템의 원활한 시행에 도움이 될 것으로 생각된다.

의료사고 또는 의료분쟁과 관련하여 여러 사례들을 소개하는 서적이 출판되었으나, 환자안전의 향상을 위해 의료소송 사례를 활용해 원인분석 및 환자·의료인·의료기관·법제도 측면에서의 재발방지 대책을 제시하는 서적은 없었다. 또한 이 책에서 제시된 다양한 사례들을 통해 각 분야별 의료인 및 보건의료계열 학생들은 임상에서 발생 가능한 의료사고들을 간접적으로 체험할 수 있고, 예방을 위해 지켜야 할 사항들을 숙지할 수 있을 것이다.

의료소송 판결문 분석 연구를 수행할 수 있도록 연구비를 지원해 준 대한의사협회 의료정책연구소와 진료 등으로 바쁘신 와중에도 적극적으로 참여해 주신 자문위원분들께 감사를 표한다. 또한 본 저서가 출판될 수 있도록 지원해준 박영사에 감사드린다.

이 책들이 우리나라 환자안전 향상에 조금이나마 기여할 수 있기를 간절히 바라며, 제도의 개선을 통해 환자와 의료인 모두가 안전한 의료환경이 조성되기를 진심으로 기원한다.

2016년 12월

저자 일동

차 례

제1장

서 론

1980년대 중반 이후 의료분쟁은 꾸준히 증가하고 있으며, 이로 인한 다양한 부작용이 사회적으로 중요한 문제가 되고 있다(민혜영, 1997). 의료사고의 예방을 위해서는 의료사고 및 의료분쟁 해결 기전의 변화만으로는 의미 있는 진전을 기대하기 어려우며(Institute of Medicine, 2000), 현재 우리나라 상황을 고려하였을 때 의료사고 예방 대책을 위한 연구의 일환으로 의료분쟁에 관한 연구를 시행할 수 있다. 의료분쟁은 진료과목별로 분쟁의 양상과 해결 양상이 다르며, 유사한 의료분쟁이 반복되는 경향이 있다(신은하, 2007). 또한 의료사고의 경우 의료소송 판결문의 분석을 통해 사고 원인의 유형별 분류 및 의료사고로 가장 많이 연결되는 의료행위의 파악이 가능하다(민혜영, 1997). 따라서 진료과목별 특성과 원인을 분석해 예방이 가능한 부분은 예방대책을 세워, 같은 일이 반복되지 않도록 대비하여야 한다.

본 저서는 대한의사협회의 연구용역을 통하여 진행된 연구의 내용을 바탕으로 한다. 연구 대상인 판결문은 연세대학교 의료법윤리학연구원에서 보유 중인 판결문 10,048건을 활용하였다. 해당 판결문은 의료법윤리학연구원 소속 연구원들이 법원도서관을 방문하여 의료민사 판결로 검색되는 판결문의 사건번호와 법원명을 수집하였으며, 각 법원에 판결서사본 제공을 신청하여 판결문을 취득하였다. 이 중 연구에 사용할 판결문은 전체 진료과목의 사건발생시기부터 소송 종결시기까지의 평균소요기간인 약 3.38년(연세대학교 의료법윤리학연구원, 2012)과 정형외과 의료소송의 평균소요기간인 약 4.23년(이원, 2013)을 고려하여 사건번호를 기준으로 2005-2010년 사이인 판결문으로 하였다. 다만 2005년 이전 사건번호는 연구 대상인 사건과 연결되는 판결문인 경우에는 인과관계 파악에 필요하므로 포함하였고, 이렇게 확인된 판결문은 6,074건이었다.

확인된 판결문 중 배상금액이 있는 사건의 건수를 기준으로 상위 4개 과목(산부인과, 정형외과, 내과, 신경외과)과 외과 판결문을 추출하였다.[1] 이 과정을 통해 확인된 내과 판결문은 112건이었다. 판결문 확인 작업을 완료한 후 계량분석 준비 단계, 계량분석 단계, 질적분석 준비 단계, 질적분석 단계로 진행하였다.

사건 발생일시, 소송 진행 현황, 소송의 원인이 된 주요 과정, 사고결과, 과오분류, 최종심 판단 등을 파악하고, 엑셀을 활용하여 기술통계가 가능한 자료로 변환하였다. 해당 자료에 대하여 기술통계 분석을 실시하였고, 소송의 원인이 된 주요 과정, 사고결과 등 계량분석 결과를 참고하여 전문가 자문회의를 거쳐 20건의 질적분석 대상을 선정하였다. 자문단은 대한내과학회를 통하여 전문가를 추천받았으며, 그 외에 연세대학교 의료법윤리학연구원의 겸임교수진 등을 활용하여 구성하였다.

선행연구 결과에 따르면 심장내과가 치료처치에 관한 분쟁이 가장 많이 발생하였으며(연세대학교 의료법윤리학연구원, 2012), 특히 치료처치 중 스탠트 시술 등의 심장내과 관련 사고가 가장 많이 발생하는 것을 확인하여 질적분석 대상으로는 심장내과 관련 판결문을 선정하였다. 주요 사고원인 진단명 및 개요에 따라 분류된 판결문에 대해 자문회의를 진행하였으며, 이를 통해 급성심근경색, 고혈압, 협심증, 관상동맥경화, 허혈성심질환에 해당되는 판결문 20건을 선정하였다.

질적 분석은 사건의 발생원인 파악 및 사건의 재발을 방지하기 위하여 판결문에 제시된 내용을 토대로 여러 방향에서의 사건 발생의 가능성을 추정하고 이를 방지하기 위한 사항을 제안하였다. 이를 위하여 판결문의 내용을 시간순서대로 재구성하고, 원고(환자)가 주장하는 사항과 피고(의료진 및 의료기관)가 주장하는 사항 그리고 이에 대한 법원의 판단을 구분하여 제시하였으며, 손해배상의 범위 등에 관하여 제시하였다. 이를 토대로 문제가 된 진료 과정을 다시 한 번 분류하여, 가장 근접한 인적 요

---

1) 배상금액이 있는 사건의 건수를 기준으로 5위는 성형외과, 6위는 외과였다. 연구의 목적 및 상위 4개 과목 등을 고려하였을 때, 6위인 외과가 더 적합하다고 판단되어 연구대상 과목으로 외과를 선정하였다.

인(환자 측 요인, 의료인 측 요인)과 시스템적 요인(의료기관 내 요인, 법제도적 요인)으로 나누어 분석하였다. 다음으로 인과관계도를 활용하여 사건의 원인과 재발방지책을 제시하였으며, 마지막으로 주체별(환자, 의료인, 의료기관, 학회 및 직능단체, 국가 및 지방자치단체)로 재발방지를 위한 사항을 제안하였다. 분석된 자료는 자문단의 검토 과정을 통하여 부족한 부분을 보완하였다.

이 책에서는 진단 지연 또는 진단 미비, 부적절한 처치 및 처치 지연, 검사 및 시술, 투약, 기타로 분류하여 사건의 개요, 법원의 판단, 손해배상범위, 사건 원인 분석과 재발 방지 대책을 소개하겠다.

┃ 참고문헌 ┃

민혜영. (1997). 의료분쟁소송결과에 영향을 미치는 요인에 관한 연구. 연세대학교 학위논문.

Institute of Medicine Committee on Quality of Health Care in America; Kohn, L. T., Corrigan, J. M., Donaldson, M. S. editors (2000). To err is human: building a safer health system. Washington, DC: National Academies Press, 이상일 역(2010), 사람은 누구나 잘못 할 수 있다: 보다 안전한 의료 시스템의 구축, 이퍼블릭.

신은하. (2007). 의료분쟁 발생 현황 및 진료과목별 분쟁 특성 분석. 연세대학교 학위논문.

연세대학교 의료법윤리학연구원. (2012). 위험도 상대가치 개선을 위한 의료사고 비용조사 연구.

이 원. (2013). 정형외과 의료소송 판결문 분석을 통한 경향 파악과 원인 분석. 연세대학교 학위논문.

진단 지연 또는 진단 미비
관련 판례

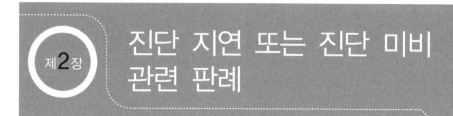

제2장

진단 지연 또는 진단 미비 관련 판례

판례 1. 검사미비로 치료시기를 놓쳐 환자가 영구심장장애 판정을 받은 사건_서울고등법원 2008. 5. 8. 선고 2007나66868 판결

1. 사건의 개요

환자가 급성심근경색증을 의심할 수 있는 증상을 보였음에도 의료진이 적절한 검사 및 조치를 취하지 않고 오진하여, 환자가 치료 시기를 놓쳐 영구심장장애 판정을 받은 사건이다[서울동부지방법원 2007. 5. 25. 선고 2005가합14258 판결, 서울고등법원 2008. 5. 8. 선고 2007나66868 판결]. 자세한 사건의 경과는 다음과 같다.

날짜	시간	사건 개요
		환자: 1946. 11. 30.생 남자(사고당시 56세 1개월), 기대여명 21.88년 피고: 내과의원 개설·운영 의사
2003. 01. 21.		• 환자는 자신의 집에서 쥐어짜는 듯 한 흉통을 느낌 • 통증은 왼쪽 어깨와 팔로 퍼지면서 30분 이상 지속되다 가라앉음
	10 : 30	• 환자는 새벽녘에 갑작스런 흉통(sudden Left chest pain at dawn)이 있었다고 호소 = 흉부 X-Ray촬영 후 기타 흉통 및 만성 표재성 위염 진단 = 3일분의 위장약 처방
2003. 01. 24.		• 쥐어짜는 듯한 흉통, 호흡곤란, 현기증 동반

날짜	시간	사건 개요
2003. 01. 24.	11 : 16	• 환자 갑작스러운 흉통 및 허약감 호소 • 피고는 기타 흉통 및 만성 표재성 위염으로 진단, 다만 잡음(murmur)이 들리니 큰 병원에 가보라 권고, 진료의뢰서 작성 • 3일분 위장약 처방
2003. 01. 25.	10 : 47	• A병원 내원 • 심초음파 검사 결과: 급성 심근경색증, 승모판 역류, 심실중격결손 진단 심전도 검사 결과: 전체 전벽의 급성 심근경색 진단 • S대학병원 심혈관센터(이하, S병원)로 전원

		• S대학병원 심혈관센터(이하, S병원)에서 실시한 관상동맥조영술 결과
		  = 우측관상동맥이 50%까지 협착, 좌 전하행관상동맥은 거의 전면적 폐색 등 혈관의 심한 협착이 다발성으로 존재하는 것으로 나타남
		  = 급성 심근경색증, 급성 심실중격결손 진단
		• 우측 대동맥내 풍선펌프도관삽입수술 시행

2003. 01. 27.		• 관상동맥우회로수술, 심실중격결손 패치 복구수술 시행 • 수술 후 폐부종 등 발생: 보존적인 치료 시행
2003. 02. 26.		• S병원 퇴원: 퇴원 당시 급성 심근경색증, 심실중격결손, 3등급의 승모판 역류, 1등급의 삼천판 역류 진단
2003. 06. 05.		• S병원에서 심초음파 검사 실시
2003. 06. 26.		• 심근경색증의 합병증인 심부전과 승모판 폐쇄부전증 치료를 위해 승모판륜성형술 시술 시행
		※ 참고: 환자의 좌심실 구획률[1] 표
2004. 05. 07		• 심장장애 3급 판정(노동능력상실률 100%)
현재		• 허혈성 심근증에 의한 만성 심부전증으로 잔존심장 기능이 정상인의 약 50%에 불과하고 활동시 중증의 호흡곤란과 간헐적인 심실성 부정맥이 발생하여 정상적인 노동활동이 불가능한 상태임

일자	구획률
2003. 01. 25.	47%
2003. 06. 05.	41%
2004. 04. 09.	21%

1) 좌심실 구획률(LVEF, left ventricular ejection fraction)이란 좌심실의 수축기능을 평가하는 지표로서 55% 내지 76%가 정상치이고, 구획률 40% 미만을 심부전으로 분류한다.

2. 법원의 판단

가. 의료과실 유무에 대한 판단: 법원 인정(제1심·항소심)

○ 환자가 1월 21일 최초 내원시 30분 동안 쥐어짜는 듯한 흉통 등 급성심근경
색증의 전형적인 증상을 호소하였음에도 피고(내과 의사)가 기본적인 심전도
검사도 시행하지 않은 채 만성표재성 위염으로 오진하였다. 1월 24일 두 번
째 내원 시에도 만성위염으로 오진하여 환자가 급성 심근경색증에 대한 적절
한 처치를 받지 못하게 함으로써 합병증이 발생하게 하여 현재와 같은 심장
장애를 초래한 잘못이 있다. 손해배상 범위를 피고의 책임비율 50%로 제한
하여 인정한 1심 판결 부당하다고 주장한다.

○ 피고(의원 의사)는 1월 21일 흉통을 호소하는 환자에 대해 심근경색증의 가능
성을 의심하여 심전도 검사와 흉부 X-Ray 촬영을 하였고, 특이소견이 발견
되지 않아 위장약을 처방하였다. 환자에게 심근경색증 가능성이 있어 큰 병
원에 가볼 것을 권유하였다. 1월 24일 환자 내원 시 심근경색증 가능성이 있
어 큰 병원에 가보라 하면서 진료의뢰서를 작성해주었다. 설령 책임이 인정
된다 하더라도 책임비율이 10% 이내로 제한되어야 한다.

○ 제1심의 판단

 – 흉통 환자에 대해 심근경색증을 진단함에 있어 심전도 검사와 혈청 표지자
검사, 심초음파 검사, 관상동맥조영술 등이 이용될 수 있다.

 – 일반적으로 심근경색증의 진단에 있어 심전도 검사와 혈청 심장표지자 검
사를 통해 심근효소를 측정하는 것이 필수적이다.

 – 1월 21일과 1월 24일 환자에 대해 흉통환자에게 일반적으로 실시되는 심
전도 검사를 하지 않았다(피고(의원 의사)는 심전도 검사를 하였다고 주장하나,
이를 인정할 근거는 없다).

 – 2월 21일 환자에 대하여 일단 심근경색증을 의심하였으면 비록 흉부
X-ray 촬영 검사 상 이상소견이 보이지 않더라도 혈청 심장표지자 검사
를 하여야 함에도 혈액검사 설비가 없다는 이유로 이를 하지 않았고, 큰
병원으로 전원조치도 취하지 않았다.

- 위장약을 먹고 상태가 호전되었다는 환자의 말에만 주목하여 환자를 만성 표재성 위염으로 오진한 잘못이 있다.
- 급성 심근경색증은 조기에 발견하여 적절한 치료를 행하였을 경우 그 예후 가 비교적 양호한 것으로 알려져 있다.
- 피고(의원 의사)가 환자를 처음 진단한 1월 21일에 비하여 진료의뢰서를 작 성하여 준 1월 24일에 환자의 심근경색이 악화되어 승모판역류의 증상까 지 나타났던 것으로 보인다.
- 따라서 환자의 심장장애는 피고의 위와 같은 오진으로 급성 심근경색증의 치료시기가 늦어져 발생하였다 할 것이다.

○ 항소심의 판단
- 피고(의원 의사)는 환자의 증상이 급성심근경색증을 의심할 수 있는 요소이 므로 동인에게 급성심근경색증이 발생하였는지 여부를 확인하기 위해 심 전도 검사 등 기본적인 검사를 실시하고, 그 결과에 따라 즉시 큰 병원으 로 전원조치를 취하여야 함에도, 기본적인 검사도 하지 않은 상태에서 만 연히 환자의 증세를 기타 흉통 및 만성표재성 위염으로 오진하여 귀가시킨 잘못이 있다.
- 피고(의원 의사)가 1월 21일 작성한 진료기록지에 심전도 검사를 의미하는 '사지단극유도 및 흉부유도' 기재가 있으나, 일반적으로 심전도 검사를 하 였을 때 기재하는 'EKG' 표시가 없었을 뿐만 아니라 검사결과지도 제출하 지 못하였다. 그리고 환자의 상태가 더 악화된 1월 24일에도 심전도 검사 에 관한 아무런 기재가 없는 점 등을 비추어 볼 때, 1/21자 진료기록지 중 심전도 검사를 의미하는 위 기재를 그대로 믿기 어렵다.
- 급성심근경색증은 조기에 발견하여 적절한 치료를 행하였을 경우 그 예후 가 비교적 양호한 것으로 알려져 있다.
- 심근경색증의 합병증인 심실중격결손이 발생하기까지 보통 2~4일정도 걸 리는데 환자가 처음 내원한 1월 21일에 비하여 두 번째 내원한 1월 24일 에 허약감과 심잡음이 나타나는 등 급성심근경색증에 따른 합병증의 증상 을 보였다.

- 1월 25일 A병원에서 급성심근경색증, 승모판 역류, 심실중격결손 등의 진단을 받은 점을 비추어볼 때 피고가 제때 환자에 대한 급성심근경색증을 진단하여 초기에 적절한 대응조치를 취하였다면 현재 환자에게 발생한 심장장애를 피하거나 그 정도를 완화시킬 수 있는 고도의 개연성이 있다 할 것이다.

3. 손해배상범위 및 책임 제한

가. 피고의 손해배상책임 범위: 50%(제1심) → 40%, 30%(항소심)

나. 제한 이유

(1) 환자에게 발생한 급성심근경색증의 원인은 수년 이상 진행된 관상동맥 내 동맥경화 및 혈전 형성이 그 유발인자인 점

(2) 피고가 1월 21일 전원조치를 취하였다 하더라도 환자는 관상동맥성형술 등 급성심근경색증 치료에 대한 비용을 지출하였을 것으로 보이고 합병증이 전혀 없었으리라 단정할 수 없는 점

(3) 환자에게 발생한 합병증인 심실중격결손은 심근경색증 환자의 0.2%에게만 발생하여 그 빈도가 극히 낮은 점

(4) 급성 심근경색증의 경우 심전도가 정상이거나 경미한 심전도 변화만 나타날 수 있고, 혈청 심장표지자 검사의 성질에 비추어 피고가 심전도 검사와 혈청 심장표지자 검사를 시행했다 하더라도 반드시 심근경색증의 징후를 발견할 수 있었으리라 단정할 수 없는 점

(5) 환자의 심장장애로 기대여명의 감소가 예상되나 이를 정확히 예측하기 어려운 점

(6) 환자가 피고의원에 내원하여 피고에게 흉통을 호소하기는 하였으나 초진 당시 급성심근경색증을 바로 의심할 수 있는 극심한 통증을 호소한 것으로는 보이지 않은 점

(7) 심근경색증 이외에도 협심증, 심낭염, 대동맥 박리, 폐동맥 고혈압 뿐만 아니라 위, 식도 역류증에 의하여도 흉통이 발생할 수 있어 흉통만으로 심근경색증을

진단하기 그다지 용이하지 않은 점

(8) 이 사건 급성심근경색증은 비교적 완만하게 진행되었고, 피고가 1월 24일 재진 당시 큰 병원에서 재검진을 받을 것을 권유하여 진료의뢰서를 작성하여 주었으나 환자가 그 다음날에야 A병원을 찾아간 점

다. 손해배상책임의 범위

(1) 제1심: 총 54,123,342원

(가) 재산상 손해: 37,123,342원

    ① 일실수입: 74,740,260원(49,480,521원의 50%)

    ② 치료비 등 손해: 12,383,082원(24,766,164원의 50%)

      − 입원치료비: 9,718,105원(19,436,210원의 50%)

      − 약값: 2,664,977원(5,329,954원의 50%)

(나) 위자료: 17,000,000원

(2) 항소심: 총 42,249,506원

(가) 재산상 손해: 27,249,506원

    ① 일실수입: 19,792,208원(49,480,521원의 40%)

    ② 치료비 등 손해: 7,457,298원

      − 입원치료비: 5,830,863원(19,436,210원의 30%)

      − 약값: 1,626,435원(5,421,450원의 30%)

(나) 위자료: 15,000,000원

4. 사건 원인 분석

본 사건은 흉통으로 피고 병원에 두 차례 내원한 환자에 대해 피고의사가 기본적인 심전도 검사를 시행하지 않아 급성심근경색을 발견하지 못하였을 뿐만 아니라 단순히 만성표재성 위염으로 진단, 급성심근경색의 치료시기가 늦어져 그로인한 합병증이 발생한 사건이다. 본 사건과 관련된 문제점 및 원인을 분석해본 결과는 다음과 같다.

첫째, 의료인은 급성 심근경색이 의심되는 증상(흉통 및 심장잡음)에도 적절한 검사조치를 하지 않은 잘못이 있다. 이 같은 의료인의 잘못은 의료기관 내 표준 진료지침의 미비로 인하여 발생할 수 있을 것으로 추정된다.

둘째, 환자의 경우 급성심근경색이 의심된다는 의료인의 진료의뢰서를 받았음에도 불구하고 그 즉시 큰 병원에 가지 않은 잘못이 있다.

셋째, 법·제도적인 요인으로는 각 의료기관 종별 진료수준에 대한 관리가 소홀한 것으로 생각된다. 또한 인터넷으로 습득할 수 있는 무분별한 건강정보에 대한 관리가 필요하다. 응급상황 발생 시 쉽고 빠르게 이용 가능함과 동시에 정확한 건강정보에 대한 지원체계가 부재한 것으로 보여진다(〈표 1〉 참조).

〈표 1〉 원인분석

분석의 수준	질문	조사결과
왜 일어났는가? (사건이 일어났을 때의 과정 또는 활동)	전체 과정에서 그 단계는 무엇인가?	－ 진단 단계(심혈관 질환으로 의심되는 증상으로 두 차례 내원한 환자에 대해 피고의사는 기본적인 심전도 검사를 시행하지 않아 급성심근경색을 발견하지 못하였을 뿐만 아니라 만성 표재성 위염으로 진단하여 급성심근경색의 치료시기가 늦어짐)
가장 근접한 요인은 무엇이었는가? (인적 요인, 시스템 요인)	어떤 인적 요인이 결과에 관련 있는가?	• 환자 측 － 의료진이 재진 당시 큰 병원에서 재검진을 받을 것을 권유하고 진료의뢰서를 작성하여 주었으나 환자는 즉시 병원에 내원하지 않고 다음날 내원함 • 의료인 측 － 급성심근경색증을 의심할 수 있는 증상인 흉통과 심장잡음을 보였음에도 적절한 검사(심전도 검사) 및 조치를 취하지 않음
	시스템은 어떻게 결과에 영향을 끼쳤는가?	• 의료기관 내 － (추정) 표준 진료지침 미비 • 법·제도 － 의료기관의 진료 수준 관리 소홀 － 올바른 건강정보 인식을 위한 지원체계 부재

5. 재발 방지 대책

원인별 재발방지 사항 제안은 〈그림 1〉과 같으며, 각 주체별 재발방지 대책은
아래와 같다.

〈그림 1〉 심장내과 질적01 원인별 재발방지 사항 제안

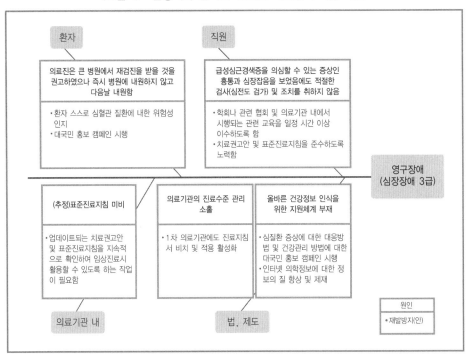

(1) 환자 측 요인에 대한 검토사항

환자는 자신이 가지고 있는 심혈관 질환에 대한 위험성을 인지하고 질병관리방
법에 대하여 숙지하여야 하며 건강한 생활습관을 유지하도록 최선의 노력을 하여야
한다.

(2) 의료인의 행위에 대한 검토사항

급성 흉통 증상을 호소하는 환자에 대해 의료인은 심혈관질환의 가능성을 감안
하여 표준화된 검사절차를 시행해야 할 것이다. 이를 위해 의료인은 전공과 관련된

보수교육 및 학회참석을 일정시간 이상 이수하도록 하여 표준화된 검사절차를 숙지해야 하며 이를 철저히 실시해야 한다. 뿐만 아니라 질병과 관련된 환자교육은 의사의 책임인 만큼 이에 대한 인식을 높일 필요가 있으며 환자가 권고사항을 잘 따를 수 있도록 발생 가능한 합병증 및 위험성에 대해 구체적으로 설명할 필요가 있다.

(3) 의료기관의 운영체제에 관한 검토사항

각 의료기관은 치료권고안 및 표준 진료지침의 변동을 지속적으로 확인해야 하며 변경된 사항을 의료진과 공유하여 이를 따르도록 노력해야 한다. 더불어 의료기관 내 환자교육관련 부서를 설치하여 질병관리방법에 대한 효과적인 환자 교육방법을 개발하고 제공해야 한다.

(4) 학회·직능단체 차원의 검토사항

관련협회는 개원의나 1차 의료기관에서도 치료권고안 및 표준 진료지침을 활용할 수 있도록 배포해야 하며 지속적으로 업데이트되는 관련 정보를 수집, 검토하고 발표하여 의료기관 및 의료인이 치료권고안 및 표준 진료지침의 접근성을 높이도록 해야 한다.

(5) 국가·지방자치단체 차원의 검토사항

1차 의료기관은 2, 3차 의료기관보다 치료권고안 및 표준 진료지침의 접근성이 떨어질 수 있다. 그러므로 1차 의료기관에서도 진료지침서를 반드시 비치하도록 하고 활용하도록 하는 제도적인 노력이 필요하다. 심혈관 질환 증상에 대한 대응방법 및 건강관리 방법에 대한 대국민 홍보 캠페인을 시행해야 한다. 일반인들의 접근이 쉬운 인터넷 의학정보에 대하여 부정확하고 확인되지 않은 정보의 유포를 막고 정보의 질을 향상시켜 대중이 양질의 의학정보를 쉽고 빠르게 얻을 수 있도록 해야 한다.

▌참고자료 ▌ 본 판결에서 참고하고 있는 의학적 소견[2)]

- 급성심근경색의 유발인자로는 과거력상 협심증의 증상이 흔하며 생활의 커다란 변화 등과 같은 과도한 정신적 스트레스, 흡연, 당뇨병, 고혈압 및 고콜레스테롤혈증이 있다. 특히 흡연의 여부가 중요한데 나이가 젊을수록 흡연 여부는 더욱 중요한 위험 인자가 된다.
- 급성 심근경색증의 임상증상은 세기의 감소가 없는 흉통, 발한, 목이나 팔의 저림, 호흡곤란, 상복부 통증, 구토, 유약감, 피로감 등이고, 전형적인 흉통의 특징은 흉골후 부위에 심한 통증이 나타나면서 그 통증이 목이나 턱, 어깨, 좌측팔의 안쪽 또는 등으로 퍼지는 방사통을 동반하며, 30분 이상 지속되는 흉통과 발한은 급성 심근경색을 강력히 시사한다.
- 급성심근경색의 진단은 지속적인 흉부 불편감의 병력, 심근허혈이나 괴사의 심전도, 심장효소의 상승, 심초음파 검사, 관상동맥조영술 등을 통하여 이루어지는데, 심전도와 심장효소의 상승을 측정하기 위한 혈청 심장표지자 검사가 가장 흔히 이용되고, 치료 방법으로 혈전용해요법과 관동맥 확장성형술, 헤파린요법 등이 있다.
- 급성 심근경색증의 사망률은 약 30%이며, 이미 심근경색이 발생하였다면 발생 1시간 내에 급사의 가능성이 가장 높으므로, 초기 치료대응이 중요하다. 급성 심근경색증의 치료는 ST분절의 상승 유무에 따라 차이가 있으나, 항혈소판제와 항혈전제를 투여하며, 적응증이 될 때 경피적 관동맥성형술이나 혈전용해제를 단독 병합하여 사용할 수 있다. 조기 치료에 따른 예후는 환자의 상태에 따라 다르므로 일률적으로 평가할 수는 없지만, 혈전용해제 투여 또는 중재 시술을 받음으로써 막힌 혈관이 개통되었다면 조기의 적절한 치료가 예후에 중요한 역할을 한다고 보고되어 있다.
- 급성심근경색의 합병증으로는 심인성 쇼크, 심부전과 기계적 합병증으로서 심근의 허혈성 변화에 의한 심실중격결손, 중증의 급성승모판폐쇄부전증, 심근파열, 우심실경색, 심실류, 가성심실류 등이 있다. 급성심근경색증 환자의 약 0.2%에서 발생하는 심실중격결손은 급성심근경색증 후 보통 2일에서 4일 정도가 걸리나 때로는 수 시간에서 2주 후까지 다양하게 나타나며, 승모판폐쇄부전증은 허혈과 경색에 의한 심실 모양이나 크기의 변화에 의하여 발생하고 10% 내지 50% 범위에서 심잡음을 동반하기도 한다.

---

2) 해당 내용은 판결문에 수록된 내용임.

판례 2. 응급실을 찾은 허혈성 심질환 환자를 역류성 식도염으로 오진 후 귀가 조치하여 사망에 이른 한 사건_부산고등법원 2008. 12. 18. 선고 2008나11078 판결

1. 사건의 개요

의료진은 허혈성심질환이 의심되는 통증으로 내원한 환자에게 니트로글리세린을 복용하게 하였다. 이후에도 환자의 통증이 지속되어 병원 응급실에 내원하였고, 심전도 상 T파 역위가 나타났다. 급성심근경색이 의심됨에도 불구하고 의료진은 이에 해당하는 검사 및 전원조치를 하지 않았다. 또한 니트로글리세린 복용 후에도 통증이 지속될 경우 경과관찰 또는 관상동맥중재술 가능 병원으로 전원조치를 해야 함에도 역류성 식도염 약을 처방하고 귀가 조치하여 환자가 사망에 이르게 된 사건[창원지방법원 2008. 6. 26. 선고 2007가합6598 판결, 부산고등법원 2008. 12. 18. 선고 2008나11078 판결]이다. 자세한 사건의 경과는 다음과 같다.

날짜	시간	사건개요
		환자: 여자, 1962. 9. 23.(사고 당시 44세 9개월) 원고 1: 환자의 자녀 원고 2: 환자의 자녀 피고 1: 의료법인의 관리인 피고 2: 피고 병원의 내과의 피고 3: 피고병원의 당직의
2007. 7. 16.		• 환자는 인후작열감, 가슴통증, 호흡곤란 등의 증상을 보여 이비인후과에서 치료받았으나 증상의 호전 없었음
2007. 7. 18.	오전	• 18일 오전 무렵 의료법인(이하 '피고재단'이라 함)이 운영하는 병원(이하 '피고 병원')에 내원함 • 피고 병원의 내과의사인 피고는 흉부 방사성 사진 촬영, 심전도 검사, 일반혈액검사, 심근효소검사, 간기능검사 등을 시행한 뒤 허혈성 심질환 또는 역류성 식도염을 의심 = 허혈성 심질환에 대한 아스피린, 니트로글리세린을 역류성 식도염에 대한 디아제팜, 가스모틴 등을 처방 후 귀가 조치함

날짜	시간	사건개요
2007. 7. 19		• 환자는 귀가 후 처방받은 니트로글리세린을 복용하였으나 두통과 가슴 통증이 더 심해지자 투약을 중단하고 오전 무렵 다시 피고 병원에 내원함 • 피고 2 내과의는 이비인후과에 협진을 요청, 후두내시경검사를 시행했으나 특이소견 발견되지 않음 • 간염 등 복부질환 여부를 확인하기 위해 초음파 검사를 예약
2007. 7. 19	23:30	• 환자는 심한 통증이 지속되어 피고 병원 응급실에 내원함 • 당직의사 피고 3인 당직의도 환자에게 심전도 검사 시행함 = 검사결과: V1-V3 유도에서 허혈성 심질환 의심소견인 T파(심실의 이완, 재분극 시기에 나타남)역위 나타남
2007. 7. 20.	00:55	• 피고 3인 당직의는 역류성 식도염에 대한 약(제산제)만 처방한 뒤 날이 밝으면 다시 내원하여 담당의사의 진료를 받으라 하고 환자를 귀가 조치함
2007. 7. 20.	01:50	• 환자는 귀가 후 쓰러져 병원으로 옮기던 도중 사망함 • 부검결과 사인은 허혈성 심질환에 의한 급성심장사로 감정(고도의 다발성 심장동맥경화로 인한 것이라 판단함)

2. 법원의 판단

가. 피고 2 내과의의 손해배상책임 여부: 법원 불인정

환자의 내원 첫날 심전도 검사상 V1-V2 유도에 경미한 ST분절의 상승과 1개의 심방기외수축이 관찰된 점, 허혈성 심질환과 역류성 식도염은 증상이 비슷하여 감별진단이 매우 어려운 점, 심전도 검사결과 나타난 부정맥은 건강한 사람에게도 나타날 수 있는 것으로 허혈성 심질환으로 확진할 수는 없는 점, 피고 2 내과의는 환자의 증상이 허혈성 심질환일 가능성에 대비해 일반적으로 사용되는 아스피린과 니트로글리세린을 처방한 바 있는데 니트로글리세린을 복용한 뒤 증상이 심해진 터여서 허혈성 심질환이 아닌 다른 질병을 의심할 여지가 있었던 점, 환자는 피고 병원에 내원한 때로부터 이틀 만에 사망하여 피고 2 내과의가 환자의 정확한 병명을 알아낼 충분한 시간이 부여되지 아니한 점 등을 고려하여 피고 2 내과의는 환자에 대한 진료나 처치 상 어떤 잘못을 하였다고 보기 어렵다.

나. 피고 재단, 피고 3 당직의의 손해배상책임: 법원 인정

피고 3 당직의는 환자에 대한 심전도 검사를 실시한 결과 심질환을 의심할 수 있는 소견이 나타났으므로 심질환에 대한 약을 처방하고 가능한 추가 검사를 조속히 시행하는 등의 조치를 취해야 하며 심질환 여부를 확인할 때까지 급성 심장사의 가능성에 대비하여 응급실에 계속 머무르게 하거나 적절한 진료가 가능한 병원으로 즉시 옮겨야할 주의의무가 있음에도 이에 이르지 아니한 채 환자를 그대로 귀가시킨 잘못이 있다.

3. 손해배상범위 및 책임제한

가. 의료인 측의 손해배상책임 범위: 20% 제한

나. 제한 이유

(1) 환자는 이 사건 사고 당시 44세의 여자로서 외관이나 혈액검사 등에서 심질환을 의심하게 하는 위험인자가 나타나지 않았고 과거 역류성 식도염을 앓았던 병력이 있었으며 심전도상 관찰된 T파 역위는 정상인에게도 나타날 수 있는 정도인 점

(2) 환자의 경우 마지막으로 병원에 내원한지 3시간 만에 사망하였는데 고도의 다발성 동맥경화로 인한 허혈성 심질환은 수술을 받더라도 생존확률이 높지 않을 뿐 아니라병원은 이에 대한 수술처치가 불가능 하여 인근병원으로 후송하였어야 하기 때문에 가령 마지막 내원 시 환자에 대하여 적절한 조치가 취해졌다 하더라도 환자가 사망에 이르렀을 가능성이 매우 컸었던 점

다. 손해배상책임의 범위: 총 33,536,152원

(1) 일실소득: 29,936,153(114,680,766원의 20%)

(2) 장례비: 6,000000원(3,000,000원의 20%)

(3) 위자료: 1,000,000원

4. 사건 원인 분석

이 사건은 허혈성 심질환이 의심되는 심한 통증을 호소하던 환자가 니트로글리세린 복용 후에도 통증이 지속되어 병원 응급실에 내원하였던 경우이다. 이에 당직의사(피고 3)가 시행한 심전도 검사결과 V1-V3 유도에서 허혈성 심질환 의심소견인 T파 역위가 나타났음에도 역류성 식도염에 대한 약(제산제)만 처방한 뒤 환자를 귀가조치하여 사망하였다. 이 사건과 관련된 문제점 및 원인을 분석해본 결과는 다음과 같다.

첫째, 응급실 의료인은 검사 결과 상 정상인에게서 나타날 수 있는 수준이라 하더라도 심질환을 의심할 수 있는 소견이 나타났으므로 이에 대한 약을 처방하고 가능한 추가 검사를 조속히 시행하는 등의 조치를 취해야 한다. 그러나 응급실 당직의는 심전도 검사를 실시한 결과 심질환을 의심할 수 있는 소견이 나타났음에도 역류성 식도염에 대한 약제만 처방한 잘못이 있다. 허혈성 심질환 표준 진료권고안에 따른 진료를 행했다면 환자의 진단과 치료 방침 설정에 도움이 되었을 것이라는 자문의견이 있었다.

둘째, 환자와 같이 흉통을 반복적으로 호소하는 환자의 경우 의료진은 반드시 급성 심근경색의 가능성을 고려하여 진료해야 한다. 니트로글리세린의 복용 후에도 통증이 사라지지 않았다면 의료진은 다른 질환뿐만이 아니라 급성 심근경색증을 의심할 수 있어야 하며 심전도 검사를 실시한 결과 그 소견이 정상이라 하더라도 급성 심근경색증을 배제해서는 안 된다. 환자와 같이 니트로글리세린 복용 후에도 흉통이 계속 진행하는 양상을 나타내는 경우에는 다른 원인에 의한 통증을 생각할 수 도 있겠지만 본 사건의 경우 심근경색을 가장 염두에 두어야 하는 상황이었다는 자문의견을 받았다.

셋째, 의사는 심질환 여부를 확인할 때까지 급성 심장사의 가능성에 대비하여 응급실에 계속 머무르게 하거나 적절한 진료가 가능한 병원으로 즉시 옮기지 않고 환자를 그대로 귀가시킨 잘못이 있다. 위 사건과 같이 통증이 있는 상태에서 귀가하도록 하는 것은 적절하지 않다는 자문을 받았다. 경과관찰이나 전원이 필요한 환자를 귀가시킨 것은 의료기관 내 응급환자의 경과관찰이 가능한 인력의 부족이 원인일 수 있으며 집중 경과관찰을 수행할 제도적 지원 및 각 의료기관에 허혈성 심질환 표준 진료권고안을 배포하고 관련 내용에 대하여 교육하는 제도가 미비하기 때문이라 분석된다(〈표 2〉 참조).

〈표 2〉 원인분석

분석의 수준	질문	조사결과
왜 일어났는가? (사건이 일어났을 때의 과정 또는 활동)	전체 과정에서 그 단계는 무엇인가?	− 진단 단계(허혈성 심질환이 의심되는 심한 통증을 호소하던 환자가 니트로글리세린 복용 후에도 통증이 지속되어 병원 응급실에 내원하였으나 당직의사는 심전도 검사 결과 허혈성 심질환 의심소견인 T파 역위가 나타났음에도 역류성 식도염에 대한 약(제산제)만 처방하여 귀가시킴)
가장 근접한 요인은 무엇이었는가? (인적 요인, 시스템 요인)	어떤 인적 요인이 결과에 관련 있는가?	• 환자 측 − 해당사항 없음 • 의료인 측 − 니트로글리세린 복용 후에도 통증이 지속되는 급성심근경색이 의심되는 상황에도 적절한 검사 및 전원조치를 하지 않음(표준진료지침을 따르지 않음)
	시스템은 어떻게 결과에 영향을 끼쳤는가?	• 의료기관 내 − (추정) 응급환자의 경과관찰이 가능한 인력 부족 • 법·제도 − (추정) 경과관찰 미흡/전원이 필요한 환자를 귀가시킨 것은 집중 경과관찰을 수행할 제도적 지원 미흡 − 허혈성 심질환 표준진료권고안의 배포 및 교육 미비

5. 재발 방지 대책

〈그림 2〉 판례 2 원인별 재발방지 사항 제안

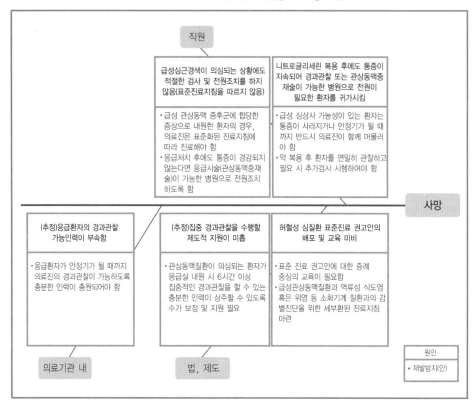

원인별 재발방지 대책은 〈그림 2〉와 같으며, 각 주체별 재발방지 대책은 아래와 같다.

(1) 의료인의 행위에 대한 검토사항

의료인은 허혈성 심질환 표준 진료권고안3)에 따른 진료를 행하도록 한다. 환자

---

3) 〈현재 조기 위험도 분류안〉
 - 첫 심전도가 진단적이지 않지만 환자의 증상이 남아있고 급성 관동맥 증후군이 임상적으로 매우 의심될 경우, ST분절의 상승이나 하강이 발생하는 것을 감지하기 위하여 심전도 검사를 초기에 15분에서 30분 간격으로 시행해야 한다(Level of Evidence: B).
 - 심근효소는 급성 관동맥 증후군에 합당한 흉부 불편감을 호소하는 모든 환자들에게서 측정되

가 역류성 식도염의 과거력이 있다 하더라도 흉통을 호소하는 경우 급성심근경색증을 배제해서는 안 된다. 만일 30분 이상 지속되는 흉통이 있고 그 성상이 허혈성 심질환과 비슷하다면 15분 간격으로 심전도 검사를 반복해야 하며 니트로글리세린 복용 후에도 흉통이 계속 진행하는 양상을 나타내는 경우 유사한 증상을 나타내는 대동맥 박리의 가능성만 배제된다면 심근경색에 준하여 항혈소판제와 헤파린 등을 투여하고 심근효소 수치 결과를 기다려 볼 수 있다. 본 사건의 경우와 같이 니트로글리세린 복용 후에도 흉통이 계속 진행되는 양상이라면 적절한 검사나 응급 관상동맥 중재시술이 필요할 것이며 이러한 시술이 가능하지 않다면 가능한 병원으로의 조속한 전원이 필요하다. 급성 관상동맥 증후군에 합당한 증상(인후작열감, 흉통, 호흡곤란 등)으로 내원한 환자의 경우, 의료진은 증상이 시작된 후 6시간 이내에 실시한 심근효소검사가 음성인 환자일지라도 증상 발생 후 8시간에서 12시간 사이에 심근효소가 다시 측정되어야 하며 초기 심근효소검사가 음성이여도, 통증이 있는 상태에서는 귀가조치하지 않도록 하는 표준화된 진료지침에 따라 진료해야 한다. 또한 급성 심장사 가능성이 있는 환자에게 통증이 사라지거나 안정기가 될 때까지 반드시 의료진이 함께 머물러야 하며 약 복용 후 환자를 면밀히 관찰하고 필요 시 추가검사 시행하여야 한다.

(2) 의료기관의 운영체제에 관한 검토사항

급성관상동맥증후군이 의심되는 응급환자는 최소 응급실에서 6시간 이상 경과 후 심근효소수치가 음성이고 심전도도 정상이며 통증이 소실된 안정된 상태가 될 때까지 의료진의 경과관찰이 가능하도록 충분한 인력이 충원되어야 한다.

어야 한다(Level of Evidence: B).
 - 심근 특이적인 troponin은 급성 관동맥 증후군에 합당한 흉부 불편감을 호소하는 모든 환자들에게서 측정되어야 한다(Level of Evidence: B).
〈허혈성 심질환 표준 진료권고안〉
 - 급성 관동맥 증후군에 합당한 증상이 시작된 후 6시간 이내에 심근효소검사가 음성인 환자에게서, 증상 발생 후 8시간에서 12시간 사이에 심근효소가 다시 측정되어야 한다(혈청 지표 측정 시기를 정확히 결정하는 데에는 측정되는 지표의 배출 역동학 뿐만 아니라 이용되는 검사의 민감도, 정확도, 규격화된 기준치, 그리고 정확한 통증 발생 시각의 불확실성을 고려하여야 한다).(Level of Evidence: B).
 - 급성 관동맥 증후군이 의심되는 환자를 초기 평가할 때 설명되지 않는 증상에 대해서는 관상동맥질환 이외의 원인을 고려해보아야 한다(Level of Evidence: C).

(3) 학회·직능단체 차원의 검토사항

역류성 식도염 혹은 위염 등과 같은 소화기계 질환과 허혈성 심질환의 감별 진단을 위한 진단 및 진료지침을 마련하여 응급진료 의료인을 대상으로 정기적인 교육을 실시해야 한다. 의료기관 내 표준 진료 권고안이 있어도 급성 흉통 환자에 대한 경험이 부족한 경우 실질적인 대처를 잘 못할 가능성이 있으므로 허혈성 심질환 표준 진료 권고안에 대한 증례 중심의 교육이 필요할 것이다.

(4) 법·제도적 차원의 검토사항

응급실 의료 인력의 충원을 통해 경과관찰이 필요한 환자에 대해 집중적으로 관리할 수 있어야 한다. 특히, 관상동맥질환이 의심되는 환자가 응급실 내원 시 6시간 이상 집중적인 경과관찰을 할 수 있는 충분한 인력이 상주할 수 있도록 응급의료에 대한 수가 보정 및 제도적인 지원체계가 필요하다.

▎참고자료 ▎ 본 판결에서 참고하고 있는 의학적 소견[4]

- 허혈은 불충분한 관류로 인한 산소공급부족을 말하고 허혈성 심질환은 다양한 원인에 의해 산소의 공급상 불균형이 초래되어 발생한다. 임상적으로는 관상동맥이 완전히 막히지 않아 운동시 또는 안정시 흉통을 호소하는 협심증과 관상동맥이 완전히 막혀 혈액공급이 30분 이상 차단되어 심근괴사가 오는 심근경색으로 구분한다. 심근허혈의 가장 흔한 원인은 심외막 관상동맥의 죽상동맥경화성 질환이다.
- 심질환을 의심할 수 있는 위험인자는 고콜레스테롤혈증, 고혈압, 당뇨, 흡연, 심질환에 대한 가족력, 나이(남자 45세 이상, 여자 55세 이상), 폐경기, 비만, 고지방 식단 등을 들 수 있다.
- 일반적으로 허혈성 심질환에 대한 진단은 지속적인 흉부 불편감의 병력, 심전도 검사, 심장 효소의 상승, 심초음파 검사, 운동부하검사, 심근관류검사, 3D 관상동맥 CT, 관상동맥조영술 등을 통해 이루어진다. 특히 심전도 검사의 경우 허혈은 정상부위와 허혈부위 간의 전압차를 야기하여 이들 구간 사이에 전류가 흐르게 되고 이러한 '손상전류'는 심전도상 ST분절(심장근육이 수축을 끝내고 휴식을 취하는 초기)의 변화로 표현된다. 중증 심근경색 환자의 경우 통상 심전도 결과가 비정상(T파 반전, ST분절 상승, Q파 형성)으로 나오는 것이 일반적이나 심장마비가 일어나기 전까지 심근경색이 일어난 것이 아니라 반복적인 혈관수축 및 심근허혈이 발생하다가 심근경색이 발생한 지 수분 후에 심장마비가 발생할 수도 있기 때문에 심전도 소견상 심근경색이 미리 발견되지 않는 경우도 있다. 따라서 처음 심전도 소견이 정상이라 하더라도 급성 심근경색증을 배제해서는 안되고 만일 30분 이상 지속되는 흉통이 있고 그 성상이 허혈성 심질환과 비슷하다면 15분 간격으로 심전도 검사를 반복해야 한다.
- 허혈성 심질환을 확진하기 위해 관상동맥조영술을 시행하여 관상동맥 협착부위를 확인하고 관상동맥성형술(풍선확장술), 스텐트(STENT)시술 또는 관상동맥 우회술 등을 시행하여 치료한다.
- 역류성 식도염등 위식도역류질환은 인후통과 흉부 작열감이 특징적인 증상이고, 협심증과 유사하거나 비전형적인 흉통이 있을 수 있다. 한편, 허혈성 심질환에서도 전형적인 흉통 이외에도 위와 유사한 증상이 나타날 수 있기 때문에 감별진단이 반드시 필요하다.

---

4) 해당 내용은 판결문에 수록된 내용임.

판례 3. 환자에게 관상동맥중재술을 시행해야 함에도 불구하고 약물치료만 지속하다가 급성심근경색으로 인한 심폐정지로 환자가 사망에 이른 사건_창원지방법원 2007. 1. 19. 선고 2006나 2500 판결

1. 사건의 개요

심혈관질환의 가능성이 있는 환자는 약물치료 후에도 흉통이 지속되면 관상동맥중재술 등 적절한 응급조치를 시행해야 한다. 이 사건은 환자에게 관상동맥중재술을 시행해야 함에도 약물치료만 지속하다 급성심근경색으로 인한 심폐정지로 환자가 사망에 이른 사건[창원지방법원 2006. 2. 15. 선고 2004가단8459 판결, 창원지방법원 2007. 1. 19. 선고 2006나2500 판결]이다. 자세한 사건의 경과는 다음과 같다.

날짜	시간	사건 개요
		피고: A의료법인 환자: 사고당시 39세, 남
2003. 05. 10 토요일 저녁	18:00	• 환자 극심한 가슴통증 호소
	18:40	• 환자극심한 가슴통증 호소
	19:30	• 마산모병원 응급실 내원 • 응급실 도착 즉시 혈압, 심장박동, 호흡 및 체온 측정, 심전도 확인, 혈당 검사, 혈액검사(각종 효소검사, 혈액응고시간 검사) 등 실시 : 급성심근경색(ST 상승 심근경색 중 전벽성 심근경색)으로 진단

혈압	심장박동수	호흡수	체온	혈당치
80/40	58회/분	26회/분	36.8도	437

• 혈당검사 결과 당뇨병 환자로 보임

	시간	
	19:45	• 처방

아스피린	혈전 추가형성 억제, 재경색 억제 및 생존율 향상을 위한 약물
Isoket	니트로글리셀린과 같은 기능의 약물로서 흉통 완화 및 폐부종 치료를 위한 약물

날짜	시간	사건 개요		
	19 : 48	프라그민	7200 IU	복지부분류 혈액응고저지제	헤파린 성분약물 (달테파린나트륨)
		도부타민	500ml	강심제	
		식염수	500ml		
		X-dopa	800ml		
	19 : 50	• 몰핀(흉통 완화 및 폐부종 치료를 위한 약물) 주입		
	20 : 15	• 심전도 재확인		
	21 : 00	• 환자의 처에게 환자의 상태가 위중함을 알리고 심근경색을 막기 위하여 혈전용해제 사용의 필요성과 사용할 경우 발생할 수 있는 부작용 설명 ＝혈전용해제 사용에 대한 동의를 받음		
2003. 05. 10	21 : 05	• 환자에게 혈전용해제인 유로키나제 1,500,000 IU 정맥 주입		
	21 : 15	• 환자의 심전도 확인		
	21 : 35	• 환자의 심전도 확인		
	21 : 50	• 환자에게 추가로 유로키나제 1,500,000 IU 정맥 주입		
	21 : 55	• 환자의 심전도 확인		
	22 : 25	• 환자의 심전도 확인		
	23 : 15	• 환자의 처에게 환자의 상태에 관하여 설명		
		• 유로키나제 투약 후 흉통완화 등 호전 반응 보임		
2003. 05. 11 일요일 오전	00 : 40	• 가슴 답답함과 호흡곤란 호소		
	01 : 00	• 식염수 1L 연결, X-Dopa 수액을 분당 15방울로 주입(μgtt)		
	01 : 05	• 산소마스크 통해 산소 공급		
		• 그 후 약 15분 내지 30분 간격으로 환자의 혈압, 심장박동수, 호흡수 확인하며 필요에 따라 X-Dopa수액, 식염수 등의 투여량 조절 • 놀핀, 몰핀, 프라그민 등 주입 • 환자는 계속적으로 호흡곤란과 가슴 답답함 및 흉통 재발을 호소		
	06 : 45	혈압	심장박동수	호흡수
		60/30	91회/분	28회/분
	07 : 40	• 얼굴에 청색증 보이기 시작함		

날짜	시간	사건 개요
	08:40	• 피고 병원 내과 과장, 상태 확인 즉시 IABP(대동맥 내 풍선펌프, intra-aortic balooning pump) 시술 결정
2003. 05. 11	08:45	• 환자의 형과 형수에게 환자가 매우 위중한 상태로서 회복하지 못하고 사망할 확률이 80% 정도이고, IABP 시술 중에 사망할 확률도 50% 이상이라는 점을 설명한 후 IABP 시술에 대한 동의를 받음
	09:05 경	• 허벅지 털 면도 후 산소호흡기 착용, 도파민, 도부타민, 놀핀 투여 받는 상태에서 환자 운반차로 혈관 조영실로 이동
	10:07	• IABP 시술을 받은 뒤 기관지 삽관 및 엠부백에 의한 호흡, 심장마사지를 받으면서 중환자실로 이동
		• 중환자실에 도착하였을 당시 이미 의식불명 상태 • 중환자실에서 인공호흡장치와 IABP를 유지하면서 식염수를 최대한 투입하고, 심장마사지를 계속하는 등 응급조치를 하였음

혈압	심장박동수
50/0	82회/분

날짜	시간	사건 개요
	10:40	• 중환자실에서 급성심근경색으로 인한 심폐정지로 사망

2. 법원의 판단

가. 법원 판단의 근거

(1) 환자가 피고(병원)로부터 혈전용해제인 유로키나제를 투여 받은 후 일시적으로 호전반응을 보이다가 다시 가슴 답답함, 호흡곤란 및 흉통 등을 호소하였으므로, 이 경우 피고(병원 의료진)는 그 즉시 환자에 대하여 혈관조영술을 시행하여 혈관 협착의 위치와 범위를 파악한 다음 막힌 부분의 혈관을 확장하는 관상동맥 중재술 등 응급시술을 하여야 했다.

(2) 만일 피고(병원 의료진)가 이를 시행하지 못할 상황에 있었다면 이를 시행할 수 있는 다른 병원으로 환자를 신속하게 전원 시키는 조치를 취하여야 할 의무가 있다.

3. 손해배상범위 및 책임 제한

가. 의료인 측의 손해배상책임 범위: 20% 제한

나. 제한 이유

(1) 환자는 ST 상승 심근경색 중 전벽성 심근경색에 해당되는바, 이는 심근 가운데 가장 중요한 심근의 앞부분이 괴사하는 심근경색으로서 그 치사율이 매우 높은 점

(2) 내원할 당시 이미 심인성 쇼크 상태에서 폐부종 증상을 보이는 등 위중한 상태에 있어 관상동맥 중재술이 불가능하였거나 관상동맥 중재술 도중에 사망할 가능성도 있었던 점

다. 손해배상책임의 범위: 총 38,753,436원(판결 주문: 35,000,000원만 인정)

(1) 일실수입: 26,353,436원(131,767,180원의 20%)

(2) 장례비: 400,000원(2,000,000원의 20%)

(3) 위자료: 12,000,000원

4. 사건 원인 분석

이 사건에서 환자는 극심한 가슴통증으로 피고 병원 응급실에 내원하여 급성심근경색으로 진단받고, 약물치료를 받았다. 일시적으로 상태가 호전되었으나 곧바로 가슴 답답함과 호흡곤란을 호소하였으므로, 피고는 즉시 관상동맥 중재술 등 응급시술을 시행하여야 함에도 약물치료를 지속하였고, 아침이 되어서야 IABP 시술을 시행한 바, 환자는 결국 급성심근경색으로 인한 심폐정지로 사망하였다. 환자가 내원한 시간이 토요일 저녁 7시 30분이었고, 일요일 새벽 12시 40분경 약물 치료 후 다시금 가슴 답답함 등의 증상을 호소하였다. 더욱이 6시 45분경 환자의 혈압이 60/30까지 떨어지고, 7시 40분경 얼굴에 청색증을 보였음에도 한 시간 뒤인 8시 40분에야 피고 병원 내과 과장이 상태를 확인하여 일요일 10시경에야 IABP 시술을 시행한 바 환자에 대한 처치가 지연된 것으로 보인다. 이 사건과 관련된 문제점 및 원인을 분석해본 결과는 다음과 같다.

급성심근경색으로 진단받은 환자가 약물치료를 받았음에도 다시 가슴 답답함, 호흡곤란 및 흉통을 호소하였으므로, 피고는 그 즉시 혈관조영술을 시행하여 혈관 협착 위치와 범위를 파악하고, 관상동맥중재술 등 응급시술을 하여야 함에도 이를 지연하였다. 사건일지에 따르면 새벽 1시부터 15~30분 간격으로 환자 상태를 체크하였던 것으로 볼 때 주치의에게 환자 상태에 대한 보고가 어느 정도 되었는지가 중요한 관점이며, 보고가 되었음에도 처치가 지연되었다면 이는 주치의 책임 문제라는 자문의견이 있었다. 만약 밤에 환자 상태 악화에도 보고가 되지 않은 것이라면 그 이유가 무엇인지 알아보아야 한다는 자문의견이 있었다(〈표 3〉 참조).

〈표 3〉 원인분석

분석의 수준	질문	조사결과
왜 일어났는가? (사건이 일어났을 때의 과정 또는 활동)	전체과정에서 그 단계는 무엇인가?	－응급처치 단계(약물치료 후에도 흉통이 지속되었으나 관상동맥 중재술 등 적절한 응급조치를 시행하지 않음)
가장 근접한 요인은 무엇이었는가? (인적 요인, 시스템 요인)	어떤 인적 요인이 결과에 관련 있는가?	• 환자 측 －해당사항 없음 • 의료인 측 －심혈관 질환 환자가 약물치료 후에도 흉통이 지속되었으나 관상동맥 중재술 등 적절한 응급조치를 시행하지 않음 －(추정) 새벽 1시부터 15~30분 간격으로 환자 상태를 체크하였고 주치의에게 환자 상태가 보고되었음에도 처치가 지연되었던 것으로 추정할 수 있음
	시스템은 어떻게 결과에 영향을 끼쳤는가?	• 의료기관 내 －(추정) 저녁이나 새벽시간, 주말 등 환자대응이 취약한 시간에 내원한 환자에 대한 처치 및 관리(전원, 입원 등)와 관련된 절차 미흡 －(추정) 환자상태 보고 및 지원체계의 미흡으로 적절한 조치가 이루어 지지 않은 것으로 추정됨 • 법·제도 －저녁이나 새벽시간, 주말 등 환자대응이 취약한 시간에 내원한 환자진료에 대한 제도적 지원 미흡

5. 재발 방지 대책

원인별 재발방지 사항 제안은 〈그림 3〉과 같으며, 각 주체별 재발방지 대책은 아래와 같다.

〈그림 3〉 판례 3 원인별 재발방지 사항 제안

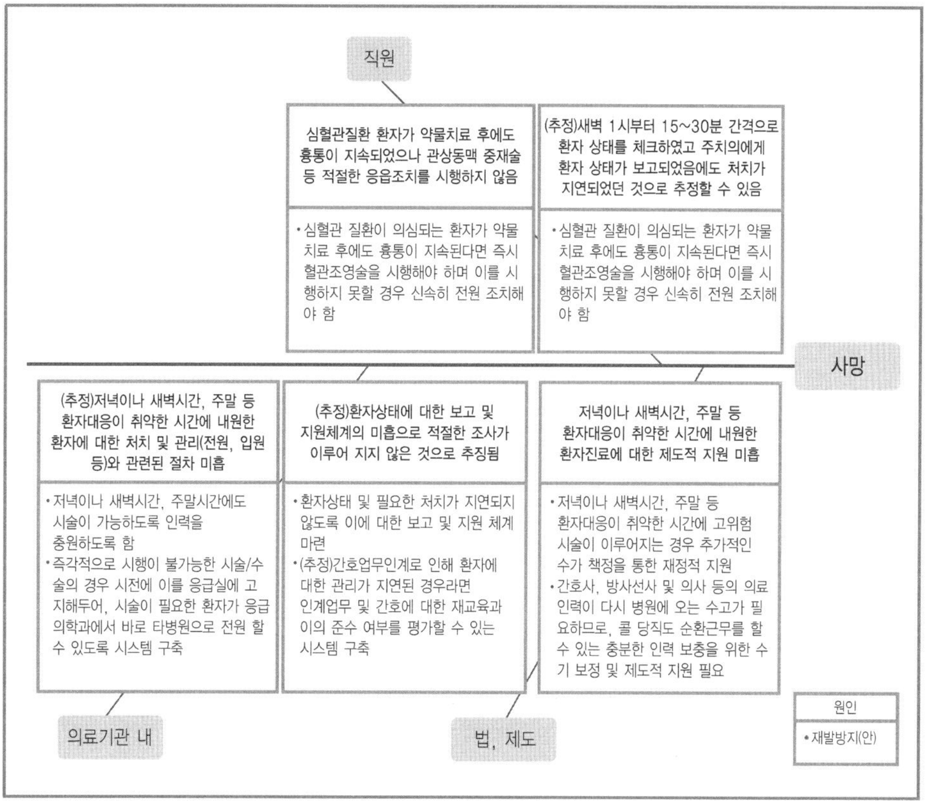

(1) 의료인의 행위에 대한 검토사항

심혈관 질환이 의심되는 환자가 혈전용해제 투여에도 흉통이 지속된다면 혈전에 의한 폐색이 의심되며 즉시 심혈관조영술을 시행하여야 한다. 만약 응급시술이 불가능하다면 의료진은 환자를 신속히 전원 조치해야 할 것이다. 새벽 1시부터 15~30분 간격으로 환자 상태를 체크하였고, 보고가 되었음에도 처치가 지연된 것이라면 이는 주치의의 책임 문제일 것이다. 그러므로 담당 주치의는 환자진료 및 처치에 대한 책임의식을 갖도록 해야 한다.

(2) 의료기관의 운영체제에 관한 검토사항

저녁이나 새벽시간, 주말시간에도 응급시술이 가능하도록 충분한 인력의 충원이 필요하다. 본 사건과 같이 즉각적으로 응급시술이 불가능할 경우 사전에 이를 응급실에 고지해두어, 시술이 필요한 환자가 응급의학과에서 바로 타병원으로 전원 할 수 있도록 하는 응급환자 전원 시스템을 구축하여야 한다. 만약 환자상태에 대한 보고가 이루어지지 않아 적절한 응급조치가 지연된 것이라면 각 의료기관의 환경에 맞는 환자상태 보고 프로토콜을 개발하고 이를 각 부서에서 적용할 수 있도록 하는 지원 체계를 마련하여야 한다. 응급조치가 필요한 환자를 위한 응급신속대응팀이 조직되어 타병원 전원 또는 응급수술시행 등을 선별진료하는 것이 필요하다. 간호업무인계로 인해 환자에 대한 관리가 지연된 경우라면 인계업무 및 간호에 대한 재교육과 이의 준수 여부를 평가할 수 있는 시스템을 구축해야 할 것이다.

(3) 국가·지방자치단체 차원의 검토사항

근무 외 시간에 응급시술이 필요한 경우 간호사, 방사선사 및 의사 등은 다시 병원에 오는 수고가 필요하다. 이를 위해서는 근무 외 시간이나 저녁, 새벽, 주말 등 환자대응이 취약한 시간에 고위험 시술이 이루어지는 경우 추가적인 수가 책정을 통한 재정적 지원이 필요할 것이다. 더불어 의료기관이 충분한 의료 인력의 보유로 당직근무자들도 순환근무가 가능하도록 국가는 인력 충원에 대한 수가 보정 및 제도적 지원을 하여야 한다.

판례 4. 환자의 명치부위통증을 위장장애로 오진하여 위 진경제 등을 처방 투약하다 환자가 급성심근경색으로 사망에 이른 사건_ 서울고등법원 2009. 9. 24. 선고 2009나8408 판결

1. 사건의 개요

의사는 환자상태를 위장장애로 판단하여 위 진경제 등을 처방하였다. 그러나 환자는 지속적으로 명치부위 통증을 호소하였고 급성심근경색으로 사망에 이른 사건 [수원지방법원 성남지원 2008. 11. 26. 선고 2006가합2670 판결, 서울고등법원 2009. 9. 24. 선고 2009나8408 판결]이다. 자세한 사건의 경과는 다음과 같다.

날짜	시간	사건 개요
		환자: 개인택시기사, 1963. 9. 1. 생의 남자(사고 당시 만 43세)
		피고: 성남시 소재 내과(이하, '피고 병원'이라고 한다)라는 상호로 병원을 운영하는 의사
2006. 1. 20 (금요일)	04 : 00	• 일을 마치고 귀가하여 식사를 한 다음 명치 부위의 통증 호소
	09 : 30	• 잠을 자고 일어나 다시 명치 부위에 심한 통증을 느낌
	10 : 40	• 병원 내원
		• "새벽에 일을 끝내고 해장국을 먹고 집에 와서 잠을 자고 일어나니 명치 끝(심와부)에 통증을 느꼈다. 1주일 전에도 통증이 있었으나 약국에서 복통약을 먹고 호전되었다"고 통증을 호소
		= 외래기록지 'epigastric pain, 7일전 통증'이라고 기재, 환자의 압통점을 갈비뼈 사이에 있는 명치 끝에 화살표로 표시 'tender+'라고 기재
		• 위장장애로 판단
		• 당일 오후 내시경검사를 하기로 함
		• 통증완화 목적으로 링거, 핫팩을 배에 대어준 뒤 위진경제인 알기론 1앰플(5mg) 및 프로파주 1앰플 주사
		= 환자의 통증이 많이 호전됨
	12 : 00경 (+0 1 : 20[5])	• 환자가 다시 심한 명치부위 통증 호소
		• 담당간호사가 피고에게 이를 알림
		= 피고, 환자에게 프로파주 1앰플 주사

날짜	시간	사건 개요
	12 : 20경 (+00 : 20)	• 환자가 계속 통증 호소 • 담당간호사가 피고에게 알림
	12 : 21경 (+00 : 01)	• 알기론 1앰플 주사
	12 : 23경 (+00 : 02)	• 환자는 누운 상태에서 구토, 경련 등 심장발작 • 담당간호사가 이를 발견하고 피고에게 알림 • 피고가 환자를 관찰한 결과 환자는 전신 경련과 무호흡증을 보였음 　= 피고는 구강대 구강 인공호흡을 실시하면서 항경련제 투여, 산소투 　　여, 기관삽관 및 심장마사지, 심폐소생술 등 시행 • 강심제 아트로핀, 에피네프린 등 투여 • 환자는 호흡이 돌아오는 듯하다가 다시 없어지면서 혈압도 측정되지 　아니함
	12 : 50 (+00 : 27)	• 환자의 처가 도착하자 피고는 보호자에게 상황설명
	13 : 05 (+00 : 15)	• 119 구급차로 성남시 분당구 소재 분당차병원으로 전원조치 취함
	13 : 09 (+00 : 04)	• 환자가 위 병원에 도착하였을 당시 이미 사망한 상태였음
	부검결과	• 환자는 심장의 좌우 관상동맥에 고도의 죽상경화증이 진행되어 있었 　으며, 그 내강이 거의 폐쇄된 상태 • 이로 인한 급성심근경색으로 사망

2. 법원의 판단

가. 진단 상 과실 유무에 대한 판단: 법원 불인정: 법원 불인정(제1심) → 법원 인정(항소심)

피고(의사)는 환자의 내원 당시인 이 사건 당일 10:40경 적어도 환자가 다시 통증을 호소한 이 사건 당일 12:00경에는 환자의 명치 부위 통증을 위장장애로만 볼 것이 아니라 심근경색에 의한 것일 가능성을 의심하고 급성심근경색이 의심되는 환자에게 시행해야 하는 심전도 검사(피고 병원에 심전도 검사를 할 수 있는 기기가 설치되어

---

5) 이전 사건으로부터 경과시간.

있음)를 비롯한 혈액검사, 흉부단순촬영검사 등을 시행하여 환자의 급성심근경색을 진단하여야 할 주의의무가 있었다.

그리고 환자의 전원이 비교적 빠른 시간 내에 이루어진 점 등에 비추어 보면 피고 주장의 사정만으로 환자의 급성심근경색에 대한 처치가 불가능하여 환자의 사망을 막을 수 없었다고 보기 어렵다.

○ **법원 판단의 근거**

① 환자는 평소 고혈압이나 당뇨, 동맥경화 등 심근경색을 유발할 수 있는 병으로 치료를 받은 전력이 없었다.

② 피고 병원에서 작성한 외래기록지에 환자가 상복부 통증 이외에 호소한 증상이 없었다.

③ 환자가 피고에게 최초 진료를 받을 당시 새벽에 일을 하고 식사를 한 뒤 자고 일어나 명치 부위에 통증을 느꼈고, 1주일 전에도 통증이 있었으나 복통약을 먹고 호전되었다고 진술하면서 명치 부위의 통증만을 호소하였다.

④ 급성심근경색이 발생하는 경우 통상 통증이 나타나는 흉부가 아닌 명치 부위의 통증을 호소하였고, 심와부의 통증이 소화기질환의 대표적인 증상이며, 환자와 같이 식사 후 잠을 자고 일어나 명치 부위 통증을 호소하는 경우 소화기질환으로 보는 것이 일반적이다.

심장질환과 연관된 과거력이 분명하지 않은 상태에서 단비 명치 부위의 통증만 가지고 그것이 위장관 이상에 의한 것인지 심근경색증에 의한 것인지를 환자의 내원 당시에 정확하게 구별하기 어려웠을 것이라는 부검의의 소견이 있다.

⑤ 환자의 사건 당일 10시 40분경 피고가 환자에게 프로파주 투여 이후 12시경 환자가 다시 통증을 호소할 때까지 외래진료기록지에 별다른 기록이 없고, 환자의 보호자도 환자를 두고 귀가한 사실에 비추어보면, 위 1시간 20분 동안 환자가 별다른 통증을 호소하지 않은 것으로 보인다.

⑥ 피고 병원은 피고를 포함한 의사 2명, 간호사 4명, 투석실 간호사 8명이 근무하고 있어 실질적으로 환자와 같은 일반 외래 환자는 의사 2명, 간호사 4명이 담당하는데 당시 피고와 간호사 2명이 근무하고 있어, 피고 병원에는 심전도 측정기가 있기는 하나 심근경색의 진단 및 치료를 할 수 있는 물적·인적 시설이 부족하였다.

① 그럼에도 심근경색은 사망률이 극히 높은 위험한 질환이므로 환자에 대한

감별진단을 실시함에 있어 비교적 가능성이 적더라도 우선적으로 그에 해당하는지 여부를 검토할 필요가 있다.

② 급성심근경색의 경우 빠른 진단과 치료가 중요하다. 급성심근경색의 발생빈도는 아침잠에서 깨어난 몇 시간 이내의 시간이 가장 높은데, 환자 역시 아침에 잠을 자고 일어나 그 통증을 호소하였다.

③ 급성심근경색의 통증이 명치 부위에 나타나기도 한다는 점이 임상적으로 알려져 있다.

④ 의학적 소견 중 일부 소견은 환자와 같이 일주일 전부터 상복부 동통이 시작된 경우 심근경색을 의심할 수 있으며, 환자의 심근경색 진단이 지체되었다고 볼 수 있다는 소견을 제시하고 있다.

나. 알기론 투여 상 과실 여부에 대한 판단: 법원 불인정(제1심, 항소심)

알기론이 관상동맥질환 환자에 신중히 투여되어야 하며, 고용량 사용시 빈맥을 동반한 심계항진이 나타날 수 있는 사실은 인정되나, 피고가 환자에게 고용량의 알기론을 투여하고, 이로 인해 환자의 급성심근경색이 악화되었음을 인정할 증거는 없다. 알기론을 이 사건과 같이 일반적인 진경제 목적으로 사용하는 경우 심계항진을 일으킬 가능성은 높지 않고, 피고가 환자에게 2회 투여한 알기론의 양은 모두 10mg에 불과하여 이를 고용량이라 보기 어렵다.

다. 환자 관찰상의 과실 유무에 대한 판단: 법원 불인정(제1심, 항소심)

환자의 사인은 구토로 인한 질식사라기보다는 급성심근경색으로 인한 것이므로 환자들의 주장 대로 환자가 구토를 시작한지 2-3분 후에야 피고 병원의 간호사가 발견한 점이 인정된다고 하더라도 이러한 사정과 환자의 사망 사이에 인과관계를 인정하기 어렵다.

라. 전원상 과실 유무에 대한 판단: 법원 불인정(제1심, 항소심)

피고의 응급처치는 적절하였고, 만일 피고가 이러한 응급조치를 시행하지 않고 전원하였다면 소생가능성이 더 낮았을 것이다. 환자가 심경경색발작을 일으킨 지 불과 40여분 만에 회복 불가능한 상태에 빠졌고, 급성 심근경색은 그 사망률이 30%에 이르고 수 분 내에 사망할 수도 있는 등 높은 치사율을 보이는 사정을 감안하면 그 사이에 피고가 어떠한 조치를 취하였더라도 사망의 결과를 막기에는 역부족이었다고 보이므로 환자의 발작 이후 피고의 응급처치와 상급병원으로의 전원은 적절한 조치인 것으로 판단된다.

3. 손해배상범위 및 책임 제한[6)]

가. 의료인 측의 손해배상책임 범위: 15%

나. 제한 이유

(1) 환자는 피고 병원 내원 당시 복통약의 복용 후 그 증상이 호전되었다고 진술하여 피고가 환자의 증상을 소화기질환으로 오인하는 데에 상당 부분 원인을 제공한 것으로 보이는 점

(2) 환자가 호소한 명치부위 통증은 통상의 심근경색의 통증과는 그 발생부위가 다르며, 이는 소화기 질환의 대표적 질환인 점

(3) 환자의 명치 부위 통증은 진경제인 알기론이 투여된 후 호전되었던 것으로 보여지는 점

4. 사건 원인 분석

환자는 새벽녘 일을 마치고 귀가하여 식사를 한 후 잠을 자고 일어난 뒤 명치부 통증을 느껴 피고 병원에 내원하였으며, 일주일 전에 통증이 있었으나 복통약을 먹고 호전되었다고 진술하였다. 피고는 환자의 상태를 위장장애로 판단하고 위진경제 등을 처방하였으나 환자는 지속적인 명치 부위의 통증을 호소하였고, 결국 심장의 좌우 관상동맥에 고도의 죽상경화증 진행으로 인한 급성심근경색으로 사망한 사건이다. 이 사건과 관련된 문제점 및 원인을 분석해본 결과는 다음과 같다.

첫째, 환자의 직업은 택시운전사로 앉아서 일하는 시간이 길고 생활패턴이 균형적이지 않은 직업을 가지고 있다. 일반적으로 허혈성 심질환의 고위험 요소인 고혈

---

6) 판결문에서 금액 부분의 숫자가 지워져 있어 정확한 청구금액 및 인용금액을 파악할 수가 없음.

압, 당뇨, 흡연, 비만, 고지혈증, 가족력 등이 있는 경우, 처음 진단 시 반드시 확인하
여야 할 부분이며, 본 사건과 같이 택시 운전사나 주로 의자에 많이 앉아 일하는 직
업, 야간 근무자 등의 직업에 대한 부분도 반드시 확인하여야 한다는 자문의견이 있
었다.

둘째, 심근경색이 의심되는 명치 부위 등 통증을 호소하는 환자에게는 심전도
검사 및 혈액검사, 흉부단순촬영검사 등을 시행하여야 함에도 이를 지체하여 급성심
근경색을 진단하지 못하였다. 본 사건의 경우와 같이 비교적 나이가 젊으며, 허혈성
심질환의 과거력이나 위험 요소가 많지 않은 상황에서 상복부 통증을 주호소로 온
경우 바로 허혈성 심질환을 의심하기는 쉽지 않다는 자문의견이 있었으며 그렇다하
더라도 심근경색 중 특히 하벽부 심근경색의 경우 처음 증상이 상복부 통증, 오심,
구토 등의 급성 위장질환을 의심할 수 있는 증상을 보이는 경우가 흔히 있으므로 진
단 시 주의하여야한다는 자문의견이 있었다(〈표 4〉 참조).

〈표 4〉 원인분석

분석의 수준	질문	조사결과
왜 일어났는가? (사건이 일어났을 때의 과정 또는 활동)	전체 과정에서 그 단계는 무엇인가?	– 진단 단계(환자의 명치 부위 통증을 위장장애로 오진함)
가장 근접한 요인은 무엇이었는가? (인적 요인, 시스템 요인)	어떤 인적 요인이 결과에 관련 있는가?	• 환자 측 – 환자는 택시운전사로 앉아서 일하는 시간이 길고 생활패턴 　이 규칙적이지 않은 직업 • 의료인 측 – 상복부 통증을 주호소로 급성심금경색의 전조증상을 보였 　으나 위장관계 질환으로 오진
	시스템은 어떻게 결과에 영향을 끼쳤는가?	• 의료기관 내 – 해당사항 없음 • 법·제도 – 허혈성 심질환의 위험요소(고위험 직업군) 별 건강관리 지 　원 미흡

5. 재발 방지 대책

원인별 재발방지 사항 제안은 〈그림 4〉와 같으며, 각 주체별 재발방지 대책은 아래와 같다.

〈그림 4〉 판례 4 원인별 재발방지 사항 제안

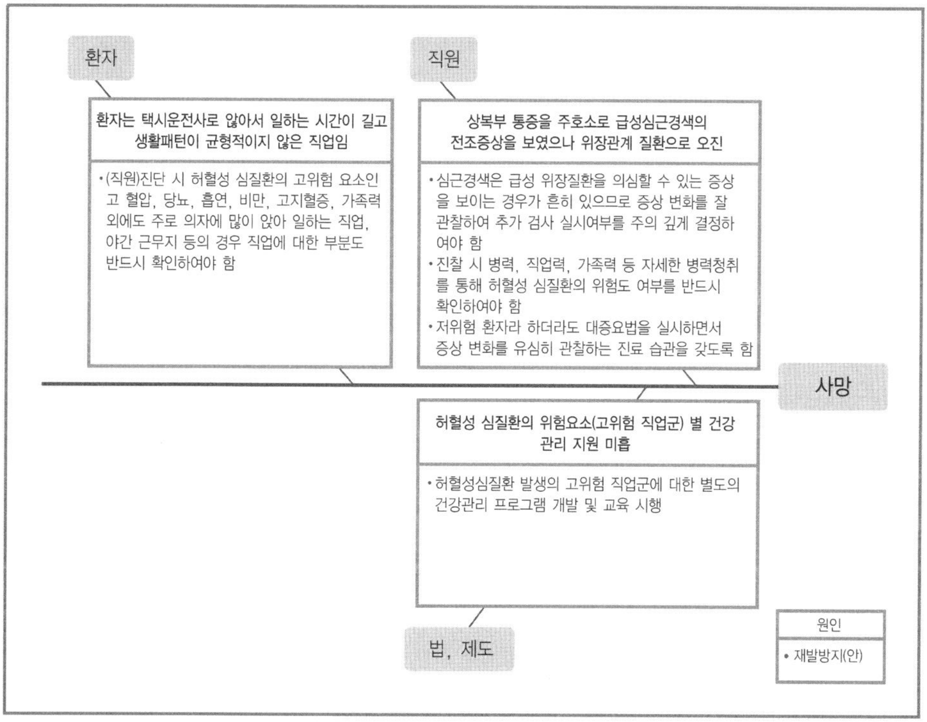

(1) 환자 측 요인에 대한 검토사항

환자의 직업은 택시운전사로 앉아서 일하는 시간이 길고 생활패턴이 규칙적이지 않은 직업을 가지고 있다. 의료진은 문진 및 진단 시 허혈성 심질환의 고위험 요소인 고혈압, 당뇨, 흡연, 비만, 고지혈증, 가족력 외에도 주로 의자에 많이 앉아 일하는 직업, 야간 근무자 등의 경우 직업에 대한 부분도 반드시 확인하여야 한다.

(2) 의료인의 행위에 대한 검토사항

사건의 경우와 같이 급성 위염 등을 의심하고, 진경제등의 처치를 한 뒤에는 증상 변화를 잘 관찰하여 추가 검사(심전도, 혈액검사, 방사선검사)실시 여부를 주의 깊게 결정해야 한다. 급성 위염 등의 환자에서 무조건 심장질환을 의심하고 추가검사를 기본적으로 하는 것은 재고되어야 할 부분이라는 자문의견이 있었다. 일반적으로 급성 심근경색증의 증상 중 초기에는 급성 위장관 혹은 담낭, 췌장 등의 소화기 질환을 의심할 수 있는 증상으로 내원할 수 있으므로, 의료진은 문진 시 병력, 직업력, 가족력 등 자세한 병력청취를 통해 허혈성 심질환의 위험도 여부를 반드시 확인하여야 한다. 고위험 환자[7])의 경우 심전도, 혈액, 방사선 검사 등을 가급적 조기에 의무적으로 시행하고, 저위험 환자라 하더라도 대증요법을 실시하면서 증상 변화를 유심히 관찰하는 진료 습관을 갖도록 하여야 한다.

(3) 국가·지방자치단체 차원의 검토사항

국가 및 지역사회 보건의료기관은 허혈성 심질환 발생 고위험 직업군에 대한 별도의 건강관리 프로그램을 개발하여 지역 내 주민, 사업장 내 근로자들을 대상으로 질병예방 및 건강관리방법에 대한 교육을 제공하여야 한다.

---

7) 심혈관 질환의 발생 위험성이 높은 환자.

┃참고자료 1 ┃ 본 판결에서 참고하고 있는 의학적 소견8)

- 3개의 관상동맥 중 어느 하나라도 혈전증이나 혈관의 빠른 수축 등에 의해 급성으로 막히는 경우, 심장의 전체 또는 일부분에 산소와 영양공급이 급격하게 줄어들어 심장 근육의 조직이나 세포가 죽는 상황을 심근경색증이라고 한다.
- 심근경색의 원인: 관상동맥에 이상이 생기는 경우에는 심장 근육이 영향을 받을 수 밖에 없다. 관상동맥의 구조를 살펴보면, 그 가장 안쪽 층을 내피세포가 둘러싸고 있는데 고지혈증, 당뇨병, 고혈압, 흡연 등에 의해서 내피세포가 손상을 받게 되어 죽상경화증이 진행되고, 관상동맥 안을 흐르던 혈액 내의 혈소판이 활성화되면서 급성으로 혈전이 잘 생기게 된다. 이렇게 생긴 혈전이 혈관의 70%이상을 막아서 심장 근육의 일부가 파괴(괴사)되는 경우가 심근경색증이고, 괴사되지 않지만 혈관 내의 혈액 흐름이 원활하지 않아 가슴에 통증이 생기는 것이 협심증이다.

  이와 같은 상황을 잘 유발시킬 수 있는 위험인자들은 다음과 같다.

  ① 고령, ② 흡연, ③ 고혈압(혈압≥140/90mmHg이거나 항고혈압제를 복용하고 있는 경우), ④ 당뇨병, ⑤ 가족력(부모 형제 중 남자 55세 이하, 여자 65세 이하의 연령에서 허혈성 심질환을 앓은 경우), ⑥ 그 외 비만, 운동부족 등
- 급성심근경색이 발생하면 흉골후부위(retrosternal area)에 심한 통증을 호소하며, 통증이 목이나 턱, 어깨, 좌측 팔의 안쪽 등으로 퍼지는 방사통을 동반하기도 하고, 통증의 양상은 지속적 둔통이 특징적인데, 그 표현은 조이거나 누르는 느낌, 매운맛, 답답함, 호흡곤란 등 매우 다양하며, 가장 아픈 곳을 손가락으로 정확히 집을 수 없는 둔통이고, 대부분 심한 통증을 느낀다. 그러나 '경미한 답답함' 정도로 느껴 위장 장애로 인한 불편감 또는 소화불량으로 인한 증상으로 오인되는 수도 있다. 그러나 급성심근경색으로 인한 통증은 위와 같이 흉골후부위, 즉 흉부가 아닌 상복부, 즉 명치부위(심와부)에 나타나기도 한다고 임상적으로 알려져 있으며, 30분 이상 지속되는 심와부 통증과 발한이 동반될 경우에는 ST분절 상승 심근경색을 강력히 의심해야 한다.
- 통증의 지속시간은 보통 30분 이상으로 동반되는 증상으로 발한, 현기증, 실신, 심계항진, 무기력감, 오심과 구토이다. 하루 중 언제든지 발생하지만 아침잠에 깨어난 후 몇 시간 이내에 가장 흔히 발생한다. 급성심근경색은 식도를 포함한 위장관 질환, 근육통, 신경통 등과

---

8) 해당 내용은 판결문에 수록된 내용임.

감별을 요하는 경우가 있으나 대부분 정확한 문진과 적절한 검사로 감별할 수 있다. 급성심근경색 환자의 사망률은 발병 1내지 2시간 이내가 가장 높기 때문에 빠른 진단과 치료가 중요하다.

- 진단과 검사: 급성심근경색증이 의심되는 모든 환자에게 처음으로 시행하여야 할 검사는 12유도 심전도 검사이며, 그 외 심근경색으로 인하여 심근세포의 괴사가 일어나면 혈액 내로 흘러나오는 세포 내의 여러 심근효소와 단백질의 혈액농도를 측정하는 혈액검사와 흉부단순촬영검사 등이 있고, 최종적으로는 심초음파를 시행하거나 흉부컴퓨터단층촬영, 심장조영술을 시행하여 진단을 확정할 수 있다. 응급으로 심전도 검사와 혈액검사를 시행하여 심전도상 특이적인 변화가 동반되는 경우 심근경색증을 강력하게 의심할 수 있고, 특히 심전도에서 ST분절이 상승된 심근경색증의 경우는 곧바로 심혈관성형술, 스텐트삽입술, 혈전용해술이 요구되며, 혈전용해술이 ST분절 상승 심근경색의 증상이 생긴 지 1시간 내에 시행되면 병원 내 사망률을 50%까지 줄일 수 있다.
- 급성심근경색증의 치료의 초점은 가능한 빠른 심근의 재관류이며, 이를 위해 즉각적인 혈전용해요법이나 관상동맥풍선성형술을 시행할 수 있다.
  ① ST분절 상승 심근경색증: 관동맥이 100% 막혀서 응급으로 혈관 재개통이 필요한 심근경색증
  ② 비ST분절 상승 심근경색증: 관동맥이 완전히 막히지 않은 심근경색증
- 심근경색증의 치료는 크게 막힌 혈관을 넓히는 관혈적 치료와 이후 약물치료로 나뉜다. ST분절 상승 심근경색의 경우에는 가능한 빠른 시간 내에 막힌 혈관을 넓히는 시술 또는 약물이 요구된다. 비ST분절 상승 심근경색증의 경우에는 쇼크가 동반되는 경우와 같이 특수한 경우가 아니면 약물 치료 후 안정화된 상태에서 시술할 수도 있다. 심근경색증에 대한 약물치료는 혈전용해제와 항혈소판제제, 항응고제 등을 사용하여 관상동맥을 뚫는 약물치료방법과 요골 또는 대퇴동맥을 통하여 심혈관 조영술을 시행하여 막힌 혈관을 찾아낸 후 혈관 안으로 도관을 삽입하여 풍선으로 넓히고 스텐트라는 철망을 삽입하는 심혈관성형술, 스텐트삽입술이 있다.

| 참고자료 2 | 진료기록감정촉탁결과

(1) 제1심

① 진단 상 과실 여부

- 환자의 호소 증상은 소화기 증상으로 보는 것이 일반적인 견해이다.
- 심근경색증은 흉통이 일반적이고, 소화기 질환은 심와부 동통이 일반적이며, 진단은 그 지역의 발생 빈도를 고려해야 하는데, 미국의 경우에는 소화기 질환보다 심장병이 많이 발생하나 우리나라의 경우 심장병보다 위장병이 많이 발생하므로 우리나라에서 심와부 동통이 있으면 소화기 질환을 먼저 생각한다.
- 우리나라에서 심와부 동통이 있으면 소화기 질환을 먼저 생각하는 것이 타당하고 원인 질환 추정 시 단순히 통증의 위치만 가지고 판단하는 것이 아니라 통증의 양상, 지속시간, 동반증상, 환자의 과거력 등 다양한 요인을 고려하여야 하므로 환자가 호소한 증상을 단순히 발생위치만 가지고 심근경색의 전형적인 증상이라 단정하기 어려우며, 참고로 상복부 동통은 위, 췌장, 대장, 담낭질환 등 다양한 원인에 의해 발생할 수 있다.
- 상복부 동통을 호소하는 환자가 일주일 전에 배가 아파 약국에서 약을 사다 먹고 호전되었다면 그 전에 다른 병력이 없었다고 한다면 먼저 소화기 증상을 생각하는 것이 일반적이다.

② 알기론 투여상 과실 여부

- 알기론 투여가 심근경색증의 직접적인 유발요인으로 보기 어렵고, 일반적인 진경제 목적으로 알기론을 사용하는 경우 심계항진을 일으킬 가능성은 높지 않으며, 진경제 투여에도 불구하고 통증이 호전되지 않더라도 소화기 증상으로 판단되는 경우 약물을 반복투여하기도 한다.

③ 환자관찰 상 과실

- 환자의 구강과 기도 내에서 소량의 토물이 유입된 사실이 있으나 사망 전후 위 내용물이 역류하고 기도 내에 관찰되는 것은 흔히 볼 수 있는 현상이다.
- 이러한 토물의 역류 및 흡인은 시체를 옮기거나 취급하는 과정 또는 회복조작 등의 과정에서도 나타날 수 있다.
- 본 건의 경우 소량의 토물이 구강 및 기도 내에 관찰된다고 하더라도 이러한 소견을

우선적으로 사인과 연관된 소견으로 고려하기는 어렵다.

- 부검 및 검사 소견 상 가장 중요하고 사인과 연관된 가장 심각한 소견은 급성심근경색증이다.

(2) 제2심

① 대한의사협회장에 대한 진료기록감적촉탁결과

- 환자와 같이 식사 후 잠을 자고 일어나 명치부 통증을 호소하는 경우 소화기 질환으로 보는 것이 가장 일반적이다.
- 환자에 대한 알기론 투여가 환자의 심근경색을 유발하였다고 보기 어렵다.
- 환자에게 이 사건 당일 12:23경 구토, 경련 등의 증상이 발생한 이후 피고 병원이 한 응급조치는 적절한 것이며, 만약 이러한 조치를 시행하지 않고 환자를 전원 하였다면 환자의 소생가능성은 더 없었다고 사료된다.

② A병원장에 대한 사실조회결과

- 환자와 같이 일주일 전부터 시작된 상복부 동통이 있었다면, 심근경색을 포함한 심혈관계질환을 의심할 수 있다.
- 심근경색이 의심되는 경우 12유도 심전도검사, 병력청취와 심근효소측정, 흉부방사선촬영 등이 필요하다.

③ 대한의사협회장에 대한 사실조회결과

- 피고 병원의 진료기록상 환자가 통증을 호소한 부분은 명치 부위이다.
- 심와부 동통은 심근경색의 전형적 증상이라기보다는 소화기 질환의 대표적인 증상이나 일부 심근경색에서 나타날 수도 있다.
- 심장병이 의심되는 환자 모두에게 반드시 심전도검사를 해야 한다.

④ A병원장에 대한 진료기록감정촉탁결과

- 피고 병원의 진료기록상 환자가 통증을 호소한 부분은 명치 부위이다.
- 심근경색증을 가지고 있는 경우 명치 부위 통증이 생길 수 있고, 명치부위 통증을 호소하는 경우 심근경색증을 의심해 볼 수 있다.
- 환자의 심전도를 찍었다면 환자의 명치부위 통증이 위장관 이상에 의한 것인지 아니면 심근경색증에 의한 것인지를 구분할 수 있었을 것으로 사료된다.
- 알기론을 일반적으로 진경제 목적으로 사용하는 경우 심계항진을 일으킬 가능성은 높

지 않다.

• 환자가 심근경색증이었다면 그 진단이 늦어 지체되었다고 볼 수 있다.

• 환자의 심장 발작 후 피고 병원의 이송조치는 신속히 이루어진 것으로 생각된다.

⑤ 환자의 부검의

• 환자의 부검 소견 상 구강과 기도 내에서 소량의 토물이 들어있는 소견을 보이나, 이러한 소견을 환자의 사인과 연관된 소견으로 고려하기는 어려울 것으로 생각된다.

• 환자의 경우 심장질환과 연관된 과거력이 분명하지 않은 생태에서 단지 명치 부위의 통증만 가지고 그것이 위장관 이상에 의한 것인지 심근경색증에 의한 것인지를 환자의 최초 내원 당시 정확하게 구별하기는 어려웠을 것으로 보인다.

판례 5. 충분한 의학적 근거 없이 환자를 결핵성 심낭염으로 오진하여 심낭절제술 등의 치료시기를 늦춰 환자가 심장기능저하로 사망에 이른 사건_서울서부지방법원 2010. 9. 10. 선고 2009 가합143 판결

1. 사건의 개요

의료진은 환자를 정확한 조직검사 없이 결핵성 심낭염으로 오진하여 불필요한 결핵약을 투약하게 하고 퇴원 시켰다. 환자에게 교착성 심낭염이 결핵으로 발생했다가 확실한 임상적 근거 없이 상태가 악화되고 있는 시점에서 의료진은 경험적으로 항결핵 약물치료를 시행하여 환자를 사망에 이르게 한 사건[서울서부지방법원 2010. 9. 10. 선고 2009가합143 판결]이다. 자세한 사건의 경과는 다음과 같다.

날짜	사건개요
	환자: 1992. 7. 28. 생, 남자, 사고당시 14세
	피고: 학교법인 대학교 대표자 이사장
	• 의과대학 병원(이하 '피고 병원'이라고 한다)을 운영
2004. 5. 17. ~	• 환자는 대학교 의료원 소아과에서 울혈성 심부전, 승모판 폐쇄부전, 승모판 탈출증으로 치료받음
2006. 11.	• 운동성 호흡곤란, 흉통, 얼굴부종 등의 증상 악화되어 전원의뢰
2006. 12. 19.	• 피고 병원 소아심장과에 내원함
	• 심초음파검사 시행 = 진단: 교착성 심낭염, 승모판 탈출증에 의한 심한 승모판 폐쇄부전, 삼첨판 폐쇄부전, 심방중격결손 • 입원함
2006. 12. 20.	• 심장내과에 협진 의뢰 = 의뢰 결과: 심초음파검사를 한 번 더 시행하도록 권고
2006. 12. 21.	• 심초음파검사 시행 = 승모판 전엽 탈출증, 심한 승모판 폐쇄부전, 삼첨판의 일탈적 움직임, 심한 삼첨판 폐쇄부전, 좌심방, 좌심실, 우심방, 우심실의 비대, 좌심실 후방의 유착 및 석회화, 교착성 심낭염 소견 보임 = 승모판 폐쇄부전을 고려한 좌심실 구혈율: 51%

날짜	사건개요
	= 위 증상을 고려하지 않은 좌심실 구혈율: 56% • 심장내과에 협진 의뢰 = 결과: 수술 권고, 경식도심초음파검사, 심장컴퓨터단층촬영검사를 시행한 후 다시 문의해 달라는 답변을 받음
2006. 12. 22.	• 경식도심초음파검사 시행 = 승모판 전엽 탈출증, 심한 승모판 폐쇄부전, 삼첨판의 일탈적 움직임, 심한 삼첨판 폐쇄부전, 우심방, 좌심방의 특징적인 비대, 난원공개존, 우심실측 심낭 유착, 결핵성 심낭염의 휴유증 의증 소견을 보임 • 심장컴퓨터단층촬영검사 시행 = 결과: 심방 비대, 방실 고리 확장, 승모판 전엽의 일탈, 심낭삼출, 심한 삼첨판 폐쇄부전, 교착성 심낭염 소견 보임
2006. 12. 25.	• 심장내과 협진 의뢰 = 결과: 환자 전입하기로 함
2007. 12. 28.	• 심장내과로 전과
2007. 1. 3.	• 양전자단층촬영검사 시행 = 결과: 심낭 삼출과 좌측 심낭에 최소(minimal) 염증 가능성이 있으나 뚜렷한 염증은 없다고 판단 = 결핵성 심낭염으로 의심 또는 진단
2007. 1. 5.	• 결핵약 투약 시작 • 다음 외래진료일(2007. 1. 15.)까지 결핵약을 처방한 후 퇴원
2007. 1. 26.	• 결핵약 처방함
2007. 2. 9.	• 1주일 전부터의 호흡곤란, 전신부종, 황달을 호소하며 피고 병원 응급실에 내원하여 입원함 • 심초음파검사 시행 = 결과: 심낭 삼출 증가 소견 보임 = 좌심실구혈율: 28%, 심장기능이 상당히 저하된 상태
	• 전신 상태가 좋지 않아 수술을 위한 보존적 치료를 받음 • 심장혈관외과로 전과됨
2007. 2. 22.	• 심낭창 형성술 받음
2007. 2. 26.	• 심초음파검사 시행 = 결과: 좌심실구혈율 29%
2007. 3. 6.	• 승모판 치환술, 삼첨판 성형술, 심낭절제술을 시행함 = 수술 시작 전 혈압저하로 심장마사지를 하며 심폐기 연결을 위해 대동맥, 하대정맥에 캐뉼라(도관)를 삽입함

날짜	사건개요
	= 수술 종료 시점에서 양측 심실 부전으로 심폐기 이탈이 어려워짐 = 체외막산소화장치를 연결하고 환자을 중환자실로 옮김 • 중심정맥압이 상승함 • 종격 출혈이 발생
2007. 3. 8.	• 다시 가슴을 열어 대동맥에 삽입된 캐뉼라 근처 및 우심방 근처에서 심장을 압박하고 있던 다량의 혈종을 제거함 • 대동맥에 삽입된 캐뉼라가 불안정하여 우측 쇄골하 동맥으로 캐뉼라 삽입부위를 변경함
2007. 3. 12.	• 심초음파검사 시행 = 결과: 좌심실구혈율 16%
	• 심장기능을 회복하지 못한 채 체외막 산소화장치를 부착하고 보존적 치료를 받음
2007. 3. 16.	• 비가역적인 심장성 쇼크, 뇌경색, 패혈증, 신부전 상태로 퇴원 함 • 타 병원으로 이송되던 중 사망함

2. 법원의 판단

가. 피고 병원 심장내과 의료진의 과실: 법원 인정

환자는 피고 병원에 처음 내원할 당시 진단이 곧 수술적응증이 되는 교착성 심낭염 외에도 빠른 수술적 치료를 요하는 중증 심장질환을 가지고 있었고 뚜렷한 염증 소견 등 심장질환수술을 늦추어야 할 위험요소가 없었기 때문에, 환자를 결핵성 심낭염으로 의심 또는 진단한 후 그 확진 또는 치료를 위해 비교적 오랜 시간이 걸리는 결핵약 투약을 시작하여야 할 주의의무가 있으나, 결핵균의 활동성 여부를 판단하기 위해 환자에게 시행된 다양한 의학적 검사의 결과는 모두 음성이었고, 감염내과, 소아과에 대한 협진의뢰결과 경험적으로 결핵약 투약이 가능하나 심낭 조직검사의 선행을 추천하거나 투약이 불필요하다는 의견을 받았음에도 위 의견을 참고하지 않고 심낭 조직검사 없이 결핵성 심낭염 비율이 많은 우리나라의 임상에서 경험적으로 행해지는 대로 환자에게 결핵약을 투약하기로 결정함으로써 심낭절제술 등이 시행될 시기를 늦추었으므로, 피고 병원 심장내과 의료진의 과실은 인정된다.

○ 법원 판단의 근거

① 피고 병원 소아심장과 의료진은 2006년 12월 20일 결핵성 심낭염의 가능성을 염두에 두고 환자에 대하여 결핵에 관한 피부반응검사, 혈청학적 검사, 객담검사를 실시하였는데, 검사결과 모두 음성이었다.

② 피고 병원 소아심장과 의료진은 2006년 12월 25일 같은 이유로 환자에 대하여 결합조직질환에 관한 혈액검사를 실시하였는데, 검사결과 중 결핵인터페론감마검사 항목이 음성이었다.

③ 피고 병원 심장내과 의료진은 2007년 12월 29일 결핵이 교착성 심낭염의 원인이 될 가능성이 크다고 보고 환자에 대한 결핵약 투약 여부에 관하여 감염내과에 협진을 의뢰하였는데, 감염내과로부터 결핵성 심낭염의 증거는 없으나 경험적으로 결핵약 투약을 할 수는 있겠지만 급성 단계는 아니므로 스테로이드 사용은 의미가 없을 것이며 먼저 심낭 조직검사를 실시하는 것이 좋을 것으로 사료된다는 내용의 답변을 받았다.

④ 피고 병원 심장내과 의료진은 2007년 1월 2일 현재 명확한 결핵성 심낭염의 증거가 없는 상태에서 환자에 대한 결핵약 투약 여부에 관하여 소아과에 협진을 의뢰하였는데, 소아과로부터 결핵감염에 대한 증거가 전혀 없으니 결핵약 투약은 필요 없을 것으로 생각된다는 답변을 받았다.

⑤ 환자는 결핵에 관한 가족력이 없다.

⑥ 환자와 같은 중증 승모판 폐쇄부전 환자에 대한 승모판 치환술의 시행 시기는 빠를수록 좋다.

⑦ 우리나라는 결핵으로 교착성 심낭염이 발생하는 경우가 많으므로, 임상에서 경험적으로 결핵이 의심되는 교착성 심낭염 환자에게 항결핵제를 1달 이상 투여한 후 그 반응정도를 관찰하여 수술 여부를 결정한다.

(1) 피고 병원 심장내과 의료진이 충분한 의학적 근거 없이 환자를 결핵성 심낭염으로 의심 또는 진단하고 결핵약 투약을 시작하여 심낭절제술 등의 시행시기를 늦춘 과실과 환자의 심장기능저하에 따른 사망 사이의 인과관계: 인정

① 환자는 앞서 판단한 피고 병원 심장내과 의료진의 과실로 말미암아 1차 입원기간 중 심낭절제술 등을 받지 못한 채 2007년 2월 9일 호흡곤란, 전신부종, 황달

을 호소하며 다시 피고 병원의 응급실로 내원할 때까지 계속 결핵약을 복용하여 왔다.

② 환자의 1차 입원기간 중인 2006년 12월 21일 시행된 심초음파검사결과 좌심실구혈율이 승모판 폐쇄부전을 고려한다고 하더라도 51%였지만, 환자의 2차 입원일인 2007년 2년 9일 시행된 심초음파검사결과 좌심실구혈율이 28%로 감소하였다.

③ 환자는 심장기능이 저하된 상태에서 2007년 2월 22일 심낭창 형성술을, 2007년 3월 6일 승모판 치환술, 삼첨판 윤성형술, 심낭절제술을 받았으나 심장기능을 회복하지 못하고 비가역적 심장성 쇼크 등으로 2007년 3월 16일 사망하였다.

나. 피고 병원 심장혈관외과 의료진의 과실에 따른 손해배상책임 존부 판단: 법원 불인정

피고 병원 심장혈관외과 의료진이 환자에 대한 수술 후 대동맥에 삽입된 케뉼라의 관리를 소홀히 했다는 점을 인정할 수 없다.

○ 법원 판단의 근거

① 피고 병원의 심장혈관외과 의료진은 2007년 3월 6일 환자에 대한 심낭절제술, 승모판 치환술 등을 시행하면서 심폐기 연결을 위해 대동맥에 캐뉼라를 삽입하였다.

② 수술을 마친 후에도 심폐기능이 회복되지 않아 위 케뉼라를 체외막산소화장치에 연결한 채 환자를 중환자실로 옮겼는데, 다음날부터 환자의 중심정맥압이 상승하는 등 출혈증상을 보이자 2007년 3월 8일 다시 가슴을 열어 대동맥에 삽입된 케뉼라 부위에 다량의 혈종을 발견하여 이를 제거한 후 우측 쇄골하 동맥으로 캐뉼라 삽입부위를 변경하였다.

3. 손해배상범위 및 책임 제한

가. 의료인 측의 손해배상책임 범위: 20%

나. 제한이유

(1) 환자는 2004년 5월 17일부터 승모판 폐쇄부전 등의 중증 심장질환으로 치료받아 오다가 운동 시 호흡곤란, 흉통, 얼굴부종 등의 증상이 악화되자 2006년 12

월 19일 피고 병원에 내원한 점

(2) 환자는 피고 병원으로부터 교착성 심낭염, 승모판 탈출증에 의한 심한 승모판 폐쇄부전, 삼첨판 폐쇄부전, 심방중격결손이라는 진단을 받은 점

(3) 1차 입원기간 동안 실시된 심초음파검사결과 승모판 폐쇄부전을 고려한 환자의 좌심실구혈율은 51%로 정상보다 낮았던 점

(4) 환자는 피고 병원에 처음 내원할 당시 약 2년 7개월 정도 교착성 심낭염 외에 중증심장질환을 앓고 있었고 피고 병원 심장내과 의료진의 과실과 경합하여 환자의 사망에 상당한 영향을 준 점

다. 손해배상책임의 범위: 총 59,933,216원

(1) 일실수입: 38,933,216원(194,666,084원의 20%)

(2) 위자료: 26,000,000원

4. 사건 원인 분석

이 사건은 울혈성 심부전, 승모판 폐쇄부전, 승모판 탈출증으로 치료받아 온 환자에게 심낭절제술, 승모판 치환술 등을 시행해야 하나 의료진은 정확한 조직검사 없이 결핵성 심낭염으로 오진하여 불필요한 결핵약을 투약하고 퇴원시킴으로서 수술이 늦어져 그 기간 동안 진행된 심장기능저하로 결국 사망에 이르게 된 사건이다. 이 사건과 관련된 문제점 및 원인을 분석해본 결과는 다음과 같다.

첫째, 환자는 2007년 2월 9일경 호흡곤란, 전신부종, 황달을 호소하며 피고 병원 응급실에 내원하였는데 이는 이상증세가 발생한 지 1주일이 경과한 후였다.

둘째, 피고는 환자에게 시행된 다양한 의학적 검사가 모두 음성인 상황에서 감염내과, 소아과에 대한 협진의뢰결과 심낭 조직검사의 선행을 추천하거나 투약이 불필요하다는 의견을 받았음에도 위 의견을 참고하지 않고 심낭 조직검사 없이 결핵성 심낭염 비율이 많은 우리나라의 임상에서 경험적으로 행해지는 대로 환자에게 결핵약을 투약하기로 결정함으로써 심낭절제술 등이 시행될 시기를 놓치게 된 과실이 있다. 자문위원은 일반적으로 교착성 심낭염은 만성적으로 진행하는 질환으로 교착성 심낭염이 갑작스런 증상의 악화에 큰 영향을 주었다기보다는 기존에 앓고 있었던 판

막질환의 악화로 인해 심부전이 진행되었을 가능성이 있으며 따라서, 질병의 악화 원인을 심낭 쪽으로 먼저 의심하였던 점은 재고되어야 할 필요가 있고, 오히려 심부전을 급격히 악화시키는 가장 흔한 원인인 신체 여타 부위의 감염 등은 없었는지 좀 더 면밀한 검사가 필요하였을 것이라 판단된다는 의견이 있었다(〈표 5〉 참조).

〈표 5〉 원인분석

분석의 수준	질문	조사결과
왜 일어났는가? (사건이 일어났을 때의 과정 또는 활동)	전체 과정에서 그 단계는 무엇인가?	− 진단 단계(울혈성 심부전, 승모판 폐쇄부전, 승모판 탈출 증으로 치료받아 온 환자에게 심낭절제술, 승모판 치환술 등을 시행해야 하나 의료진은 정확한 조직검사 없이 결핵 성 심낭염으로 오진함)
가장 근접한 요인은 무엇이었는가? (인적 요인, 시스템 요인)	어떤 인적 요인이 결과에 관련 있는가?	• 환자 측 − 이상증세 호소 후 1주일이 경과한 후에 응급실 내원 • 의료인 측 − 교착성 심낭염이 결핵으로 발생했다는 확실한 임상적 근 거 없이 환자 상태가 악화되고 있는 시점에서 경험적으로 항결핵 약물 치료를 시행함
	시스템은 어떻게 결과에 영향을 끼쳤는가?	• 의료기관 내 − 해당사항 없음 • 법·제도 − 해당사항 없음

5. 재발 방지 대책

원인별 재발방지 사항 제안은 〈그림 5〉와 같으며, 각 주체별 재발방지 대책은 아래와 같다.

〈그림 5〉 판례 5 원인별 재발방지 사항 제안

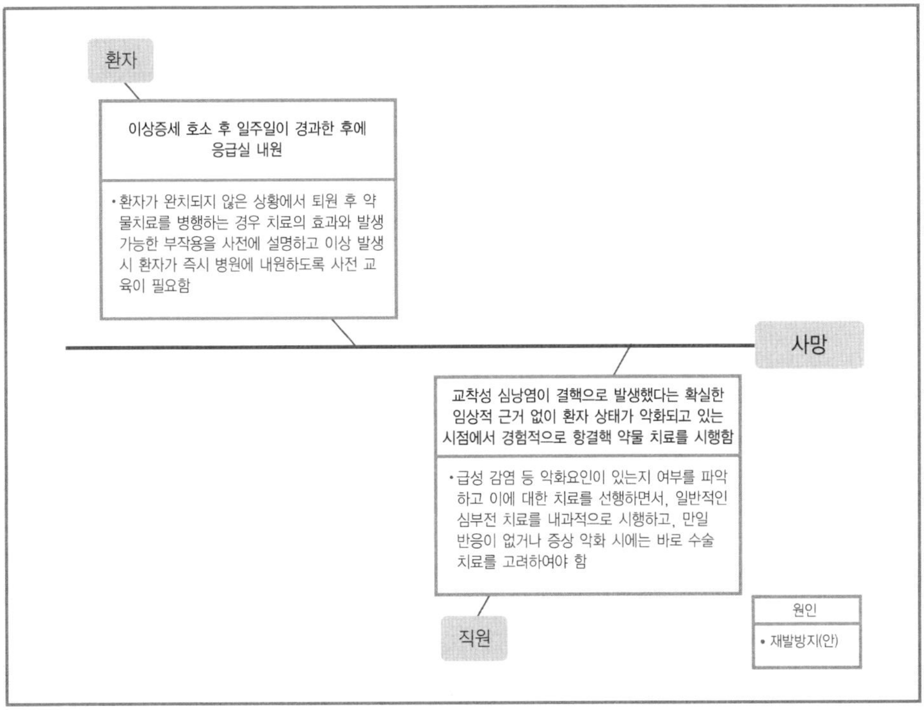

(1) 환자 측 요인에 대한 검토사항

의료진은 환자가 완치되지 않은 상황에서 퇴원 후 약물치료를 병행하는 경우 치료의 효과와 발생 가능한 부작용을 사전에 설명하고 이상증상 발생 시 즉시 병원에 내원하도록 퇴원 전 교육하여야 한다.

(2) 의료인의 행위에 대한 검토사항

위 사건과 같이 확실한 임상적 근거 없이 환자 상태가 악화되고 있는 시점에서 경험적으로 항결핵 약물 치료를 시작했던 것은 시점 상 적절치 않다고 판단된다. 먼저 급성 감염 등의 질병 악화요인이 있는지 파악하여 이에 대한 치료를 선행하면서, 일반적인 심부전 치료를 내과적으로 먼저 시행하고, 만일 반응이 없거나 증상이 악화될 때에는 바로 외과적 치료를 시행하여야 한다. 또한 심부전 환자의 경우 갑작스런 증상의 악화는 일반적으로 감염이나 부적절한 약물의 섭취(환자가 자의로 복용치 않은 경우 등을 포함)가 가장 흔한 원인이므로, 먼저 이에 대한 면밀한 검사 및 치료가 선행되어야 하고, 심부전의 치료에 있어서 수술적 치료는 최근 추세로는 심장 기능이 많이 손상되기 전에 가급적 일찍 고려하는 것을 권장하고 있으므로 내과적 치료를 하면서 수술 시기를 현명하게 결정하는 것이 가장 중요한 점이라는 것을 명심해야 한다는 자문의견이 있었다.

▌참고자료▌ 본 판결에서 참고하고 있는 의학적 소견9)

- 교착성 심낭염이란 심장을 둘러싸고 있는 막인 심낭의 염증으로 비후성 반흔조직이 형성되고 이로 말미암아 심막강의 소실이나 석회화가 동반되면서 심장을 만성적으로 압박하는 질환이고, 교착성 심낭염의 진단 자체가 유일한 치료방법인 심낭절제술의 적응증이 되며, 위 수술은 비교적 이른 시기에 할수록 예후가 좋다.
- 승모판 탈출증에 의한 승모판 폐쇄부전이란 좌심실과 좌심방 사이에 있는 승모판이 심장의 수축기에 닫혀야 하는데 닫히지 않고 좌심방 쪽으로 탈출되어 혈액의 역류가 생기는 질환이고, 호흡곤란, 허약, 피곤 등 환자의 증상과 역류정도에 따라 수술 시기가 결정되며, 수술방법은 승모판을 인공판막으로 치환하는 방법과 승모판 성형술을 시행하는 방법이 있다.
- 삼첨판 폐쇄부전이란 우심실과 우심방 사이에 있는 삼첨판이 탈출되어 혈액의 역류가 생기는 질환이고, 류마티스성 병변, 삼첨판 탈출증, 심내막염 등에 의한 일차적인 경우보다 우심실 확장에 의한 이차적인 경우가 흔하며, 수술방법은 삼첨판을 인공판막으로 치환하는 방법과 삼첨판 성형술을 시행하는 방법이 있다.
- 울혈성 심부전이란 심장의 기능이상으로 우리 몸의 대사가 요구하는 심박출량을 충족할 수 없거나, 충족하기 위하여 비정상적으로 심실 확장기압이 증가하여야 하는 상태이다.
- 심방중격결손이란 심방중격, 즉 좌우의 심방 사이에 있는 얇은 심근조직에 결손구(缺損口)가 생겨 혈액이 그곳을 통과하는 질환이다.

---

9) 해당 내용은 판결문에 수록된 내용임.

판례 6. 폐암 및 대동맥박리 의심 환자를 적절한 의료조치 없이 전원 하던 중 구급차에서 사망에 이른 사건_부산고등법원 2006. 4. 27. 선고 2005나4956 판결

1. 사건의 개요

의료진은 가슴부위통증으로 내원한 환자의 증상을 급성위장관염으로 오진하였다. 이후 환자의 흉통으로 방사선 전문의가 부재함에도 불구하고 CT촬영를 시도하였다. 환자의 폐암 및 대동맥박리 의심 균열선 관찰에도 의료진은 아무런 조치를 시행하지 않았다. 환자를 폐암 의심으로 전원 하던 중 환자가 구급차에서 사망한 사건[부산지방법원 2005. 2. 2. 선고 2003가합25839 판결, 부산고등법원 2006. 4. 27. 선고 2005나4956 판결]이다. 자세한 사건의 경과는 다음과 같다.

날짜	시간	사건개요
		환자: 교육공무원으로 부산 H초등학교 교감으로 재직 중(이 사건 당시 과중한 교감업무 수행으로 과로, 스트레스가 누적된 상태였음), 이 사건 사고 당시 54세 피고: 학교법인 D학원
2000. 05. 31.		• 정기건강검진결과 혈압이 다소 높은 138/93mmhg로 측정
2002. 01. 07.	14:00	• 점심식사 후 갑자기 가슴부위와 등 부위에 통증을 느낌
	15:50경	• 피고가 운영하는 I 병원(이하, 피고병원) 응급실 내원
		• 수련의 J, 전공의 K가 응급실에 근무하면서 환자 진료 • 환자의 활력징후 | 혈압	맥박	호흡	체온
---	---	---	---
150/90	72회/분	24회/분	36℃	 • 심전도, 흉부 X-선 검사, 전해질 검사, 말초혈액검사, 혈당검사, CK-MB검사(심장세포효소검사) 시행 　=흉부 X-선상 종괴 관찰, 그 외 심근경색이나 심근허혈, 부정맥 등의 심장질환을 의심할 만한 소견 없는 것으로 나타남 • 진단: 단순히 체한 것으로, 급성위장관염(AGE)으로 진단 • 수액주입, 진통제 투여 등 대증치료 시행 　=그럼에도 환자는 계속하여 극심한 흉통과 오심 호소함

날짜	시간	사건개요
	20 : 30경	• 흉부 CT 촬영 시행 　= 당시 방사선과 전문의가 없어 정확한 판독은 불가함 • 필름 상 우측 폐상부에 4X5cm 크기의 종괴 외에 대동맥 부위에 대동맥박리가 의심되는 균열선이 일반인이라도 알아 볼 수 있을 만큼 뚜렷이 관찰 • 위 응급실 의사들은 이를 간과하거나 무시하여 이에 대한 추가검사를 하지 않음 　= 흉통 및 오심의 원인을 급성위장관염으로 판단하여 그에 따른 처방 지속함
		• 그 이후에도 줄곧 극심한 흉통 및 명치부 통증과 오심 호소, 발한 증상까지 나타남 • 그 이후 혈압은 진통제를 맞을 때를 제외하고는 정상수치를 상회하고, 맥박은 빈맥증상이 나타나는 등 활력징후 악화
	22 : 15	• 혈압 160/110
2002. 01. 08.	01 : 10	• 혈압 160/100
	06 : 20	• 혈압 150/110
	08 : 00경	• 출근한 피고병원 심장내과 전문의 E는 환자를 진찰한 후 흉통 및 오심의 증상에 큰 관심을 두지 않은 채, 흉부 CT 촬영 결과 폐 부위에 종양이 발견되어 폐암이 의심되니 큰 병원으로 전원하라 권유함 • 흉부 CT필름상의 대동맥 부위 균열선에 대한 아무런 조치를 취하지 않음
	10 : 30	• 의료진의 동행 없이 구급차를 타고 서울 소재 병원으로 전원하다 의식을 잃음
	14 : 10	• 구미 모병원으로 갔으나 이미 자가호흡을 하지 못하여 위 병원에서 더 조치하기가 어렵다고 하여 가까운 ㅇ대학교 의료원으로 가던 중 사망함 　= 피고병원에서 출발한 지 약 40분 만에 구급차 안에서 사망 　= 이후 직접적인 사인은 상행대동맥박리에 의한 것으로 밝혀짐

2. 법원의 판단

가. 피고병원 의료진의 과실여부에 대한 판단: 법원 인정

○ 법원의 판단

(1) 응급실 내원 당시 흉통 및 배부위통증을 호소한 환자의 증상은 식도염, 위궤양 등 경증의 질환과 협심증, 심근경색, 대동맥박리증 등 응급을 요하는 질환에서 모두 나타나는 증상이다. 심근경색, 대동맥박리증의 경우 생명과 직결되는 질환이므로 이에 대한 검사와 진단이 우선되어야 하는바, 환자에 대한 응급검사결과, 심장질환을 의심할 만한 소견이 없더라도 치명적인 결과를 초래할 수 있고 위급성을 지닌 대동맥박리증도 그 원인질병으로 의심해 보아야 했음에도 불구하고, 성급히 소화기질환으로 진단을 내림으로써 초기 응급검사 및 진단 의무를 소홀히 하였다.

(2) 환자의 증상을 급성위장관염으로 진단하여 그에 따른 처방을 하였음에도 흉통과 오심이 멈추지 않았으므로, 이러한 경우, 통증의 발현시간·형상·강도·지속기간, 방사통의 여부 등 면밀한 병력 청취를 시행하여 통증의 원인을 규명했어야 함에도, 진단 결과를 맹신하여 위와 같은 사정에 대하여 주의를 기울이지 않았다.

(3) 뒤늦게나마 촬영한 흉부 CT 필름 상 대동맥 부위에 일반인이라도 알 수 있는 뚜렷한 균열선이 관찰되어 이를 환자가 호소했던 흉통의 증상과 함께 고려했더라면 방사선과 전문의의 확진이 없더라도 대동맥박리증 또는 최소한 대동맥 부위에 뭔가 이상이 있다는 것을 쉽게 의심할 수 있었을 것으로 보인다. 그러나 피고병원 응급실 의사뿐 아니라 심장내과전문의 조차 이를 간과하거나 또는 무시하여 환자에게 적절한 진단 및 치료의 기회를 제공하지 못하였다.

(4) 밤새 흉통과 오심 등을 호소한 환자를 의료진의 동행 없이 서울 소재 병원으로 전원시킴으로써 만일에 발생할 수 있는 응급상황에 대한 아무런 대비를 하지 않았다.

나. 피고 주장에 대한 판단: 모두 불인정

(1) 피고 측의 주장 1. 일반의사에게 특정 분야에 대하여 특수한 지식을 가지고 있는 의사와 동등한 의료수준을 요구하여 주의의무를 판단할 수는 없고, 병원의 인

적·물적 시설이 다르다면 그 의료수준도 다르므로 과실을 판단함에 있어 주의의무의
기준을 달리 보아야 한다.
- 대동맥박리증을 진단하려면 흉부외과·진단방사선과·심장내과·응급의학과
  전문의 정도의 임상경험이 필요함. 그러나 이 사건 사고 당시 피고병원에는
  흉부외과·응급의학과·내과에 관한 전문의는 물론 전공의도 없었던 실정이었
  고 진단방사선과 전문의는 그 당시 출근하고 있지 않았다.
- 그러한 상황에서 피고병원 의료진은 진단적 검사를 체계적으로 시행하였고
  동시에 보존적 치료도 병행하였으므로 단지 검사결과를 두고 폐암이나 소
  화기질환 이외에 대동맥박리를 발견하지 못하였다고 하여 과실을 물을 수
  없다.
○ 법원의 판단
- 의사의 주의의무는 의료행위를 할 당시 의료기관 등 임상의학분야에서 실천
  되고 있는 의료행위의 수준을 기준으로 판단하여야 하고, 해당 의사나 의료
  기관의 구체적 상황을 고려할 것은 아님[10] 의사가 행한 의료행위가 그 당시
  의 의료수준에 비추어 최선을 다한 것으로 인정되는 경우에만 의사에게 요구
  되는 주의의무를 위반한 과실이 없다고 볼 수 있다.
- 그런데, 이 사건에서 응급실 내원 당시 환자의 증상은 식도염, 위궤양 등 경
  증의 질환과 협심증, 심근경색, 대동맥박리증 등 응급을 요하는 질환에서 모
  두 나타나는 증상이었으므로, 이에 대한 검사와 진단이 우선되어야 하는바,
  위와 같은 응급처치에 관한 주의의무는 응급의학과 전문의가 아니라 하더라
  도 응급실에 근무하는 의사라면 그 업무의 긴급성과 위급성에 비추어 최소한
  요구되는 의료수준이라 할 것이다.
- 환자의 흉부 CT필름 상 대동맥 부위에 의료지식이 없는 문외한이더라도 알
  아 볼 수 있는 뚜렷한 균열선이 관찰되는바, 이러한 경우 흉부외과·진단방사
  선과·심장내과·응급의학과 전문의가 아니더라도 대동맥박리 또는 최소한 대
  동맥 부위에 뭔가 이상이 있음을 의심하고 그 의심을 해소하기 위한 추가 조
  치는 취했어야 할 것으로 보인다.

10) 대법원 2003. 1. 24. 선고 2002다3822 판결 참조.

(2) 피고 측의 주장 2. 환자는 피고병원을 출발한 지 불과 40분 만에 사망하였
고, 흉부 CT 촬영 결과에 따르면 대동맥박리 증상이 심각하여 예후가 불량했을 것으
로 예상된다. 피고병원 의료진이 대동맥박리를 진단하였다고 하더라도 피고병원에서
는 수술이 불가하여 타 병원으로 전원해야 하는 바, 결국 응급수술이 불가능한 상태
였으므로 환자의 사망이라는 결과를 회피할 수 없었다.

○ 법원의 판단

– 대동맥박리는 초기 진단과 빠른 치료가 무엇보다 중요하고, 대동맥박리가 의
  심될 경우 확진이 되지 않았더라도 심장내과적 치료 및 응급처치가 적절하게
  시행된 상태에서 수술이 시행될 경우 사망률을 현저하게 낮출 수 있다.

– 피고병원 응급실 내원 직후 환자에게 시행된 검사 결과 심근경색 등 심장질
  환이 아니라는 것이 밝혀졌으므로 이러한 경우 피고병원 의료진이 대동맥박
  리증을 의심하고 즉각 이에 대한 추가적인 검사와 진단을 시행하는 동시에
  약물요법 등 대동맥박리에 대한 적절한 응급조치를 시행하였다면 환자의 증
  상이 악화되어 사망까지 이르는 결과를 회피할 수 있었을 것으로 보이고, 그
  가능성을 배제할 만한 증거도 없는 바, 피고의 위 주장은 이유 없다.

(3) 피고 측의 주장 3. 환자의 흉부 CT필름 상 우측폐상부에 악성종양이 발견되
는 중대한 결과가 나와 대동맥박리를 의심할 여유가 없었다. 또한 환자는 대동맥박리
와 함께 심장눌림증이 동반되어 있어 수술을 하였더라도 사망률이 70~80%에 이르
므로 그 생존을 장담할 수 없었을 것으로 보인다.

○ 법원의 판단

– 환자의 흉부 CT필름 상 우측폐상부에 폐암을 의심할 수 있는 종괴가 발견되
  어 이를 이유로 전원조치를 취한 사실은 인정되나, 대동맥박리는 초기 진단
  과 신속한 치료가 없으면 생명이 위험해지는 질병이고 위 흉부 CT필름 상에
  는 일반인도 관찰할 수 있는 뚜렷한 균열선이 대동맥부위에 나타나 있었으며
  환자가 호소했던 통증이나 증상이 폐암의 증상과 다른 점 등에 비추어 위 환
  자의 흉부 CT필름 상 우측폐상부에 폐암을 의심할 수 있는 종괴가 발견되어
  이 때문에 대동맥박리를 진단할 수 없었다고 볼 수 없다.

– 위 흉부 CT필름 상 대동맥박리증 외 심장눌림증의 소견이 나타나 있었다는
  점은 사실조회결과(대한응급의학회장, 서울아산병장, 대한의사협회장 등)에 비

추어 믿을 수 없고 달리 이를 인정할 증거가 없어, 피고의 위 주장은 이유
없다.

3. 손해배상범위 및 책임 제한

가. 의료인 측의 손해배상책임 범위: 70%

나. 제한 이유

① 대동맥박리증은 사망률이 비교적 높은 고위험 질환이고, 특히 상행대동맥박
리의 경우 수술에 따른 사망률이 15% 내지 20%에 이르러 정상적으로 수술을 받았
다 하더라도 그 경과를 확실히 장담하기는 어려운 점

② 환자는 이 사건 사고일 무렵 혈압이 다소 높은데다가 과로, 스트레스가 누적
된 상태에 있었고, 흉통과 배부위통증을 호소한 지 만 하루도 채 되지 않아 사망할
만큼 대동맥박리의 증상도 심각했던 것으로 보이는 점

다. 손해배상책임의 범위: 제1심 총 222,261,668원
제2심 총 113,354,467원[11]

(1) 일실수입: 179,844,274원(256,920,392원의 70%)

(2) 치료비: 317,394원(453,420원의 70%)

(3) 장례비: 2,100,000원(3,000,000원의 70%)

(4) 공제(유족보상금): -108,907,200원

(5) 위자료: 40,000,000원

4. 사건 원인 분석

이 사건 환자는 점심식사 후 갑작스런 가슴부위와 등 부위 통증으로 피고 병원
에 내원하였으며, 피고병원 의료진이 실시한 여러 검사 결과 심근경색 등의 심장질환
을 의심할 만한 소견이 나타나지 않아, 급성위장관염으로 진단받고, 그에 따른 처방

---

11) 2심의 최종인정액은 1심의 금액에서 유족보상금을 공제한 금액임.

을 받았다. 그러나 흉통과 오심이 나아지지 않자 피고 병원의료진은 방사선과 전문의가 부재한 가운데 흉부 CT 촬영을 시행하였다. 그 결과 폐 부위에 폐암으로 의심되는 종괴 외 대동맥 부위에 대동맥박리가 의심되는 뚜렷한 균열선이 관찰되었음에도, 피고병원 의료진은 이를 간과하여 아무런 조치를 취하지 못하였고, 폐암을 이유로 큰 병원으로 전원 하던 중 환자가 구급차 안에서 사망한 사건이다. 이 사건과 관련된 문제점 및 원인을 분석해 본 결과는 다음과 같다.

첫째, 환자가 흉통 및 배부위통증 등 식도염, 위궤양 등의 경증 질환과 협심증, 심근경색, 대동맥박리증 등 응급을 요하는 질환에서 모두 나타나는 증상을 보였으므로, 심근경색 등 심장질환을 의심할 만한 소견이 없더라도 위급성을 지닌 대동맥박리증도 원인질병으로 의심해 보아야 했음에도 성급히 소화기질환으로 진단을 내렸다.

둘째, 급성위장관염으로 진단하여 그에 따른 처방을 하였음에도 증상이 호전되지 않았으므로, 이러한 경우 보다 면밀한 병력 청취를 통해 통증의 원인을 규명했어야 함에도 진단결과를 맹신하여 위와 같은 사정에 대하여 주의를 기울이지 않았다.

셋째, 흉부 CT필름 상 뚜렷한 균열선을 간과하였을 뿐만 아니라, 이러한 균열선을 환자가 호소했던 증상과 함께 고려하였다면 흉부외과·진단방사선과·심장내과·응급의학과 전문의가 아니더라도 대동맥부위 이상을 의심할 수 있었음에도 피고병원 응급실 의사뿐만 아니라 심장내과 전문의조차 이를 간과하였다.

넷째, 밤새 흉통과 오심 등을 호소한 환자를 의료진의 동행 없이 서울 소재 병원으로 전원 시켜 만일에 발생할 수 있는 응급상황에 대한 대비를 하지 못하였다. 자문위원은 의료기관 마다 의료 인력의 정도가 차이가 있으며 환자가 타 병원으로 이송하게 되는 경우도 다양하므로 모든 의료기관에서 모든 전원을 의료진이 동행할 필요는 없으며 현실적으로도 불가능하다는 의견을 주었다. 그러나 본 사건의 경우에는 폐암진단만을 하여 응급할 것이 전혀 없다고 판단했던 것이 환자를 의료진 없이 먼 거리로 이송하게 된 원인이 되었으므로 정확한 진단이 더 중요 했을 것으로 생각되며 이 사건 환자와 같이 진단이 명확하지 않은 응급실 내원 환자를 타 병원으로 이송하는 경우, 환자의 증상이 지속되는 특히, 흉통이나 복통과 같은 주요 장기 질환의 가능성이 있는 경우에는 의료진의 동행하는 것이 반드시 필요하다고 생각된다(〈표 6〉 참조).

〈표 6〉 원인분석

분석의 수준	질문	조사결과
왜 일어났는가? (사건이 일어났을 때의 과정 또는 활동)	전체 과정에서 그 단계는 무엇인가?	– 진단 단계 – 전원 단계
가장 근접한 요인은 무엇이었는가? (인적 요인, 시스템 요인)	어떤 인적 요인이 결과에 관련 있는가?	• 환자 측 – 해당사항 없음 • 의료인 측 – 흉통 및 배부위통증을 성급히 소화기질환으로 오진함 – 처방 후 증상이 호전되지 않았으나 진단결과를 맹신하여 환자에게 주의를 기울이지 않음 – CT필름 상 뚜렷한 균열선(대동맥박리증의 증상)을 응급실 의사뿐만 아니라 심장내 전문의조차 간과하였음
	시스템은 어떻게 결과에 영향을 끼쳤는가?	• 의료기관 내 – 해당사항 없음 • 법·제도 – 응급실에서의 환자 이송체계 미비(밤새 흉통과 오심 등을 호소한 환자를 의료진의 동행 없이 서울 소재 병원으로 전원시킴)

5. 재발 방지 대책

원인별 재발방지 사항 제안은 〈그림 6〉과 같으며, 각 주체별 재발방지 대책은 아래와 같다.

〈그림 6〉 판례 6 원인별 재발방지 사항 제안

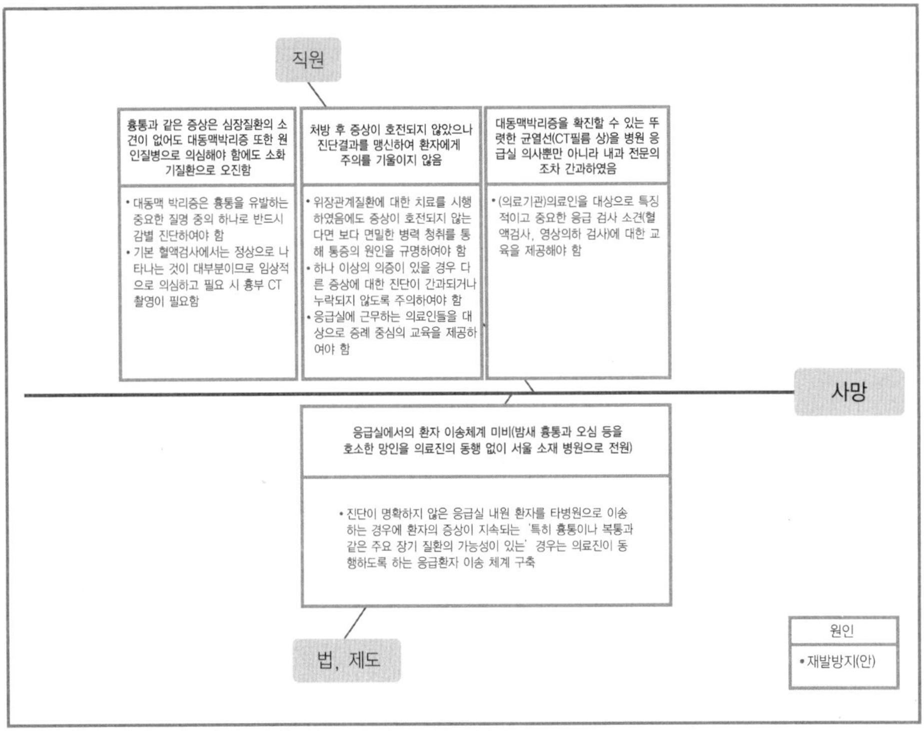

(1) 의료인의 행위에 대한 검토사항

대동맥박리증은 실신 등의 다른 증상으로 나타날 수도 있으나 흉통을 유발하는 중요한 질병 중의 하나로 반드시 감별 진단하여야 하며 흉부 X선 검사에서 종격동의 비대가 관찰될 수도 있으나 이는 드물며 대부분의 경우에는 기본 혈액검사에서는 정상으로 나타나는 것이 대부분이다. 따라서 임상적으로 의심하고 필요시 적극적으로 흉부 CT 촬영을 하는 것이 필요하다.

급성위장관염으로 진단된 환자에 대해 관련 처방과 치료를 시행하였음에도 불구하고 증상이 호전되지 않는다면 보다 면밀한 병력 청취를 통해 통증의 원인을 규명하여야 한다. 하나 이상의 의증이 있을 경우 의료진은 다른 증상에 대한 진단이 간과되거나 누락되지 않도록 주의하여야 하며 의료기관 및 협회는 응급실에 근무하는 의료인들을 대상으로 증례 중심의 교육을 제공하여야 한다. 또한 응급실에 근무하는 의사는 적어도 대동맥 박리의 균열선은 구분가능한 수준의 교육이 이루어져야 한다. 의료기관은 의료인을 대상으로 특징적이고 중요한 응급 검사 소견(예: 혈액검사, 영상의학 검사)에 대한 교육을 제공하여야 한다.

(2) 국가·지방자치단체 차원의 검토사항

진단이 명확하지 않은 응급실 내원 환자를 타 병원 이송하는 경우에 환자의 증상이 지속되는 특히, 흉통이나 복통과 같은 주요 질환의 가능성이 있는 경우는 의료진이 동행하도록 하는 응급환자 이송 체계를 구축하도록 한다. 또한 의료기관이 이를 시행하고 있는지, 응급장비를 구비하고 있는지 등에 대한 지속적인 점검과 평가가 필요하다.

┃ 참고자료 ┃ 본 판결에서 참고하고 있는 의학적 소견12)

○ 대동맥박리증의 원인·증상·진단·치료

(1) 원인

• 대동맥은 내막, 중막, 외막의 3개층이 모여서 마치 한 개의 막처럼 구성되어 있는데 어떠한 원인으로 인하여 혈관내막의 파열이 일어나 심장수축기에 뿜어 나가는 혈류가 대동맥의 진성 내강으로부터 빠져나와 대동맥 중막을 내층과 외층으로 분리시킴으로서 가성 내강을 만드는 질환을 대동맥박리증(aortic dissection) 이라 한다. 그 중 박리가 시작된 지 14일 이내의 상태를 급성 대동맥박리라고 부르고 14일 이상 경과한 상태를 만성 대동맥박리라 부르며, 발생부위에 따라 상행 대동맥박리와 하행대동맥박리로 나누는데, 특히 상행대동맥이 박리된 경우에는 뇌로 가는 혈류를 막아 뇌졸중을 일으키거나 심장관상동맥을 막아 급사를 초래하기도 하며 대동맥판막부전을 일으키거나 혈심낭을 일으키는 등 응급치료를 요하는 상태가 된다.

• 대동맥박리증은 고혈압이 있는 남자에게 잘 생기고 50−60대에서 빈발하는데 치료하지 않을 경우 사망률은 90%가 넘고 초기 치사율이 평균 1시간에 1%씩 사망률이 증가하는 것으로 되어 있어서 수술을 하지 않고 48시간이 지나면 거의 50%의 환자가 사망하는 것으로 알려져 있으므로 치료의 조기 시작이 환자의 예후를 결정하는 가장 중요한 요소가 된다.

(2) 증상

• 대동맥박리증의 증상으로는, 앞가슴이나 등에서 처음 발생하고 참기 어려운 흉부통, 복통, 배위통을 들 수 있는데, 이는 대동맥이 파열되면서 발생하는 통증으로 심근경색증 또는 협심증과 혼동이 되기도 하나, 심근경색증에서 나타나는 전형적 통증은 전흉부가 무거운 것에 눌린 듯 심하게 뻐근한 양상을 보이면서 어깨나 턱 쪽으로 통증이 전이되는 반면 대동맥박리증의 경우 전흉부와 등 쪽에 갑작스럽게 심한 통증이 나타나면서 동시에 누우면 통증이 더 악화되는 특징이 있어 통증의 양상이 약간씩 다르다.

(3) 진단

• 대동맥박리증의 진단방법은 환자가 극심한 흉통과 배부위통증을 호소하면서 응급실을 내

---

12) 해당 내용은 판결문에 수록된 내용임.

원할 경우, 먼저 환자가 호소하는 통증의 발현시간, 형상, 방사통여부, 강도, 지속시간 등
에 대하여 면밀한 병력청취를 시행한 후 심근경색 등 대동맥박리와 비슷한 증상을 가진
병과 구별하기 위해 심전도검사, 흉부 X – 선 촬영, 심근효소검사(CK – MB)를 시행하는
데, 대동맥박리가 초기인 경우 위와 같은 검사에서는 이상소견이 나타나지 않을 수 있으
며 증상이 악화됨에 따라 위와 같은 검사에서 이상소견이 나타나게 되고, 더 정확한 진단
을 위해서는 흉부 CT 촬영(대동맥박리의 범위, 가성 내강 및 진성 내강의 상태, 내막 플
랩 등을 정확하게 파악할 수 있다. 과거에는 대동맥 조영술이 표준 검사법으로 사용되었
으나 급성 대동맥박리는 진단에서 수술에 이르는 시간을 짧게 하는 것이 수술에 따른 합
병증이나 사망률을 줄이는 데 중요하다는 임상 경험이 쌓이면서 최근에는 심장 초음파검
사와 전산화 단층촬영만으로 진단하고 수술하는 것이 응급상황에서의 진단법으로 추천되
고 있다), 심장초음파(경식도법에 의한 2d 초음파 검사, 도플러 심장초음파검사로 내막
플랩을 확인함으로써 보통의 대동맥류와 대동맥박리를 감별할 수 있다. 또 대동맥판막 폐
쇄부전의 여부와 좌심실의 수축기 기능을 파악할 수도 있다), MRI촬영(비교적 최근에 소
개된 방법으로 조영제의 사용 없이 대동맥의 상태를 파악할 수 있는 이점이 있다)도 여건
에 따라 시행가능하다.

(4) 치료

• 대동맥박리증은 사망률이 매우 높은 내과계 응급질환으로 발병 후 1시간 마다 1%의 환자
  가 사망하는 것으로 알려져 있으며 상행 대동맥 및 대동맥궁의 type a 대동맥박리증만 있
  는 경우에 응급 수술 후 병원 내 사망률은 15~20%를 보이고 있어 초기 진단과 빠른 치
  료가 무엇보다 중요하다. 대동맥박리가 의심될 경우 진단이 확진되지 않았더라도 심근 수
  축력과 전신 동맥압을 감소시키기 위해 혈압강하제와 β – 수용체차단제 등 각종 약물을
  적극적으로 투여하는 등의 내과적 치료 및 응급처치가 즉시 시행되어야 하고, 이러한 처
  치가 적절히 시행될 경우 대동맥박리가 진행되는 것을 방지하고 정밀한 진단검사를 수행
  할 시간을 벌 수 있으며, 또 환자의 상태가 내과적 치료 및 응급처치로 안정된 상태에서
  수술이 시행될 경우 보다 좋은 예후를 기대할 수 있고, 수술이 성공하는 경우 10년 생존
  율이 50~70%로 양호한 편이다. 최근에는 수술을 시행한 환자에서 사망률이 2.4%에 불과
  한 보고도 있을 정도로 수술기법이 발전하고 있다.

• 대부분의 사망은 발병 후 2주 내에 일어나므로, 급성기를 잘 넘기느냐에 따라 사망 여부
  가 달라지는데, 상행대동맥이 찢어진 경우에는 박리가 일어난 대동맥 부위를 인조혈관으
  로 갈아 끼우는 응급수술을 필요로 하며, 이러한 수술이 시행되지 않을 경우 사망률이

60%에 달한다. 하행대동맥이 찢어진 경우에는 수술이 도움이 되지 않으며 급성기에 더 이상 대동맥 손상이 일어나지 않도록 내과적 치료를 시행하는 것이 원칙이다.

제3장

부적절한 처치 및 처치 지연
관련 판례

제3장

부적절한 처치 및 처치 지연 관련 판례

판례 7. 환자의 과거력 문진 미비와 약물 투여 후 증상 미개선에도 적절한 조치를 하지 않아 사망에 이른 사건_창원지방법원 2008. 12. 11. 선고 2006가합7501 판결

1. 사건의 개요

문진 단계에서 환자의 과거력을 살펴보지 않고 약물 투여 후에도 통증 개선되지 않았으나 의료진이 적절한 의학적 조치를 하지 않아 환자가 사망에 이른 사건[창원지방법원 2008. 12. 11. 선고 2006가합7501 판결]이다. 자세한 사건의 경과는 다음과 같다.

날짜	시간	사건 개요
		환자: 1974. 2. 9생(사고 당시 32세 2월). 여자. 2004. 1. 경 협심증 진단 후 동 월 14일 좌주간 관상동맥 스텐트 삽입술 받음 원고 1: 환자의 남편. 1970년 생. 남자 원고 2: 환자의 자. 2001년 생. 남아 피고: 내과의원 운영 의사(진료과목: 내과, 소아과)
2006. 5. 2.	13:25	• 환자는 좌하방 복통 호소하며 산부인과 내원함 • 모 산부인과 의사는 골반 초음파 시행함 　= 결과: 난소와 자궁부위에 이상 없음을 확인하고 요로결석이나 대장질환을 의심하여 의원으로 전원 함

날짜	시간	사건 개요
	13 : 55	• 환자는 의사에게 좌하방 복통 호소 • 의사는 과거병력 및 투약중인 약물에 관해 문진하지 않고 단순 결석으로 판단함 • 소변검사 및 엑스 선 촬영위해 진카로솔, 메로드 주사 투여함 • 주사 후 10분이 경과했으나 호전 없어 간호사에게 트리돌 주사 지시함 • 10분 후 환자는 거품을 물고 실신 함 • 의사는 환자의 기도 확보 후 응급조치 시행
	15 : 07	• 의사는 응급조치와 동시에 구급차 요청
	15 : 12	• 구급차 도착
	15 : 22	• 환자를 김해 모병원으로 후송함 • 혼수상태인 채로 김해 모병원 도착했으나 환자의 혈압은 측정되지 않음 • 응급실에서 기관 내 삽관 시행 후 심폐소생술 시행함
	16 : 20	• 환자의 심기능 회복되지 않아 사망함 • 부검 결과 환자는 스텐트 삽입부위에 고도의 관상동맥 경화가 생겨 거의 폐쇄된 소견을 보였음 • 사인은 급성심근경색증을 포함한 동맥경화가 원인이었음

2. 법원의 판단

가. 법원 판단의 근거

(1) 환자는 협심증 진단 후 좌주간 스텐트 삽입술을 받았으며 관상동맥경화나 그로 인한 심근경색을 막기 위해서는 심전도, 관상동맥조영술을 통하여 확진한 뒤 신속히 혈전용해 치료 또는 혈관성형술 등을 해야 한다.

(2) 의사는 환자 진료 시 과거병력, 투약 중인 약물에 대한 문진을 하지 않았으며 두 차례에 걸친 통증완화제 투여에도 통증이 심해졌다면 다른 질병을 의심하고 신속히 대처 하는 등의 조치를 취할 주의의무가 있다.

(3) 의사는 환자의 좌하부 통증 호소에만 주의를 두어 문진을 소홀히 하였으며 1시간가량 다른 처치를 하지 않아 환자의 심장병 재발과 관련된 치료시기를 놓치게 한 잘못이 있다.

3. 손해배상범위 및 책임제한

가. 의료인 측의 손해배상책임 범위: 10%

나. 제한 이유

(1) 환자는 호소한 주증상인 좌하복부 통증은 임상에서 심혈관계질환을 의심할 가능성이 극 낮은 점

(2) 환자는 사망 당일 오전 일찍부터 하복부 통증이 있었음에도 1시간여의 재즈댄스 등 다소 과격한 운동으로 관상동맥 폐색으로 인한 증상 발현을 촉진시켰고 사망 당시 혈관이 거의 폐쇄된 정도로 보아 과거력을 알고 있음에도 이에 대한 관리가 제대로 이루어지지 않은 점

(3) 의원에 내원 후 2시간여 만에 사망한 것으로 보아 제대로 문진을 하고 큰 병원으로 전원 했다고 하더라도 생존 가능성은 커 보이지 않는 점

다. 손해배상책임의 범위: 총 32,672,792원

(1) 일실수입: 17,372,793원(173,727,937원의 10%)
(2) 장례비: 300,000원(3,000,000의 10%)
(3) 위자료: 15,000,000원

4. 사건 원인 분석

이 사건은 협심증을 진단받고 관상동맥 스텐트 시술을 받은 32세 여성이 관상동맥 폐색과 관련된 좌하복부 통증을 호소하였으나, 진료의는 통증호소에만 주의를 두고 문진을 소홀히 하여 심장병 재발과 관련된 치료시기를 놓쳐 사망에 이르게 된 사건이다. 자문위원은 환자가 오전부터 있었다는 좌하복통이 과연 심근경색의 증상이였는지는 의문이라 하였다. 환자의 병변이 주간지이고 주간지 병변이 오전부터 문제를 유발한 것이었다면 질병의 심각성과 치명률에 근거하여 1시간동안 재즈댄스를 하는 것을 환자가 견딜 수는 없었을 것이기 때문이다. 위 사건의 원인은 첫째, 좌하복통이 심근경색의 증상으로 나타난 것으로 생각하는 경우 본 증상 발생 시부터 심

근경색이 진행했다고 판단하는 것 둘째, 좌하복통은 다른 원인에 의해 있었으며 극심한 복통으로 인한 스트레스 상황 가운데 환자가 실신하기 직전에 급성으로 주관지 병변의 동맥경화반 파열 등으로 인해 심근경색이 발생한 것으로 생각할 수 있는데 위의 정보만 가지고 판단하기는 어려운 면이 있다는 자문의견이 있었다. 본 사건과 관련된 문제점 및 원인을 분석해본 결과는 다음과 같다.

첫째, 환자의 경우 협심증 진단 후 관상동맥 스텐트 삽입술을 받았던 자신의 과거병력을 진료의에게 알리지 않은 잘못이 있다. 환자는 스스로 심혈관계 합병증의 발생 예방을 위해 건강한 생활습관을 유지해야 할 의무가 있으며 의료인도 환자가 권고사항을 잘 따를 수 있도록 발생가능 한 합병증 및 위험성과 추후 관리방법에 대해 구체적으로 설명할 필요가 있다.

둘째, 환자가 내원하였을 때 과거병력이나 투약 중인 약물 등에 대한 적절한 문진이 이루어져야하며 두 차례에 걸친 통증완화제 투여에도 통증이 심해졌다면 다른 질병을 의심하고 신속히 대처 하는 등의 조치를 취할 주의의무를 다하지 않은 것으로 판단된다. 뿐만 아니라 환자가 협심증 진단 후 관상동맥 스텐트 삽입술을 받았다면 관상동백경화나 그로 인한 심근경색을 막기 위해 임상증상이 심혈관계질환을 의심할 가능성이 낮더라도 심전도, 관상동맥조영술을 통하여 확진한 뒤 신속히 혈전용해 치료 또는 혈관성형술 등을 해야 한다. 하지만 상복통 환자에 있어서 심혈관계 위험인자가 있는 경우에 심혈관질환을 염두에 두고 진료를 하며 이 경우는 감별진단에 포함이 되지만 일반적으로 내과진료지침서 상 좌하복통의 감별진단은 대장(대장염, 게실염, 크론병, 궤양성대장염, 과민성대장증후군), 부인과질환(자궁외 임신, 난소종양, 난소염전, 골반염), 신장(결석, 신우신염)이므로 상기 환자와 같이 좌하복통을 호소하는 젊은 여자 환자에 있어서 아무리 심혈관계 병력이 있다고 하더라고 급성 심근경색을 환자의 주 증상만 가지고 의심하기는 어려울 수 있다는 자문의견이 있었다.

셋째, 의료기관은 의료인이 진료 시 반드시 알아야 할 환자의 과거력, 투약 약물 등의 문진 절차가 미흡한 것으로 판단된다.

넷째, 의료기관 간 환자의 중요한 과거력(협심증 진단 및 좌주간 관상동맥 스텐트 삽입술)에 대한 정보 전달 및 공유 체계가 부재하여 사건 발생에 영향을 미친 것으로 생각된다(〈표 7〉 참조).

〈표 7〉 원인분석

분석의 수준	질문	조사결과
왜 일어났는가? (사건이 일어났을 때의 과정 또는 활동)	전체 과정에서 그 단계는 무엇인가?	– 진단 전 문진 단계(협심증을 진단받고 관상동맥 스텐트 시술을 받은 과거력이 있는 환자가 관상동맥 폐색과 관련된 좌하복부 통증을 호소하였으나, 진료의는 통증호소에만 주의를 두고 문진을 소홀히 하여 심장병 재발과 관련된 치료시기를 놓침)
가장 근접한 요인은 무엇이었는가? (인적 요인, 시스템 요인)	어떤 인적 요인이 결과에 관련 있는가?	• 환자 측 – 과거력(협심증 진단 후 좌주간 스텐트 삽입)을 의료진에게 보고하지 않음 • 의료인 측 – 과거병력 및 투약중인 약물에 관해 문진하지 않음 – 두 차례 걸친 통증완화제 투여에도 통증(좌하방 복통)이 심해졌으나 이에 대한 적절한 조치가 이루어 지지 않음
	시스템은 어떻게 결과에 영향을 끼쳤는가?	• 의료기관 내 – 진료 시 환자의 과거력, 투약 약물 등의 문진 절차 미비 • 법·제도 – 의료기관 간에 환자의 중요한 과거력(협심증 진단 및 좌주간 관상동맥 스텐트 삽입술)에 대한 정보 전달 및 공유 체계 부재

5. 재발 방지 대책

원인별 재발방지 사항 제안은 〈그림 7〉과 같으며, 각 주체별 재발방지 대책은 아래와 같다.

〈그림 7〉　판례 7 원인별 재발방지 사항 제안

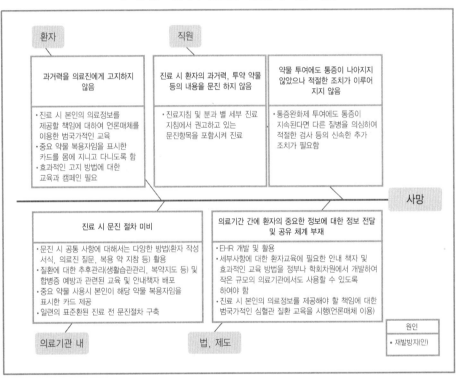

(1) 환자 측 요인에 대한 검토사항

환자는 진료 결과에 영향을 미칠 수 있는 자신의 중대한 과거력에 대하여 의료진에게 반드시 고지해야 한다. 심혈관질환 관련 약물(혈관확장제, 항응고제, 혈압강하제 등) 복용 시 본인이 해당 약물 복용자임을 표시한 카드를 몸에 지니고 다니도록 하여 응급상황이나 평소 진료를 받지 않았던 타 병원에서 진료를 볼 경우 환자 정보 수집에 좀 더 용이하도록 한다.

(2) 의료인의 행위에 대한 검토사항

의료인은 환자가 내원하였을 때 과거병력이나 투약 중인 약물 등에 대한 표준화된 지침서를 활용한 철저한 문진이 이루어져야 한다. 두 차례에 걸친 통증완화제 투여에도 통증이 심해졌다면 다른 질병을 의심하고 적절한 검사 등의 신속히 추가 조치가 필요하며 이 과정을 반드시 기록에 남기도록 한다. 심혈관계질환 진단 후 발생한 복통일수록 빠르고 세심한 진단 접근이 중요하며 통증의 정도로 질환의 경중을 따지거나 지나치게 검사결과에만 의존해서는 안 된다. 복통을 호소하는 환자를 진료할 때 의료인은 내과학회의 전공의진료지침 및 분과별 세부 진료지침에서 권고하고 있는 문진항목[1])을 반드시 포함시키도록 한다. 의료진은 문진을 통해 정확한 정보를 얻고 의학적 판단을 하게 되나 실제로 과거력과 복용약물 여부(특히 타 병원 복용약물)에 대해서는 일련의 표준화된 경로를 통해서 진료를 보도록 하여 환자나 의료인이 혹시 과거력이나 복용약물여부에 대해 인지하지 못하는 것을 예방하는데 도움이 될 수 있다. 환자가 권고사항을 잘 따를 수 있도록 발생가능 한 합병증 및 위험성과 추후 관리방법에 대해 구체적으로 설명, 교육할 필요가 있다. 심혈관계질환과 같이 추후관리가 중요한 만성 질환의 경우 환자 교육 시 환자 자신의 질병에 대한 심각성과 함께 진료 전 의료인에게 자신의 병력을 반드시 알려야한다는 것과 추후 관리방법 및 합병증 예방을 위한 효과적인 교육 자료가 제공될 수 있어야 한다.

(3) 의료기관의 운영체제에 관한 검토사항

의료기관은 일괄적인 문진양식이 아닌 임상에서 활용 가능한 질환 별 구체적인 문진양식을 개발해야 하여 내원 환자 및 전원 환자 모두에게 사용하도록 하는 적극적인 노력이 필요하다. 또한 문진 시 공통사항에 대해서는 다양한 방법(환자 작성 서식, 의료진 질문, 복용 약 지참 등)을 활용한다. 의식이 명료하고 상태가 안정적인 초진환자의 경우 진료를 접수하고 진료 전 본인이 알고 있는 과거 병력 및 현재 복용중인 약물여부를 일정한 양식을 근거로 체크 할 수 있도록 하며 약물을 복용하고 있다면 외래 간호사 등을 통하여 약제에 대한 정보까지 확인하여 진료를 보도록 하는 일련의 표준화된 진료 전 절차를 구축하도록 한다. 실제 임상에서는 심혈관계 질환 진단 후

---

1) "가) 통증의 강도, 지속시간, 성격, 위치, 나) 식사, 자세, 배변, 생리와의 관계, 다) 동반 증상(발열, 구토, 설사, 변비, 혈변, 배뇨통 등), 라) 과거병력(수술력, 간염, 담석, 게실염, 심혈관 질환 등)".

치료를 받은 것에 따라 약물 사용이 차이가 있을 수 있으므로 세부 사항에 대한 교육이 이루어져야 하며 병원별로 효과적인 교육방법과 안내 책자를 개발·배포하여 각 병동 및 외래에 비치하여 내원객이 용이하게 볼 수 있도록 해야 한다. 뿐만 아니라 작은 규모의 병의원에서도 이를 사용 할 수 있도록 정부나 학회 차원의 지원과 관리가 필요할 것이다. 심혈관질환 관련 약물(혈관확장제, 항응고제, 혈압강하제 등) 사용하는 환자에게 해당 약물 복용자임을 표시한 카드 제공해 주도록 한다.

(4) 국가·지방자치단체 차원의 검토사항

의료기관 간에 환자의 의료정보를 공유할 수 있도록 하는 EHR(전자건강기록시스템)을 개발하여 적용할 수 있도록 한다. 심혈관계 질환 진단 후 치료를 받은 것에 따라 약물 사용이 차이가 있을 수 있으므로 세부사항에 대한 환자교육에 필요한 안내 책자 및 효과적인 교육 방법을 정부나 학회차원에서 개발하여 작은 규모의 의료기관에서도 사용할 수 있도록 하여야 한다. 언론 매체를 이용한 범국가적인 심혈관 질환 교육이 필요하다. 환자의 권리 장전에도 환자는 본인의 건강상태나 기타 진료상 필요한 의료정보를 상세하고 정확하게 제공할 책임이 있다고 되어있으나 실재로 환자 자신의 의무에 대해 잘 알지 못하거나 중요성을 인지하지 못하는 경우가 많이 있다. 환자는 본인의 건강상태나 기타 진료 상 필요한 의료정보를 상세하고 정확하게 제공할 책임이 있다는 내용의 대중 언론 매체를 이용한 환자교육이 필요할 것이다.

┃참고자료┃ 본 판결에서 참고하고 있는 의학적 소견[2)]

- 관상동맥 스텐트 삽입술이란 심장을 둘러싸고 있는 동맥 중 좁아진 동맥에 철망을 삽입하여 좁아진 혈관을 넓혀 주는 시술이다.
- 동맥경화증은 동맥의 내벽에 손상이 생긴 부위에 콜레스테롤 등 지방질의 침착, 섬유세포의 증식·석회 침착 등이 일어나 동맥 내경이 좁아지면서 중요 장기에 혈액 공급이 저하되거나 동맥의 탄력성이 소실, 약화되어 파열·폐쇄 등이 일어나는 증상을 말한다. 협심증의 대부분의 원인은 동맥경화이며 관상동맥의 일부가 좁아져 심박동이 빨라지면 심근에 혈류공급이 줄어들고 그로 인한 흉통이 나타나면서 숨이 가빠진다.
- 심근경색은 관상동맥의 폐색으로 심근의 괴사가 진행되는 질병으로 폐색 3시간이 경과하면 그 혈관에 의해 공급되는 심근의 50% 이상에서 불가역적 손상이 생기고 6~12시간이 경과하면 100%에서 불가역적 손상이 생긴다. 관상동맥의 폐색을 막기 위한 혈전 용해 치료는 이상적으로 30분 이내에 시작되어야 하며 증상발현 후 1시간 이내에 치료하면 심근경색으로 인한 병원 내 사망률을 50%까지 감소시킬 수 있다. 증상은 명치부위의 통증이 일반적이며 배꼽 아래의 부위의 통증은 극히 드물다.
- 진카로솔은 아미노산 수액제로 수분 공급 및 영양 공급을 위해 투여하는 주사제이고 메로드는 바륨성분의 안정제, 수면제이며, 트리돌은 트리마돌의 상표이름으로 소염진통제이다.

---

2) 해당 내용은 판결문에 수록된 내용임.

판례 8. 발작성 심실 세동 환자 치료 중 이상 징후를 보임에도 적절한 의료 조치를 하지 않아 급성 뇌경색으로 환자가 의사소통 불능 및 사지마비에 이른 사건_서울중앙지방법원 2007. 12. 26. 선고 2005가합99690 판결

1. 사건의 개요

발작성 심실 세동을 진단받은 환자가 심장 내 고주파 절제술을 받은 후 합병증으로 뇌경색 징후를 보였다. 그러나 의료진이 적절한 검사를 시행하지 않고 경과관찰도 하지 않아 환자가 급성 뇌경색으로 의사소통 불능 및 사지 마비로 자발적 운동 불가능 상태에 이른 사건[서울중앙지방법원 2007. 12. 26. 선고 2005가합99690 판결]이다. 자세한 사건의 경과는 다음과 같다.

날짜	시간	사건개요
		환자 1: 1947. 7. 20.생(사고당시 57세), 20개월간 주로 새벽에 간헐적으로 흉부의 압박감, 가슴 두근거림, 호흡곤란 증세가 있었음 피고 1: 피고 병원 소속 의사 피고 2: 서울 소재 학교법인, 대학교 의과대학 병원(이하 '피고 병원'이라 한다)을 설립하여 운영하는 법인
2004. 9.		• 새벽에 간헐적으로 흉부의 압박감, 가슴 두근거림, 호흡곤란 증상의 빈도가 증가함
2004. 10. 4.		• 피고 병원에 내원해 피고 1 의사로부터 진료를 받음 = 발작성 심방세동으로 진단, 약물치료를 시행함 = 약물치료에도 환자의 병세에 호전 없음 = 피고 1 의사는 고주파절제술을 권유함
2004. 12. 19. (일요일)		• 피고 병원에 입원함
2004. 12. 21. (화요일)		• 경식도 심초음파 시행 = 심장 내 혈전 없고 좌심실 기능이 양호함을 확인함
	13 : 00~ 17 : 00	• 고주파절제술을 시행함
		• 수술 후 환자를 중환자실로 옮김

날짜	시간	사건개요
	21 : 30	• 환자상태 = 기면상태로 의사소통이 되지 않고 실어증 증세 보임 = 사지 근력등급: Ⅴ
	24 : 00	• 침상이탈을 하려는 증상을 보임
2004. 12. 22	8 : 40	• 우측 사지의 무력감이 있고 왼쪽으로 기울어지면서 침상이탈을 시도하는 모습을 보임 • 의식저하, 실어증 증상이 계속됨

근력등급	우측 상하지	좌측 상하지
	Ⅰ	Ⅴ

날짜	시간	사건개요
		• 우측 반신마비가 발견됨 • 뇌 CT 및 MRI를 시행함 = 좌측 중뇌동맥의 급성 뇌경색 소견을 보임 • 신경외과로 전과시켜 뇌압강하제 등의 약물치료를 시행함
2004. 12. 23.		• 의식이 더 저하됨 • 뇌 CT를 시행함 = 결과: 심각한 뇌부종 • 뇌압감압술, 경질막 성형술, 뇌막외배액술을 시행함
현재 상태		• 피고 병원 신경외과에서 치료를 받았으나, 병세에 별다른 호전 없이 의사소통이 전혀 되지 않음 • 사지가 강직으로 마비되어 자발적 운동이 불가능한 상태

2. 법원의 판단

가. 손해배상책임의 발생: 법원 인정

○ 법원 판단의 근거

① 환자는 발작성 심방세동 질환이 있는데다가, 심장 내 고주파절제술을 시행하는 경우에는 혈전, 색전 등의 부작용으로 인해 뇌경색이 발생할 가능성이 있으므로, 담당 의료진은 뇌경색을 의심할 만한 신경학적 이상증상이 발생하였을 경우 즉시 뇌경색의 확진을 위한 뇌 CT, MRI 등의 검사를 시행하여 뇌경색에 대한 치료를 시행하여야 한다.

② 피고 병원 의료진은 고주파절제술을 마친지 4시간 30분 정도 후에 환자에게

뇌경색을 의심할 수 있는 증세인 기면상태, 의사소통이 되지 않는 실어증 증세가 나타났고, 그 후에는 계속 침상이탈을 시도하는 태도가 나타났음에도 별다른 검사를 시행하지 않고 경과관찰도 주의 깊게 하지 않았다.

③ 2004년 12월 22일 오전 8시 40분경 환자에게 의식저하, 실어증 증상이 계속되고, 우측 상하지의 근력등급이 Ⅰ로 떨어지자 그때서야 뇌 CT 및 MRI를 시행하여 뇌경색을 진단한 과실로 뇌경색에 대한 치료를 제때에 하지 못하고 뒤늦게 시행하여 환자의 뇌경색으로 인한 피해를 더욱 확대시켰다.

3. 손해배상범위 및 책임제한

가. 의료인 측의 손해배상책임 범위: 35%

나. 제한 이유

(1) 피고 병원 의료진이 즉시 환자의 뇌경색 발병을 진단하여 그에 따른 적절한 치료를 하였더라도 상당한 정도의 손상이 남을 가능성이 있는 점

(2) 환자의 고혈압 등 체질적 소인이 현재 장해에 영향을 주었을 것으로 보이는 점

(3) 환자의 보호자들도 위 환자의 뇌경색이 피고 병원 의료진의 의료과실에 의한 것이라고 판단하고 의료진의 치료에 비협조적으로 대응한 점

다. 손해배상책임의 범위: 총 111,941,764원

(1) 일실수입: 14,421,180원(41,203,373의 35%)

(2) 기왕치료비: 12,442,234원(35,549,240의 35%)

(3) 향후치료비 및 개호비: 64,078,350원(183,081,000원의 35%)

(4) 위자료: 21,000,000원

4. 사건 원인 분석

이 사건은 발작성 심실 세동을 진단받은 환자가 심장내고주파절제술을 받은 후 합병증으로 뇌경색을 의심할 만한 신경학적 이상 징후를 보였으나 의료진은 적절한 검사를 시행하지 않고 경과관찰도 주의 깊게 하지 않아 급성뇌경색으로 인한 피해가 확대되어 현재 의사소통이 전혀 되지 않고 사지가 강직으로 마비되어 자발적 운동이 불가능한 상태에 이르게 된 사건이다. 이 사건과 관련된 문제점 및 원인을 분석해본 결과는 다음과 같다. 환자에게 심장내고주파절제술을 시행하는 경우 혈전, 색전 등의 부작용으로 인해 환자에게 뇌경색이 발생할 가능성이 있으므로, 담당 의료진은 뇌경색을 의심할 만한 신경학적 이상증상이 발생하였을 경우 즉시 뇌경색의 확진을 위한 뇌 CT, MRI 등의 검사를 시행하여 뇌경색에 대한 치료를 시행하여야 한다. 그러나 의료진은 고주파절제술을 마친지 4시간 30분 정도 후에 환자에게 뇌경색을 의심할

〈표 8〉 원인분석

분석의 수준	질문	조사결과
왜 일어났는가? (사건이 일어났을 때의 과정 또는 활동)	전체 과정에서 그 단계는 무엇인가?	− 시술 후 경과관찰 단계(심장내고주파절제술을 받은 후 합병증으로 뇌경색을 의심할 만한 신경학적 이상 징후를 보였으나 의료진은 이를 뒤늦게 발견함)
가장 근접한 요인은 무엇이었는가? (인적 요인, 시스템 요인)	어떤 인적 요인이 결과에 관련 있는가?	• 환자 측 − 해당사항 없음 • 의료인 측 − 고주파절제술을 마친 후 환자에게 뇌경색을 의심할 수 있는 증세가 나타났음에도 별다른 검사를 시행하지 않고 경과관찰도 주의 깊게 하지 않음
	시스템은 어떻게 결과에 영향을 끼쳤는가?	• 의료기관 내 − 응급상황에 대한 합리적인 대응체계 미비 • 법 · 제도 − 수술 및 시술 후 발생가능한 응급상황에 대하여 신속히 대응하기 위한 제도적 지원 미흡

수 있는 증세인 기면상태, 의사소통이 되지 않는 실어증 증세와 그 후 계속 침상이탈을 시도하는 태도가 나타났음에도 별다른 검사를 시행하지 않고 경과관찰도 주의 깊게 하지 않은 잘못이 있는 것으로 판단된다. 자문위원은 담당 의료진은 아무 연락도 못 받았다가 아침 회진 때 환자의 이상증상을 발견하여 뒤늦게 뇌 촬영을 한 것은 아닌가 하는 의구점이 남는다는 의견을 주었다(〈표 8〉 참조).

5. 재발 방지 대책

원인별 재발방지 사항 제안은 〈그림 8〉과 같으며, 각 주체별 재발방지 대책은 아래와 같다.

〈그림 8〉 판례 8 원인별 재발방지 사항 제안

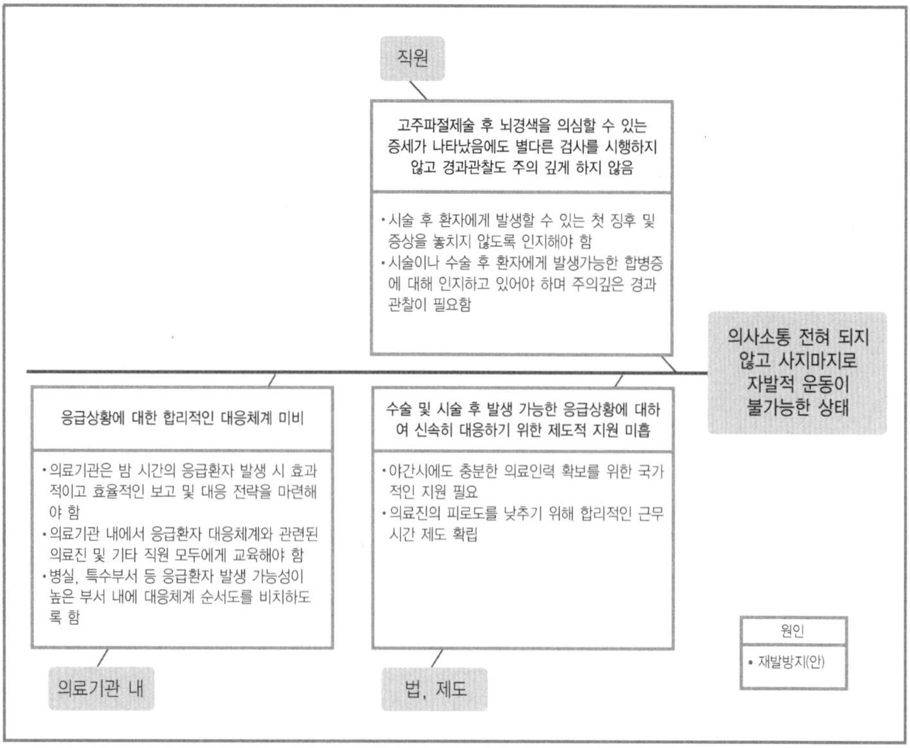

(1) 의료인의 행위에 대한 검토사항

의료진은 시술 및 수술 후 발생할 수 있는 환자의 첫 징후나 증상을 놓치지 않는 것이 중요하다는 것에 대하여 인지하고 있어야 한다. 뿐만 아니라 의료진은 시술이나 수술 후 환자에게 발생 가능한 합병증에 대해 인지하고 있어야 하며 주의 깊은 경과 관찰이 필요하다.

(2) 의료기관의 운영체제에 관한 검토사항

의료기관은 밤 시간의 응급환자 발생 시에도 효과적이고 효율적인 보고 및 대응 전략을 마련해야 하며 이에 대해 의료진 및 기타 직원 모두에게 교육해야 한다. 또한 병실, 특수부서 등 각 부서 내에 대응체계 순서도를 비치하여 언제 어디서든지 확인하고 활용할 수 있도록 한다. 이 사건과 같이 늦은 저녁시간이나 새벽시간과 같이 대응이 취약한 시간대에 환자의 이상 징후를 발견하고 문제점을 인지하여 이것을 합리적으로 대응할 수 있도록 하기 위해서는 평소 응급의료에 대한 교육과 체계적인 대응 체계가 필요하다는 자문위원의 의견이 있었다.

(3) 국가·지방자치단체 차원의 검토사항

늦은 저녁시간이나 새벽시간과 같이 대응이 취약한 시간대에 의료진은 환자를 좀 더 면밀히 관찰할 수 있어야 한다. 국가 및 지방자치체는 의료기관이 야간 시에도 충분한 의료 인력을 배치할 수 있도록 인력 충원에 대한 제도적인 지원을 하여야 하며 합리적인 근무시간 제도를 도입하여 의료진의 피로도를 낮추며 보다 주의 깊은 관찰 및 간호를 제공해야 할 것이다.

┃참고자료 ┃ 본 판결에서 참고하고 있는 의학적 소견3)

- 심방세동은 심방 전체가 균일하게 수축하지 않고 심방의 각 부분이 무질서하고 가늘게 떨고 있는 상태를 일컫는데, 이로 인하여 맥박이 아주 불규칙하고 크기도 일정하지 않다. 대부분의 심방세동은 고혈압, 판막 질환, 심부전증 등 좌심방에 비정상적인 부하가 가해지는 질환에서 나타나지만 갑상선기능항진증이나 원인질환 없이도 심방세동이 나타나는 경우가 많으며 우리나라에서는 이러한 원인이 흔히 관찰된다.

- 발작적으로 심방세동이 발생되면 가슴이 두근거리거나 답답하고, 어지럽고, 숨이 차는 증상이 대표적이나 만성적인 심방세동을 가진 많은 환자들은 증상이 없는 경우도 많다. 이 경우 부정맥 자체에 의한 증상보다는 심방 수축이 이루어지지 않아 심방내에 혈액의 저류로 인한 혈전이 생성되고 이 혈전의 일부가 떨어져 나가 혈전 색전증, 중풍 등 여러 증상이 나타난다. 심부전이 동반되면 어지러움, 무력감, 피로, 실신과 같은 증상이 나타나기도 하므로 심장 정밀 검사가 필요하다.

- 만성 심방세동인 경우는 간단한 심전도 검사로 쉽게 진단이 되지만 발작성 심방세동일 경우는 심방세동을 포착하지 못하여 진단이 어려울 수 있으므로 1주일 내지 4주일 동안 계속 심전도를 모니터하는 검사를 시행하기도 하고, 증상이 있을 때 즉시 심전도를 시행하도록 하는 것이 중요한다. 또 심방세동의 원인 규명과 앞으로의 치료방침 결정을 위해 심전도(EKG), 24시간 심전도(Holter Monitoring), Event recorder(1주 내지 6개월간 관찰), 심초음파(Trans-thoracic 2D-echocardiogram), 경식도 심초음파(Trans-esophageal echocardiogram), 전기생리적 검사(EPS), 갑상선 기능 검사 등을 시행하기도 한다.

- 심방세동의 치료는 크게 두 가지로 나눌 수 있다. 첫째는 정상 리듬으로 전환시키는 방법으로, 가능하다면 가장 좋은 치료의 선택이며 이를 통해 심방세동으로 인한 여러 가지 증상 및 합병증을 막을 수 있다. 이를 위한 3가지 방법이 현재 유용하게 사용되고 있는데, i)항부정맥 약물요법, ii)직류 전기를 이용한 전기 충격 요법, iii) 고주파 전극 도자 절제술이 그것이다. 둘째는 심박수를 조절하는 방법인데, 정상리듬으로의 전환이 어려운 경우 선택할 수 있는 치료법으로, 이는 심방세동 자체의 치료가 불가능하므로 심박수의 조절만을 목적으로 하는 차선의 치료 방법이다. 약물로 심박수를 매 분 60 내지 80회로 조정하거나 약물이 듣지 않는 경우 고주파 전극 도자 절제술을 통한 방실결절 차단을 만들고 인공 심박기를 삽입하

---

3) 해당 내용은 판결문에 수록된 내용임.

는 방법으로 이를 시행할 경우 앞서 설명한 바와 같이 심방세동 자체를 없애는 치료법이 아니므로 심방 내에 발생되는 혈전의 치료는 계속 병행하여야 한다. 고령(65세 이상), 류마티스성 심장질환, 고혈압, 당뇨, 심부전, 일과성 허혈성 뇌발작 또는 중풍의 과거력, 심초음파상 좌심방의 크기가 5cm 이상이거나 혈전을 동반하는 등, 위험인자가 있는 경우는 항응고제(warfarin) 치료가 추천되고 위와 같은 위험인자가 없는 젊은 연령층에서는 아스피린만으로도 중풍을 막을 수 있는 것으로 알려져 있다.

• 고주파전극도자절제술(Radiofrequency Ablation)은 심장 내에 위치한 전극도자를 통해 라디오주파전류(radiofrequency current)를 방출하여 국소적인 조직괴사를 일으켜서 부정맥 발생부위를 없애거나 회귀회로를 절제하는 치료법이다. 부정맥의 치료에는 항부정맥제가 도움이 될 수 있지만, 장기적으로 복용해야 하는 단점이 있다. 반면 일부 부정맥의 경우 그 원인이 되는 부위에 대한 전극도자절제술을 시행해서 성공할 경우 이를 완치할 수 있다는 장점이 있어, 환자의 나이가 젊거나, 증상이 심하여 발작이 빈번하거나, 장기간의 항부정맥제 복용이 어려운 환자 등에서 특히 추천된다.

• 고주파전극도자절제술은 상대적으로 비침습성 시술로서, 개흉술 같은 외과적 방법이나 전신마취가 필요 없다. 이 시술은 전기생리학검사를 통해 부정맥의 기전 및 발생부위를 확인한 후 시행되는데, 보통 3 내지 4개의 얇고 탄력적인 전극도자들을 대퇴 정맥, 쇄골하정맥 등 말초혈관에 삽입한 후, 실시간으로 X선 투시영상의 도움을 받아 심장 내에 위치시켜, 이를 통한 부정맥의 전기적 특성, 회귀회로 또는 부회로 등의 위치 등을 진단하고 절제용 전극도자로 특정 부위에 고주파 에너지를 투여한다. 빈맥이 유발되지 않을 때까지 시술부위를 바꾸어 전기치료를 반복하는데 이 때 환자는 약간의 흉통을 느낄 수도 있으며, 검사 및 시술이 진행되는 동안 필요에 따라 시술의사는 환자에게 안정제를 투여할 수도 있다. 환자는 시술 후 전극도자가 삽입되었던 혈관의 치유를 위해 4 내지 6시간 동안 안정을 취해야 하며, 경우에 따라 1 내지 3일 정도 입원할 수도 있으며, 퇴원 후 곧 정상적인 생활에 복귀할 수 있다.

• 가장 흔한 고주파절제술의 적응증은 심실상성빈맥으로 심방세동, 심방조동, 방실 회귀빈맥, 방실결절성 회귀빈맥, 심방빈맥 등이며 특발성 심실빈맥이나 각회귀심실빈맥 등의 심실 빈맥에도 효과적일 수 있다. 또한 급사의 위험이 있는 환자에서 고주파절제술은 이식형 제세동기(implantable cardioverter device; ICD)의 치료와 병행해서 시행될 수 있으며, 이 경우 절제술은 비정상적인 심장리듬의 빈도를 감소시켜 ICD의 제세동 에너지충격의 횟수를 줄일 수 있다. 많은 부정맥에서 고주파절제술은 90-98%의 성공률을 보이며, 수술적 치료나 장기간의 약물복용을 대체할 수 있다.

• 과거 직류전기 대신 라디오주파전류를 사용함에 따라 전극도자절제술의 합병증이나 위험성

이 낮아졌으나, 시술에 따른 여러 합병증이 약 3−5%의 환자에서 발생한다. 합병증으로는 방실전도차단, 혈심낭, 심낭압진, 혈전색전증, 심근경색, 출혈 등이 생길 수 있고, 완전 방실 전도차단이 발생하여 인공 심박조율기를 삽입하는 경우가 드물게 있다. 일단 성공한 후에도 약 5%의 환자에서 재발할 수 있으나, 다시 전극도자 절제술을 시도하면 성공할 수 있다.

• 근력등급은 힘의 강약에 따라 0에서 Ⅴ까지로 분류하는데, 등급별 상태는 아래와 같다.

　0 − 완전마비, 움직임이 전혀 없음

　Ⅰ − 약간의 근육 수축이 있으나 관절운동이 안 됨(Trace)

　Ⅱ − 중력이 없으면 부분적 범위의 운동이 가능함(Poor)

　Ⅲ − 중력에 반해서 팔, 다리를 들어올릴 수 있으나 저항을 가했을 때는 움직일 수 없음
　　　(Fair)

　Ⅳ − 중력과 어느 정도의 저항에 반해서 팔, 다리를 움직일 수 있음(Good)

　Ⅴ − 정상근력(Normal)

판례 9. 적절한 응급조치가 이루어지지 않아 저산소 뇌병증으로 식물 상태에 이른 사건_대구지방법원 2008. 9. 23. 선고 2006가합4353 판결

1. 사건의 개요

발작성 심방세동으로 진단받은 환자가 전극도자절제술 등을 시술받은 후 심장 천공이 발생하였다. 이로 인하여 환자에게 다량의 출혈과 심낭압전이 발생하였으나 적절한 응급처치가 이루어지지 않았다. 환자는 저산소 뇌병증으로 식물인간의 상태에 이르게 된 사건[대구지방법원 2008. 9. 23. 선고 2006가합4353 판결]이다. 자세한 사건의 경과는 다음과 같다.

날짜	시간	사건개요
		환자: 남자, 1957. 7. 7. 생(사고당시 나이: 47세 4개월)
		피고: 의과대학 부속 병원(이하 '피고 병원'이라고 한다)을 설치·운영하는 법인, 피고 병원 의료진의 사용자
2004. 6.		• 심장에 이상을 느껴 구미 모병원에 내원함 = 결과: 부정맥 진단 받음 = 약물치료를 받음 • 위 병원의 추천으로 피고 병원에 내원함 = 피고 병원의 순환기내과 의사: 발작성 심방세동으로 진단함
2004. 11. 30.		• 전극도자절제술 시술을 받기 위해 피고 병원에 입원
2004. 12. 3. (금요일)		• 전극도자절제술 시행함
	10 : 00	• 심장전기생리검사를 시행함
	12 : 15	• 고주파를 이용한 도자절제술을 시행함
	13 : 55	• 혈압 70/50mmHg로 감소, 심박동 분당 176회
	13 : 56	• 심실제세동기를 이용하여 200J의 전기량으로 2차례 심실제세동을 시행함 • 심장수축제인 도부타민을 투여함
	14 : 10	• 심장초음파 검사 시행 = 심낭과 심장 사이에 심낭천공으로 인한 출혈로 심낭압전이 발생한 것을 확인함

날짜	시간	사건개요
		• 심장천자술을 시행함
	14 : 20	• 혈압 70/40mmHg로 측정됨
	14 : 40	• 혈압 88/51mmHg, 심박동 분당 160회
	15 : 00	• 혈압 83/41mmHg, 심박동은 분당 152회로 측정
	15 : 30	• 흉부외과 중환자실로 이송함 • 당시 환자 이◇○의 상태 　= 의식 명료함, 식은 땀이 심하게 나며 힘들다 호소함 　= 혈압 80/50mmHg, 산소포화도는 100%
	15 : 55	• 혈압 76/52mmHg, 심박동수 분당 183회 • 심낭천자술 시행하여 50cc의 혈액을 뽑아냄
	16 : 05	• 혈압 60/45mmHg로 더 떨어짐
	16 : 10	• 혈압 56/41mmHg로 계속 떨어짐 • 산소포화도 88%로 감소됨
	16 : 20	• 크게 불러야 눈을 뜨는 정도로 의식이 저하됨
	16 : 25	• 혈압 43/30mmHg • 기관삽관을 시행함
	16 : 30	• 엠뷰백으로 인공호흡을 시키며 수술실로 이송함
	16 : 30~ 18 : 30	• 환자의 심낭에 고인 혈액을 제거하는 수술을 시행함 　= 흉곽 개복 당시 심낭에는 대량의 피가 고여 있었음 　= 심장의 움직임 전혀 없는 상태 　= 심장을 직접 손으로 짜주는 개방형 심장압박을 시행함 　= 천공부위는 좌심방 좌상부로 확인되어 봉합함
2004. 12. 9.		• 의식을 회복하지 못한 상태 • 뇌 MRI 소견 　= 전반적인 저산소증 뇌병변으로 확인됨 • 현재까지 소위 식물인간의 상태로 앞으로도 계속될 것으로 판단됨

2. 법원의 판단

가. 심장천공 발생의 과실 여부: 법원 불인정

피고 병원 의료진이 전극도자절제술을 시행함에 있어 뚜렷한 과실이 있었음을 인정할 증거가 없는 이상 환자에게 발생한 심장천공이 피고 병원 의료진이 진료상의 주의의무의 위반의 결과로 발생하였다고 단정할 수 없다.

○ 법원 판단의 근거

(1) 심방세동 환자를 대상으로 한 전극도자절제술의 경우 심장천공이 발생할 가능성은 0.5−6%인 사실, 사람마다 심방의 두께가 다르고, 튼튼한 정도도 다르기 때문에 시술하는 의사가 사전에 이를 미리 파악하기는 어려운 점이 있다.

(2) 전극도자절제술을 시행함에 있어 심장천공을 예방하기 위하여 최선의 주의를 다하여야 하지만 심장천공의 발생가능성을 사전에 완벽하게 예방한다는 것은 현재의 임상 의료행위상 불가능한 것이다.

나. 심낭천자술 및 심낭절개술 시행상의 과실 여부: 법원 인정

피고 병원 의료진은 환자에게 발생한 심장천공으로 인해 다량의 출혈과 심낭압전이 발생하였고, 그 혈액제거 및 치료를 위한 심낭천자술이 효과적이지 못하여 환자의 활력징후가 계속하여 저하되어 심낭절개술 등의 응급처치를 취해야 할 필요성이 있었음에도 이를 지체한 채로 효과적이지 못한 심낭천자술만을 되풀이 시행하다가 시기를 놓쳐 뒤늦게 심낭절개술을 시행한 과실이 인정된다.

○ 법원 판단의 근거

(1) 피고 병원 의료진은 환자에 대한 전극도자절제술을 시행하던 중 심장천공으로 인하여 심낭 내에 혈액이 고인 사실을 확인하였다면 신속하게 심낭천자술을 시행해야 하고, 심낭천자술을 시행하였음에도 환자의 혈역학적 불안정성이 그대로 지속되거나 오히려 저하되는 경우 심낭천자술로는 환자의 심낭 내의 혈액을 제대로 배출하지 못하고 있는 상황이므로 신속하게 심낭절개술을 시행해 심낭 내 고인 혈액 제거 및 출혈 부위를 봉합하는 등의 응급처치를 해야 했다.

(2) 피고 병원 의료진은 환자에 대한 전극도자절제술 시행 도중인 2004년 12월 3일 13시 55분경 환자의 혈압이 70/50mmHg로 감소하고 심박동 역시 176회로 불안정한 상태를 보이자 같은 날 14시 10분경 심장초음파 검사 상 심장천공으로 인한 출혈이 있음을 확인하고는 심낭천자술을 시행하였으나, 심낭 내에 고인 혈액을 제대로 배출해내지 못하여, 환자의 혈압은 같은 날 14시 20분경 70/40mmHg, 14 : 40경에는 88/51mmHg, 15시 00분경에는 83/41mmHg, 15시 30분경에는 80/50mmHg, 15 : 55경에는 76/52mmHg 등으로 계속하여 저혈압의 상태를 벗어나지 못하였고,

심박동수 역시 높은 등 혈역학적 불안정상태를 보인 점이 있다.

(3) 같은 날 15시 55분경 환자를 중환자실로 이송한 후 재차 심낭천자술을 시행하여 50cc의 혈액을 배출하기는 하였으나 위 심낭천자술 역시 효과적이지 못하여 위 심낭천자술 시행 직후인 같은 날 16시 5분경에는 환자의 혈압이 60/45mmHg로 더욱 저하되었다.

(4) 같은 날 16시 25분경 43/30mmHg로 더욱 떨어지고, 의식이 거의 없는 상태에 이르러서야 환자에 대하여 심낭절개술을 시행하였으나 그때는 이미 환자의 심장이 정지된 상태였고, 심낭에는 다량의 혈액이 고여 있음이 확인되었다.

다. 설명의무 위반 여부: 법원 인정

환자에게 전극도자절제술의 시술 방법 및 그 합병증으로 '천자부위의 출혈, 혈관 손상, 뇌졸중, 호흡곤란, 저혈압, 심장마비, 방실차단'이 발생할 수 있음을 설명하고 그 시술에 대한 동의서를 받은 사실은 인정되나 실제 발생한 것은 심장천공 및 그로 인한 심낭압전, 그리고 이에 기인한 저산소성 뇌병변(식물인간 상태)인데, 동의서에 기재된 합병증에 위와 같은 후유증에 대한 설명도 포함되어 있다고 보기 어렵다.

3. 손해배상범위 및 책임 제한

가. 의료인 측의 손해배상책임 범위: 30%

나. 제한이유

(1) 환자는 전극도자절세술을 받기 전 부정맥을 앓고 있었고, 부정맥으로 인한 심방세동이 있을 경우 심하면 사망까지 이를 수도 있는 점

(2) 환자에게 발생한 심장천공 및 그로 인한 심낭압전 자체는 사전에 이를 완벽하게 예방하는 것이 불가능한 점

(3) 심낭압전이 발생한 환자에 대하여 심낭절개술을 시행할 경우 그 시술 자체의 위험성이 매우 높아 뇌병변의 결과를 회피하지 못하거나 또 다른 합병증이 올 여지도 충분히 인정되는 점

(4) 피고 병원 의료진에게 신속하게 심낭절개술을 시행하지 않은 과실은 인정되

나, 이는 결국 심낭절개술을 시행해야 할 시점에 대한 판단과 관련된 문제이고, 이와 같은 판단에는 상당한 재량의 여지가 있는 것이므로 설령 재량의 범위를 벗어난 판단이어서 손해배상책임을 인정할 수밖에 없는 경우라고 하더라도 그 재량의 일탈 정도가 심하지 않다면 그 책임 역시 그 일탈의 정도에 맞추어 제한할 수밖에 없을 것인데, 환자의 혈압이 15:55경 2차 심낭천자술을 시행하기 전까지는 크게 떨어지지 않았으며, 비록 회복이라고는 할 수 없지만 약간의 상승을 보일 때도 있어, 심낭천자술 후 자연적인 지혈 및 혈압회복을 기대하는 것이 반드시 터무니없는 기대였다고 보기 어려운 점

(5) 의료행위 자체가 가지는 위험성 및 불가예측성이 있는 점

다. 손해배상책임의 범위: 총 389,695,737원

(1) 일실수입: 351,642,748원(1,172,142,495원의 30%)

(2) 기왕치료비·보조구비: 1,486,506원(4,955,020원의 30%)

(3) 향후치료비: 8,635,128원(28,783,762원의 30%)

(4) 향후보조구비: 1,144,391원(3,814,638원의 30%)

(5) 향후개호비: 26,141,558원(87,138,527원의 30%)

(6) 미지급 치료비 중 공제액: −25,354,595원(36,220,850의 70%)

(7) 위자료: 26,000,000원

4. 사건 원인 분석

이 사건은 발작성 심방세동으로 진단받은 환자가 전극도자절제술 등을 시술받은 후 심장천공이 발생하여 다량의 출혈과 심낭압전이 발생하였으나 적절한 응급처치가 이루어지지 않아 저산소 뇌병증으로 식물인간의 상태에 이르게 된 사건이다. 이 사건과 관련된 문제점 및 원인을 분석해본 결과는 다음과 같다.

첫째, 환자에게 발생한 심장천공으로 인하여 다량의 출혈과 심낭압전이 발생하였고, 그 혈액제거 및 치료를 위한 심낭천자술이 효과적이지 못하여 환자의 활력징후가 계속하여 저하되고 있었으므로 심낭절개술 등의 응급처치를 취해야 할 필요성이 있었으나 효과적이지 못한 심낭천자술만을 되풀이 시행하다가 시기를 놓쳐 뒤늦게

심낭절개술을 시행한 잘못이 있다. 의사는 심낭절개술이 사망률이 매우 높은 점에 비추어 보아 이를 시술해야 하는 시점에 대한 판단은 환자의 상태를 관찰하고 있던 의사의 재량의 범위 내이며, 임상의학 상 각 병원의 진료수준의 차이도 고려해야 한다고 주장하였으나 법원은 이를 인정하지 않았다.

둘째, 법원은 의사가 환자에게 전극도자절제술의 시술 방법 및 그 합병증으로 '천자부위의 출혈, 혈관 손상, 뇌졸중, 호흡곤란, 저혈압, 심장마비, 방실차단'이 발생할 수 있음을 설명하고 그 시술에 대한 동의서를 받은 사실은 인정하였으나 실제 발생한 것은 심장천공 및 그로 인한 심낭압전, 그리고 이에 기인한 저산소성 뇌병변(식물인간 상태)으로 동의서에 기재된 합병증이 설명한 사항에 포함되어 있다고 보기 어렵다고 판단하였다(〈표 9〉 참조).

〈표 9〉 원인분석

분석의 수준	질문	조사결과
왜 일어났는가? (사건이 일어났을 때의 과정 또는 활동)	전체 과정에서 그 단계는 무엇인가?	−응급처치 단계(환자의 활력징후가 계속하여 저하되고 있었으므로 심낭절개술 등의 응급처치가 필요하였으나 효과적이지 못한 심낭천자술만을 시행하다가 시기를 놓쳐 뒤늦게 심낭절개술을 시행함)
가장 근접한 요인은 무엇이었는가? (인적 요인, 시스템 요인)	어떤 인적 요인이 결과에 관련 있는가?	• 환자 측 −해당사항 없음 • 의료인 측 −혈액제거 및 치료를 위한 심낭천자술이 효과적이지 못하여 환자의 활력징후가 계속하여 저하되고 있었음에도 불구하고 적절한 응급처치(심낭절개술)를 시행하지 않음
	시스템은 어떻게 결과에 영향을 끼쳤는가?	• 의료기관 내 −수술 전 효과적인 동의서 및 설명 절차 미비(가능성이 낮은 합병증의 발생에 대한 설명 미흡) • 법·제도 −해당사항 없음

5. 재발 방지 대책

원인별 재발방지 사항 제안은 〈그림 9〉와 같으며, 각 주체별 재발방지 대책은
아래와 같다.

〈그림 9〉 판례 9 원인별 재발방지 사항 제안

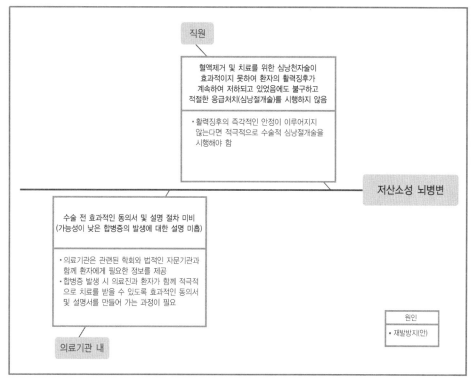

(1) 의료인의 행위에 대한 검토사항

심낭천자술만으로는 해결되지 않는 출혈에 의하여 급성 심장압전이 발생한 경
우는 응급 심낭절개술이 필요하다. 자문위원은 상기 사건의 경우 심낭 천자술을 시행
하였기 때문에 조금 기다려 볼 수 있다는 부분은 동의할 수 있지만, 활력징후의 즉각
적인 안정이 이루어지지 않는다면 위험성에도 불구하고 적극적으로 수술적 심낭절개
술을 시행하여야 한다는 의견을 주었다.

시술에 대한 설명 동의서가 모든 내용을 포함하고 있다면 가장 바람직하겠지만

발생할 수 있는 모든 문제가 기록돼 있는 설명 동의서는 현실적으로 불가능할 수 있으므로 의료진은 환자에게 수술 및 시술로 인하여 발생가능 한 범위의 합병증을 가능성이 낮더라도 모두 설명할 수 있도록 해야 한다. 그러나 매우 희귀한 합병증을 강조하며 자칫 환자에게 불필요한 두려움과 치료의 기회를 포기하게 할 수도 있다는 점을 고려해야 한다는 자문위원의 의견이 있었다.

(2) 의료기관의 운영체제에 관한 검토사항

의료기관은 시술동의서나 수술동의서 양식을 재검토 할 필요가 있다. 의료진이 모든 가능성을 설명하는 것이 가장 바람직하지만, 매우 희귀한 합병증을 강조하며 자칫 환자에게 불필요한 두려움과 치료의 기회를 포기하게 할 수도 있다는 점을 고려해야 한다. 따라서 관련된 학회와 법적인 자문기관이 함께 환자에게 필요한 정보를 제공하도록 하여야 하며, 향후 합병증 발생 시에도 의료진과 함께 적극적으로 치료를 받을 수 있도록 효과적인 동의서 및 설명서를 만들어 가는 과정이 필요할 것으로 생각된다.

┃ 참고자료 ┃   본 판결에서 참고하고 있는 의학적 소견4)

• 발작적 심방세동

발작적으로 심방세동이 발생되었다가 종료되는 심방 부정맥의 하나로 그 치료는 항부정맥 약물을 사용하여 부정맥의 발생을 억제하는 방법이 있고, 약물로 잘 조절되지 않는 경우에는 심방 중 심방세동의 원인병소로 알려진 심방부분을 고주파 열에너지로 소작하는 전극도자절제술이 있다.

• 전극도자절제술의 합병증과 부작용

전극도자절제술시 나타나는 합병증과 부작용에는 수술과 관련한 사망, 심낭압전, 패혈증, 농양, 심내막염, 기흉, 혈흉, 횡경막 마비, 천자부위의 가성동맥류, 동정맥류, 심장판막 손상, 대동맥 박리, 뇌졸중, 가역성 뇌허혈, 폐정맥협착증, 방실차단, 식방식도누공 등이 보고되어 있으며 심낭압전은 심장천공에 의해 발생되는 합병증이다. 전극도자절제술에서 심장천공의 가능성은 0.5%－6%로 보고되어 있으며, 심장천공은 매우 치명적일 수 있으므로 그 예방을 위해 최선을 다해야 하며 이를 예방하기 위해서는 전극도자절제술시 과도한 에너지 사용을 피하고, 좌심방이 직접 손상되는 것을 피하고, 심방중격천자시에 천자용 바늘을 조심스럽게 사용해야 한다. 다만, 전극도자절제술시 심장천공으로 인한 심낭압전의 가능성을 사전에 완벽하게 예방할 수는 없다.

• 심낭압전(심낭탐폰)

심낭압전이란 심근을 둘러싸고 있는 심외막과 심낭 사이의 공간에 체액 또는 혈액이 고여서 심장을 압박하여 호흡곤란, 빈맥, 저혈압을 유발하는 것이다. 심낭압전의 원인은 급성 세균 혹은 결핵균 감염증, 대동맥박리, 심근경색후 심장파열, 말기만성신장병, 각종의 암전이 등이 있으며, 도자절제술의 합병증인 심장천공도 그 원인 중 하나이다. 심낭압전의 발생시, 즉각적이고 신속한 진단과 심낭천자술을 시행하거나 응급개흉술로 심낭 내의 혈액이나 체액을 제거하여야 하고, 심낭압전의 치료가 지체되면 저혈압이 지속되어 신체 각 부위에 산소공급이 되지 못하게 되어 뇌의 경우 저산소증으로 인한 뇌병변이 생기게 되고, 심장에는 심실세동이 발생되어 결국에는 사망에 이르게 된다.

---

4) 해당 내용은 판결문에 수록된 내용임.

• 저산소 뇌병증

저산소 뇌병증은 뇌에 혈류가 차단되거나 저하되어 결과적으로 산소와 당류의 공급이 차단 혹은 저하로 인해 신경세포가 파괴되어 뇌 기능이 손상되는 것으로 심낭압전으로 인해 혈압이 낮아지고 궁극적으로 심정지가 되면 이로 인해 저산소 뇌병증이 발생한다.

검사 및 시술 관련 판례

제4장 검사 및 시술 관련 판례

판례 10. 전극도자절제술 중 우회로에 인접한 정상경로까지 손상시켜
환자에게 영구적 인공심박동기를 부착하게 한 사건_서울중
앙지방법원 2008. 11. 18. 선고 2008가합11172 판결

1. 사건의 개요

가슴이 답답하고 숨이 차는 증세로 내원한 18세 환자가 상심실성 빈맥으로 진
단받고 우측 전중격 부위의 우회로에 대한 전극도자절제술을 받는 과정에서 정상경
로까지 손상되어 영구적으로 인공심장박동기를 부착하게 된 사건[서울중앙지방법원
2008. 11. 18. 선고 2008가합11172 판결]이다. 자세한 사건의 경과는 다음과 같다.

날짜	사건개요
	환자: 남자, 1987. 5. 21생(사건 당시 만18세)
	피고 1: 피고 병원 소속 순환기내과담당의사
	피고 2: 학교법인, 피고 병원(대학교 의과대학부속병원)운영 법인
2006. 9.	• 2005년 경, 환자는 식은 땀, 현기증을 동반하는 가슴 두근거림 증상이 빈번하게 있던 중 2006년 9월경 가슴이 답답하고 숨이 차는 증세로 피고 병원에 내원함.
2006. 9. 12.	• 환자에 임상심전기생리학적 검사 실시 = 우측 전중격에 우회로 발견 = 진단: 상심실성 빈맥

날짜	사건개요
	= 우측전중격부위의 우회로에 대한 전극도자절제술(이하 '이 사건 수술')시행
	= 수술 결과: 우회로 절제 과정 중 정상경로까지 손상, 3도 방실차단이 발생
2006. 9. 15.	• 환자에게 인공심박동기 부착 = 환자는 이 사건 수술 후 현재 방실차단이 지속되는 상태, 영구적으로 인공심 박동기를 부착해야 함.

2. 법원의 판단

가. 법원 판단의 근거

(1) 피고 1 의사는 환자에 대하여 이 사건 수술을 시행하면서 우회로만을 절단하여야 하고, 정상적인 심장박동 자극전달경로는 손상시키지 말아야 할 주의의무가 있음에도 불구하고, 이를 태만히 하여 우회로에 인접하여 있는 정상경로까지 손상시켜 환자로 하여금 방실차단이 발생되게 하였음.

3. 손해배상범위 및 책임 제한

가. 의료인 측의 손해배상책임 범위: 30%

나. 제한 이유

(1) 상심실성 빈맥은 저절로 호전되는 경우가 드물고 증상이 반복될 경우 일상생활에 지장을 받을 수 있으며 심부전이 야기될 수 있으므로 반드시 치료해야 하는 점

(2) 상심실성 빈맥의 치료방법으로는 빈맥의 발생을 억제하는 항부정맥 약물을 사용하는 방법이 있으나, 완치를 기대하기 어렵고, 평생 약을 먹어야 하는 문제가 있는 반면, 전극도자절제술을 시행할 경우 완치가 가능하며 최근 시술의 성공률이 높아져 많이 권유되는 추세인 점

(3) 우회로의 위치가 좌측일 경우에는 검사 기구를 이용하여 우회로의 위치를 파악하기 쉬운 반면 환자의 경우와 같이 우측 전중격인 경우에는 기준점으로 잡을 구조가 없어 우회로의 정확한 판단을 파악하기 어렵고, 이로 인하여 전극도자절제술

이 성공할 확률이 상대적으로 낮은 것으로 알려져 있는 점

(4) 전극도자절제술은 심장이 멈춰있는 상태에서 시술을 하는 것이 아니라, 박동중인 심장 가까이 접근하여 위치를 잡고 고주파 전류를 이용하여 우회로를 절단하는 것인데 환자 의 경우 우회로와 정상경로 사이의 간격이 밀접히 붙어 있었던 점

다. 손해배상책임의 범위: 총 31,515,504원

(1) 일실수입: 18,343,511원(61,145,039원의 30%)
(2) 향후치료비: 6,171,993원(20,573,313원의 30%)
(3) 위자료: 총 7,000,000원

4. 사건 원인 분석

이 사건은 평소 가슴이 답답하고 숨이 차는 증세로 내원한 만 18세의 환자가 병원에서 상심실성 빈맥으로 진단받은 후 우측 전중격부위의 우회로에 대한 전극도절제술을 받는 과정에서 정상경로까지 손상됨으로서 3도 방실차단이 발생하여 영구적으로 인공심장박동기를 부착하게 된 사건이다. 이 사건과 관련된 문제점 및 원인을 분석해본 결과는 다음과 같다.

의사는 의료술기 상 숙련도의 부족으로 전극도자절제술을 시행하는 과정에서 우회로에 인접한 정상경로까지 손상시켜 환자에게 영구적인 합병증을 발생시킨 잘못이 있다. 이는 의료기관 내 의료술기와 관련된 교육 프로그램이 부족하고, 제도적으로 수술 및 의료술기와 관련된 숙련도 향상을 위한 교육지원체계가 미비하여 발생한 것으로 분석된다. 그러나 환자의 우회로의 위치가 합병증 유발의 위험이 좀 더 높은 위치라는 해부학적인 요인과 합병증이 전혀 없는 시술은 현실적으로 존재하기 어렵다는 문제가 있으며 본 내용만을 토대로 의료진의 특정 과실이나 과도한 전극 도자절제술을 시행해서 전도장애가 발생했는지 여부는 판단하기 어렵다는 자문의견이 있었다(〈표 10〉 참조).

〈표 10〉 원인분석

분석의 수준	질문	조사결과
왜 일어났는가? (사건이 일어났을 때의 과정 또는 활동)	전체 과정에서 그 단계는 무엇인가?	− 수술 단계(환자가 우측 전중격부위의 우회로에 대한 전극도 절제술을 받는 과정에서 정상경로까지 손상됨으로서 3도 방 실차단이 발생함)
가장 근접한 요인은 무엇이었는가? (인적 요인, 시스템 요인)	어떤 인적 요인이 결과에 관련 있는가?	• 환자 측 − 해당사항 없음 • 의료인 측 − 전극도자절제술 중 우회로에 인접한 정상경로까지 손상시킴 　(숙련도 부족)
	시스템은 어떻게 결과에 영향을 끼쳤는가?	• 의료기관 내 − (추정) 의료기관 내 의료술기와 관련된 교육 프로그램 부재 • 법·제도 − (추정) 수술 및 의료술기와 관련된 숙련도 향상을 위한 교육 　지원체계 미비

5. 재발 방지 대책

원인별 재발방지 대책은 〈그림 10〉과 같으며, 각 주체별 재발방지 대책은 아래와 같다.

〈그림 10〉 판례 10 원인별 재발방지 사항 제안

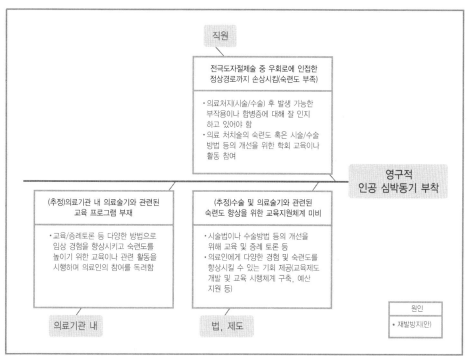

(1) 의료인의 행위에 대한 검토사항

의료진은 의료시술이나 수술 후 발생 가능한 부작용 및 합병증에 대해 인지하고 이를 미리 예견할 수 있어야 하며 최대한 합병증이 발생하지 않도록 주의해야 한다. 뿐만 아니라 의료행위에 대한 모든 사항을 환자에게 설명하고 이를 의무기록에 남기도록 한다.

더불어 의료인은 자신의 전문 진료과목과 관련된 학회교육이나 활동에 적극적으로 참여하여 시술 및 수술방법의 개선과 의료 처치술의 숙련도 향상을 위해 최대한 노력해야 한다.

(2) 의료기관의 운영체제에 관한 검토사항

의료기관은 교육이나 증례 토론 등 다양한 방법으로 의료 인력의 임상 경험을 향상시키고 숙련도를 높이기 위한 활동을 하여야 하며 의료진에게 교육의 참여를 독려하도록 한다.

(3) 학회·직능단체 차원의 검토사항

학회 및 관련 단체 또한 교육이나 증례 토론 등 다양한 방법으로 의료인의 임상 경험을 향상 시키고 숙련도 향상을 위한 노력이 필요하겠다.

(4) 국가·지방자치단체 차원의 검토사항

의료인 교육제도를 개발하고 시행체계를 구축하여 시술법이나 수술방법 등의 개선 및 의료인에게 다양한 경험 및 숙련도를 향상시킬 수 있는 기회를 제공하여야 하며 의료기관이나 협회에 교육과 관련된 예산을 지원하는 등의 지원체계를 구축하여야 한다.

| 참고자료 | 본 판결에서 참고하고 있는 의학적 소견[1]

- 상심실성 빈맥은 심실의 위쪽에서 발생하는 빈맥을 말한다. 심장이 박동을 하기 위해서는 심장 내의 일정한 전도로(conduction pathway)를 따라 주어진 전기적인 자극이 전달되어야 하는데, 상심실성 빈맥은 이러한 전도로의 이상에 의하여 발생하는 경우가 가장 흔하며 일반적인 증상은 가슴이 빠르게 두근거리는 증상, 피로감, 어지러움, 흉부불쾌감, 호흡곤란 등이 있다.
- 상심실성 빈맥의 치료방법으로는 빈맥의 발생을 억제하는 항부정맥 약물을 사용하는 방법이 있으나, 완치를 기대하기 어렵고, 평생 약을 먹어야 하는 문제가 있다. 전도로의 이상에 의하여 발생하는 상심실성 빈맥의 경우 전극도자절제술을 시행하는 방법이 있는데, 완치가 가능하며, 최근 들어 시술의 성공률이 높아져 많이 권유되는 추세이다.
- 상심실성 빈맥은 저절로 호전되는 경우는 드물고, 증상이 반복될 경우 일상생활에 지장을 받을 수 있으며, 심부전이 야기될 수도 있다.
- 전극도자절제술은 전기생리학적 검사를 통해 우회로의 위치를 파악한 뒤, 절제용 도자를 우회로부위의 심내막에 위치시키고 고주파 에너지를 이용하여 열을 발생시켜 이 열로 우회로를 절단하는 시술이다. 전기생리학적 검사는 여러 개의 전극도자를 심장 내부에 위치시킨 뒤 빈맥을 유발하여 상심실성 빈맥의 발병기전을 확인하는 검사로, 우회로가 존재하는 경우 우회로의 위치를 파악할 수 있게 된다. 심전도 검사를 통하여 우회로의 위치를 대략적으로 추정할 수는 있으나, 우회로의 위치를 정확하게 파악하기 위해서는 전기생리학적 검사가 필수적이다.
- 전극도자절제술로 인한 합병증으로는 방실차단, 방사선 노출, 혈관 천자 부위의 혈종, 심부정맥 혈전, 심근의 천공, 판막손상 등이 있는데, 이 중 가장 흔한 합병증으로는 완전방실차단과 심장눌림증이 있다. 합병증의 발생빈도는 1.82~4.4% 정도이고, 시술로 인한 사망률은 0~0.2%이다.
- 우회로의 위치가 좌측일 경우에는 검사 기구를 이용하여 우회로의 위치를 파악하기가 쉬운 반면, 우측 전중격(right anteroseptum)인 경우에는 기준점으로 잡을 구조가 없어, 우회로의 정확한 위치를 파악하기 어렵고, 이로 인하여 전극도자절제술이 성공할 확률이 상대적으로 낮은 것으로 알려져 있다.

---

1) 해당 내용은 판결문에 수록된 내용임.

• 방실차단은 심장의 윗부분인 심방과 아랫부분인 심실 사이에 전기적인 교류가 늦어지거나 완전히 없는 경우를 이른다. 방실차단은 차단의 정도에 따라 1도 방실차단, 2도 방실차단, 3도 방실차단으로 구분되는데, 3도 방실차단은 가장 중등도의 경우로서 동방결절에서 발생된 전기적 자극이 심실로 완전히 전달되지 않는 경우로 어지러움, 의식소실 등의 증상이 나타나고, 심장마비에 이를 수 있으며, 인공심장 박동기 시술 등 적극적인 치료가 필요하다.

판례 11. 수면내시경검사를 위한 프로포폴 투여 후 호흡기능 저하에 대한 응급처치 실패로 환자가 저산소성 허혈성뇌손상(뇌병변 장애 1급)을 입은 사건_서울북부지방법원 2009. 9. 3. 선고 2008가합8557 판결

1. 사건의 개요

환자에게 수면 내시경검사를 위해 프로포폴을 투여하였는데 환자의 호흡기능 저하로 의료진이 기도삽관을 시도하였으나 실패하였다. 이후 의료진이 경비 기관 내 삽관술이나 윤상갑상 연골절개술 등을 실시해야 함에도 앰부배깅만 실시하였다. 이로 인하여 환자에게 저산소성 허혈성뇌손상(뇌병변 장애 1급)을 일으킨 사건[서울북부지방법원 2009. 9. 3. 선고 2008가합8557 판결]이다. 즉 의료진의 술기부족 및 준비부족으로 인해 적절한 응급처지에 실패하였고 설명내용에 관한 의무기록이 부재한 측면이 있었던 것이다. 자세한 사건의 경과는 다음과 같다.

날짜	시간	사건개요
		환자: 여자, 1946. 9. 9.생, 사고당시나이: 61세, 내원 당시 기왕력: 손상 등 신경학적인 이상소견은 없었으며, 합병증이 없는 인슐린-비의존 당뇨병, 본태성(원발성) 고혈압, 만성 바이러스 C형 간염 등 노동능력상실률: 100%(운동기능, 감각기능, 인지기능 장애 및 연하장애, 발성장애 등으로 인하여 맥브라이드 노동능력상실평가표 두부, 뇌, 척수 항목 III(운동실조증 또는 대마비성 실조증)-D(극도의 중증)에 해당함) 피고 1: 내과의원을 개설한 내과 전문의 피고 2: 피고 병원의 부원장으로 근무하는 내과 전문의
2008. 1. 3.		• 상복부 통증을 경험함
2008. 1. 4.		• 4일 설사증상으로 피고병원에 내원함 • 피고 2 내과의는 위 증상에 대한 정확한 진단을 위하여 환자의 위와 대장 내시경검사를 실시하기로 함
2008. 1. 7.		• 제1차 내시경검사의 실시 = 피고는 마취제의 일종인 프로포폴(Propofol) 약제를 투약하여 수면을

날짜	시간	사건개요
		유도한 후, 환자의 위와 대장에 대한 수면내시경(의식하 진정내시경) 검사(이하 '제1차 내시경검사'라 한다)를 실시함 = 환자의 위에 음식물이 많이 남아있어 자세한 관찰을 위해 추가적인 위 내시경검사를 하기로 함
2008. 1. 17		• 제2차 내시경검사의 실시 = 추가적인 위 내시경검사 시 환자에게 일반 내시경검사로 할 것을 제의함 = 환자의 제1차 내시경시행 및 일반 내시경검사의 통증 등을 이유로 수면 내시경검사를 요구함 • 환자의 혈압(110/80mmHg), 혈당(138mg/dl) 등을 확인한 후, 수면내시경 방법으로 실시하기로 함
	09 : 30	• 생리식염수로 정맥주사를 연결하고, 환자에게 비관(nasal prong)으로 분당 산소 10ℓ 공급 • 수면을 유도하기 위하여 프로포폴 20mg을 정맥으로 주입하였으나 수면상태에 이르지 아니하였고, 환자에게 프로포폴 20mg씩 2회에 걸쳐 정맥으로 주입함
	09 : 33	• 환자는 수면상태에 이르렀고 위 내시경검사(이하 '제2차 내시경검사'라 한다)를 실시 = 환자의 산소포화도는 99%였고, 심장박동은 정상으로 유지되고 있었음
	09 : 34	• 제2차 내시경검사 중 산소포화도가 60%로 저하되고, 얼굴에 청색증이 발생하였음 • 피고 2 내과의는 즉시 내시경을 제거하고 농도를 높여 산소공급을 유지하면서 환자를 깨웠으나 깨어나지 않았고, 환자의 호흡도 감지되지 않음 • 피고들은 즉시 심폐소생술로 앰부배깅(ambu-bagging)과 흉부압박을 실시하였으며, 정맥에 에피네프린(epinephrine)을 주입함 • 환자의 기도를 유지하기 위하여 기도삽관(intubation)을 2차례 시도하였으나 실패함
	09 : 41	• 피고 2 내과의는 119에 신고함
	09 : 45	• 피고 병원에 출동한 구급차량을 이용하여 환자를 의료원응급실로 전원함 • 피고들과 구급대원들은 전원 전 기도삽관을 다시 시도하였으나 실패함

날짜	시간	사건개요
2008. 1. 17	10 : 07	• 응급실 도착 당시 환자의 상태

의식	반혼수(semicoma)
호흡	없음
동공	양측 대칭, 대광반사(+), 반응은 느림
혈압	70/40mmHg
맥박	143회/분
체온	36.2℃
흉부단순촬영 및 brain CT	특이소견이 없음
동맥혈검사 혈액	pH 6.966
산소분압	PaO2 44, 감소된 상태
이산화탄소분압	PaCO2 87, 증가된 상태
산소포화도	52%

	10 : 08	• 의료원 의사는 직경 6.5mm인 튜브를 이용하여 환자에게 기도삽관술을 시행함

혈액 산성도	pH 7.234
산소분압	PaO2 133, 증가됨
이산화탄소분압	PaCO2 54, 감소됨
산소포화도	96%, 호전됨

환자가 뇌병변에 이르게 된 경위		• 환자는 제2차 내시경검사로 호흡저하 증상이 나타난 때인 2008. 1. 17. 09 : 34부터 의료원에서 기도삽관을 시술받던 같은 날 10:08까지 약 34분 동안 산소가 제대로 공급되지 않아 저산소성 – 허혈성 뇌병증이 발생함 • 환자는 의료원에서 위 증상에 대한 치료받던 중, 2008. 1. 30. 뇌자기공명영상(MRI)으로 좌측 중뇌동맥의 상부가지에 폐색이, 양쪽 전뇌동맥과 중뇌동맥에서 약간의 협착이 각 발견되었으며, 2008. 2. 28. 무렵에는 좌측 중대뇌동맥 경색 등이 발생함
환자의 현재 상태		• 사고 이후 의료원의 중환자실 등에서 입원치료를 받음
2008. 5. 6.		• 의식이 혼미한 상태로 말을 시키거나 통증 등 자극을 주었을 때 반응을 보이지만, 의사소통이 불가능한 상태로 우측반신마비가 관찰됨
2008. 6. 20.		• 퇴원함 • 현재 뇌병변 장애 1급으로 일상생활에 필요한 활동을 할 수 없는 상태로 의료원 등에서 반복적으로 입원치료 등을 받고 있음

2. 법원의 판단

가. 프로포폴 투여 상 과실 유무에 대한 판단: 법원 불인정

환자에게 급속하게 적정량보다 초과한 프로포폴을 투여하였음을 인정할 증거가 없다.

○ 법원 판단의 근거

– 환자의 제2차 내시경검사 당시 혈압은 110/80mmHg으로서, 정상범위 내로 조절 가능한 고혈압에 해당하고, 혈당은 138mg/dl으로 가벼운 정도의 당뇨병에 해당한다고 할 것이며, 전신상태가 양호하여 ASA 등급 II에 해당하므로, 프로포폴에 의한 수면 내시경검사에 적합한 환자였다고 할 수 있다.

– 수면 내시경검사를 위하여 프로포폴을 투여하는 경우 초회 투여 용량은 0.5mg/kg 이고, 전신마취의 유도를 위하여 투약하는 경우 초회 투여 용량은 2.0 – 3.0mg/kg(약제설명서상으로는 55세 미만의 성인의 경우 1.5 – 2.5mg/kg이며, 55세 이상의 성인의 경우 그 투여량을 감량해야 한다고 함)으로 제2차 내시경검사 당시 환자의 몸무게는 약 55 – 60kg으로 당시 적정한 초회 투여 용량은 27.5 – 30mg이며 전신마취를 위한 초회 투여 용량은 110 – 180mg이므로, 당시 환자에게 최초로 프로포폴 20mg을 투여한 이후 그 경과를 관찰하면서 2회에 걸쳐 추가로 각 20mg씩 3분 동안 합계 60mg을 투여한 것은 과다한 투여라거나 급속한 투여라고 보기 어렵다.

– 환자는 제2차 내시경검사를 받기 10일 전에 피고 2 의사로부터 프로포폴을 사용한 제1차 내시경검사를 받았으며, 그 검사 당시에는 별다른 이상증상은 없었다.

– 환자에게 투여한 프로포폴의 양과 투여시간 등이 약제설명서에서 정한 사용 기준을 초과한다고 보기도 어렵다.

나. 수면 내시경검사 및 응급처치상의 과실 유무에 대한 판단: 법원 인과관계 인정

○ 법원의 판단

(1) 수면 내시경검사과정에서 환자에 대한 관찰의무위반: 불인정

① 피고(의료진) 2 내과의는 제2차 내시경검사를 실시 중 환자의 산소포화도 등을 지속적으로 관찰하였다.

② 환자의 산소포화도가 60%로 저하되자 즉시 검사를 중단하고 미리 준비한 앰부백 등으로 환자에게 심폐소생술을 시행하였다.

③ 미리 준비한 튜브를 이용하여 2차례에 걸쳐 기도삽관술을 시술하려고 시도한 사실을 인정할 수 있다.

(2) 응급상황에 대한 준비 및 응급처치상의 주의의무위반: 인정

① 피고(의료진) 2 내과의는 제2차 내시경검사 당시에 환자에게 혈당 138mg/dl의 합병증이 없는 인슐린-비의존 당뇨병, 본태성(원발성) 고혈압 등이 있음을 확인하였다.

② 외관상으로 환자의 목이 짧고 굵어 기도가 잘 보이지 않을 수 있는 해부학적 특성이 있으면 이로 인하여 기도유지 또는 환기유지가 어려울 수 있음을 예상할 수 있었다.

③ 프로포폴의 호흡억제 등 부작용, 위 약제의 특성 등으로 인하여 내시경검사 중 호흡 저하 내지 무호흡 증상이 발생할 수 있으므로, 이러한 경우에 대비하여 환자의 신체적 특성 등을 고려한 신속한 심폐소생술, 기도삽관술 등 응급조치를 취할 수 있는 기구와 장비를 미리 갖추어야 함에도 불구하고 환자에게 적합한 기도삽관을 위한 튜브 등을 확보하지 않은 채 내시경검사를 시작하였다.

④ 피고(의료진)들이 환자에게 호흡 저하 등이 발생한 후 여러 차례 기도삽관을 시도하였으나 실패함으로써 약 34분 동안 환자의 기도가 제대로 유지되지 못하였고, 이로 인하여 저산소성 뇌손상에 이르게 되었다.

⑤ 환자의 경우 목이 짧고 굵으며 경직된 상태였으나, 의료원 응급실에서는 도착 즉시 환자에게 기도삽관(직경 6.5mm 튜브 사용)이 이루어진 사정 등에 비추어 보면

오직 환자의 해부학적인 요인 때문에 기도삽관을 시행하지 못하였다고 단정하기 어렵다.

⑥ 환자에 대한 기도삽관의 실패로 장시간 기도가 유지되지 못하고 있음에도 기관절개술 등을 비롯한 다른 응급처지에 대한준비나 시행을 하지 못하였다.

다. 인과관계의 유무: 응급처치 상 잘못 등과 환자의 뇌병변 장애 사이에는 상당인과관계가 추정됨

피고(의료진)들로부터 수면 내시경검사 및 응급처치를 받기 직전에 환자에게서 뇌손상 등 신경학적인 이상소견이 발견되지 않았던 점, 피고(의료진)들의 제2차 내시경검사 및 응급처치 과정에서 환자에게 약 34분간 호흡부족 증상이 나타난 점, 환자는 사고가 발생 이후부터 중환자실 등에서 치료를 받아온 점, 환자의 현재 신경학적 결함은 저산소성 뇌손상으로 인한 것과 뇌경색으로 인한 것이 모두 존재하고 이를 구분하는 것은 불가능하며, 위 두 원인 모두 현재 상태에 직접적으로 영향을 미친 점 등을 고려하여 응급처치 상 잘못 등과 환자의 뇌병변 장애 사이에는 상당인과관계가 추정된다.

라. 설명의무 위반 여부에 대한 판단: 법원 인정, 재산상의 손해 불인정

○ 법원 판단의 근거

① 제2차 내시경 검사를 위해 수면유도를 위한 약제의 사용이 불가피하다.

② 프로포폴 약제의 경우 사용에 따른 호흡억제 등 증상은 전형적인 부작용의 하나이기는 하나, 이 사건과 같은 상황의 발생빈도는 높지 않은 것으로 보이고, 수면내시경검사에서 프로포폴이 많이 사용되고 있다.

③ 환자는 이미 프로포폴을 사용한 수면 내시경검사를 받은 적이 있었고, 검사 과정에서의 별다른 이상증상이나 부작용은 나타나지 않았을 뿐 아니라 환자의 요청에 의하여 수면내시경을 하게 되었다.

④ 환자에게 프로포롤 약제의 사용에 따른 부작용 등에 관한 설명의무를 다하였다 하더라도 환자가 제2차 내시경검사를 거부하고 일반 내시경검사 또는 대체 약제의 사용 등을 요구하였다고 단정하기 어렵다.

3. 손해배상범위 및 책임 제한

가. 의료인 측의 손해배상책임 범위: 25% 제한

나. 제한 이유

(1) 환자는 목이 짧고 굵으며, 경직되어 있는 등 그 해부학적 구조상 기도삽관술의 시행이 어려웠을 수도 있었던 점

(2) 프로포폴은 빠른 수면유도 효과, 환자의 높은 만족도, 빠른 회복 등의 장점으로 이를 이용한 수면 내시경검사의 빈도가 증가하고 있는 점

(3) 프로포폴 약제의 경우 길항제는 없으나 제1차 내시경검사 과정에서도 환자에게 사용되었으나 별다른 부작용이 나타나지 않았던 점

(4) 종합병원과 달리 일반내과의원의 경우 무호흡 발생환자에 대한 완전한 응급조치 장비의 완비 등에 한계가 있을 수 있는 점

(5) 환자는 제1차 내시경검사 당시 별다른 이상증상을 없었고, 환자의 건강상태에 비추어 볼 때 지속적인 호흡저하 등 증상이 나타날 것을 쉽게 예측하기는 어려웠을 것으로 보이는 점

(6) 피고(의료진)들은 제2차 내시경검사 중 환자에게 호흡저하 등 증상이 발생하자 즉시 심폐소생술 등 응급처치를 실시하였고, 기도삽관을 실패한 이후에도 앰부배깅 등을 통하여 계속하여 환자에게 산소공급을 시도하였던 점

(7) 피고(의사) 2 내과의는 119 구급대원과 동행하여 환자를 모 의료원으로 이송하는 등 응급조치에 노력을 기울인 점

(8) 환자는 이 사건 사고로 인한 저산소성 – 허혈성 뇌병증 이외에, 전부터 앓고 있던 당뇨병, 고혈압에 의한 동맥경화증으로 좌측 중뇌동맥 상부가지가 폐색되어 발병한 좌측 중뇌동맥 뇌경색의 원인이 경합하여 현재 뇌병변 장애 1급로 일상생활에 필요한 활동을 할 수 없는 상태에 이르게 된 점

다. 손해배상책임의 범위: 총 105,007,383원
    (판결 주문: 92,745,256원만 인정)

(1) 기왕치료비: 9,176,380원(36,705,520원의 25%)
(2) 향후 치료비: 2,467,080원(9,868,320원의 25%)
   (가) 복합운동치료비 및 인지치료비: 합계 7,737,514원
   (나) 위루관 교체 비용: 합계 2,130,806원
(3) 기왕보조구비: 12,556,453원(1,177,300원의 25%)
(4) 향후보조구비: 324,343원(1,297,373원의 25%)
(5) 개호비: 60,483,127원(241,932,510원의 25%)
(6) 위자료: 20,000,000원

4. 사건 원인 분석

이 사건은 수면 내시경검사를 위해 환자에게 프로포폴 약제를 투여하였으나 이후 호흡기능 저하(산소포화도가 60%로 하락 및 청색증)를 발견하고 기도를 유지하기 위해 기도삽관을 시행하였으나 계속 실패하였으며, 기도삽관 이외에 경비 기관 내 삽관술이나 윤상갑상 연골절개술 등을 실시하여야 함에도 앰부배깅만 실시한 채 별다른 조치를 취하지 않아 환자에게 저산소성 뇌손상(뇌병변 장애 1급)을 일으켜 일상생활에 필요한 활동을 할 수 없는 상태에 이르게 한 사건이다. 이 사건과 관련된 문제점 및 원인을 분석해본 결과는 다음과 같다.

첫째, 의료인은 저혈압 및 호흡부전을 일으킬 수 있는 프로포폴과 같은 약제를 이용한 수면 내시경검사를 실시함에 있어서 위 약제의 부작용 등으로 인하여 발생하는 호흡저하 증상이 나타날 것을 예견하고, 미리 환자에게 적합한 튜브 등 심폐소생술에 필요한 장비를 갖추었어야 하나 이를 준비하지 못하였다. 또한 기도삽관 등 적절한 응급처치를 하여야 함에도 피고(의료진)들의 기도삽관에 관한 술기부족 내지는 응급처치에 대한 준비부족으로 인하여 계속하여 기도삽관에 실패하였으며 환자에게 저산소성 뇌손상 등 을 입게 하였다. 프로포폴 뿐만이 아니라 호흡저하를 일으킬 수 있는 기타 약제(예: 마약성 제제 약물 등)를 사용하여 검사를 시행할 경우 갑작스런 호

흡 저하에 대처할 수 있는 장비와 물품이 전혀 갖춰지지 않은 상태에서 시행하는 것은 합당하지 않으며 합병증 예방을 위해 환자의 상태, 병력 등을 고려하여 약물 용량을 조절하며 산소를 공급하고 모니터링을 지속적으로 해야 한다는 자문 의견이 있었다.

둘째, 이 사건의 피고(의사)는 환자에게 수면 내시경검사의 위험성에 대하여 미리 고지하고, 일반 내시경검사를 추천하였음에도 환자가 수면 내시경검사를 요구하

〈표 11〉 원인분석

분석의 수준	질문	조사결과
왜 일어났는가? (사건이 일어났을 때의 과정 또는 활동)	전체 과정에서 그 단계는 무엇인가?	- 시술에 대한 설명단계(환자에게 수면 내시경검사의 위험성에 대하여 고지하고, 일반 내시경검사에 대해 설명 및 권유하였다는 기록 부재) - 응급처치 단계(환자에게 적합한 튜브 등 심폐소생술에 필요한 장비를 준비하지 못하였으며 계속하여 기도삽관에 실패함)
가장 근접한 요인은 무엇이었는가? (인적 요인, 시스템 요인)	어떤 인적 요인이 결과에 관련 있는가?	• 환자 측 - 해당사항 없음 • 의료인 측 - 호흡부전 등의 합병증 등을 예견하지 못함 - 기관 내 삽관 술기부족 및 응급의료장비 준비 부족으로 인한 적절한 응급처치 실패 - 환자에게 설명한 내용(수면 내시경검사의 위험성 및 일반 내시경검사에 대한 설명하고 권유한 내용)을 기록하지 않음
	시스템은 어떻게 결과에 영향을 끼쳤는가?	• 의료기관 내 - 응급상황(호흡부전) 시 대처능력(기관내삽관) 향상을 위한 교육과정 부재 - 응급 시 사용 가능한 약물과 장비 점검 절차 부재 • 법·제도 - 약물사용에 대한 통일된 설명 권고안이나 양식의 부재 - 응급상황에 대한 대처 및 술기 향상을 위한 제도적 지원 부족

였다고 주장하나 이를 입증할 만한 증거가 존재하지 않았다. 의사로서 적어도 환자에게 설명한 내용을 문서화하여 이를 보존할 직무수행상의 필요가 있다고 보이며 의사가 그러한 문서에 의해 설명의무의 이행을 입증하기는 매우 용이한 반면, 환자 측에서 설명의무가 이행되지 않았음을 입증하기는 성질상 극히 어려운 점 등에 비추어 보아 의사 측에서 설명의무를 이행한 데 대한 증명책임이 있다(〈표 11〉 참조).

5. 재발 방지 대책

원인별 재발방지 사항 제안은 〈그림 11〉과 같으며, 각 주체별 재발방지 대책은 아래와 같다.

〈그림 11〉 판례 11 원인별 재발방지 사항 제안

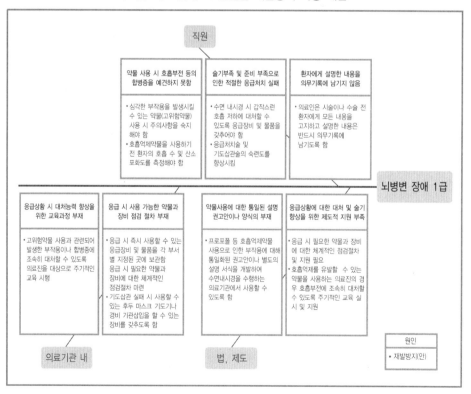

(1) 의료인의 행위에 대한 검토사항

의료진은 심각한 부작용을 발생시킬 수 있는 약물(예: 고위험 약물) 사용 시 주의사항을 숙지해야 하며 사용 전 발생가능 한 응급상황을 미리 예견하여 환자에게 적합한 기관튜브 등 심폐소생술에 필요한 장비를 준비해야 한다. 뿐만 아니라 호흡억제 약물을 사용하기 전 환자의 호흡 수 및 산소 포화도를 측정하고 즉시 산소를 공급할 수 있는 장비를 갖추어야 하며 어떠한 상황에서도 응급처치 및 기도삽관이 이루어질 수 있도록 응급처치술과 기도삽관술의 숙련도를 향상시켜야 한다. 환자에게 호흡 저하 증상이 나타난 경우, 산소공급, 기도삽관 등의 적절한 응급처치를 하여야 하며 기도 삽관이 실패하게 되면 후두 마스크 기도기, 경비 기관 내 삽관술등을 시도해 볼 수 있으며 초 응급상황이라면 현장에서의 응급윤상연골절개도 시도해 볼 수는 있지만 합병증 및 후유증이 발생 할 수 있음을 유념해야 한다. 더불어 의료인은 시술이나 수술 전 환자에게 모든 내용을 고지하고 설명한 내용은 반드시 의무기록에 남기도록 한다.

(2) 의료기관의 운영체제에 관한 검토사항

의료기관은 호흡억제를 유발할 수 있는 약물 사용과 관련되어 발생한 호흡부전에 조속히 대처할 수 있도록 의료진(의사, 간호사 등)을 주기적으로 교육할 뿐 아니라 응급 시에 사용할 장비와 약물들에 대한 점검을 체계화 하는 것이 필요하겠다. 응급 시 즉시 사용할 수 있도록 응급장비 및 물품을 각 부서 별 지정된 곳에 보관하도록 하며 기도삽관 실패 시 사용할 수 있는 후두 마스크 기도기나 경비 기관 삽입을 시행할 수 있는 장비를 갖추도록 한다. 의료기관 및 관련 학회에서는 의료진을 대상으로 환자에게 구체적 시술 및 검사, 치료의 방향과 사용 약물 등에 대한 설명의무와 관련된 정기적인 교육이 제공되어야 한다.

(3) 학회·직능단체 차원의 검토사항

프로포폴과 같이 심각한 부작용을 초래할 수 있는 약물을 고위험 약물로 지정하여, 사용 시 주의하도록 한다. 수면 내시경을 위해 사용되는 약물은 몇 가지로 한정되어 있으므로 프로포폴 등 호흡억제약물 사용으로 인한 부작용에 관하여 통일화된 권고안이나 별도의 설명 서식을 개발하여 수면내시경을 수행하는 개별 의료기관에서 사용할 수 있도록 하여야 한다.

(4) 국가·지방자치단체 차원의 검토사항

응급 시 필요한 약물과 장비에 대한 체계적인 점검절차를 구축해야 하며 관련 업무에 대한 제도적인 지원이 필요하다. 또한 호흡억제를 유발할 수 있는 약물을 사용하는 의료진을 대상으로 환자의 호흡부전과 같은 응급상황에 조속히 대처할 수 있도록 응급의료에 대하여 주기적으로 교육을 제공하고 제도적으로 지원하여 의료 인력의 응급상황 대응 능력을 향상시키도록 한다.

┃ 참고자료 ┃ 본 판결에서 참고하고 있는 의학적 소견2)

• 프로포폴(Propofol)

프로포폴은 가장 최근에 소개된 정맥마취제로 치오펜탈(thiopental)과 유사한 작용을 가진 진정 최면제이고, 알킬 페놀(alkyl phenol) 유도체이다.

마취의 위험 여부를 평가하기 위하여 미국마취과학회(ASA, American Society of Anesthesiologist)에서 사용하는 환자의 신체상태분류법에 따르면, ①건강한 자(healthy patient): 등급 I(class I), ②가벼운 정도의 전신질환(mild systemic disease)을 가진 자로, 조절 가능한 고혈압(controlled hypertension), 가벼운 정도의 당뇨병(mild diabetic) 등을 앓는 환자: 등급 II(class II), ③일상생활에 제약을 주는 심각한 전신질환(severe systemic disease)을 가진 자로서 불안정형 당뇨병(brittle diabetic), 잦은 협심증(frequent angina), 심근경색증(myocardial infarction) 환자: 등급 III(class III), ④급성의 불안정한 증상이 동반된 심각한 전신질환(severe systemic disease with acute, unstable symptoms)을 가진 환자: 등급 IV(class IV), ⑤죽음이 임박한 환자: 등급 V(class V)에 각 해당하는데, 그 중 등급 I, II에 해당하면서 나이가 70세 이하인 자는 프로포폴을 이용한 수면 내시경검사를 받는데 적합한 환자들이다.

프로포폴을 투약하는 방법은 매우 다양한데, 수면 내시경검사를 위하여 투약하는 경우, 통상 처음에 3-5분에 걸쳐 0.5mg/kg 용량을 정맥 주입하는 것이 일반적이며, 투약 후 30-60초가 경과하면 수면상태에 도달하게 된다(한편, 약제설명서에서는 수술 및 진단 시 의식 하 진정과 관련하여 고령자를 포함한 성인의 경우 투여속도는 개인에 따라 다르고 임상반응에 따라 조절하는데, 대부분 0.5-1mg/kg을 1-5분에 걸쳐 투여하면 진정작용이 유도되고, 과량투여 시 호흡억제를 일으킬 수 있다고 설명하고 있다).

수면을 유도하기 위해 환자의 임상반응을 관찰하고 속도를 조절하며 추가로 프로포폴 10-20mg을 더해 정맥에 주입할 수도 있으나 그 허용용량의 상한선에 관하여는 명시적인 기준이 없고, 전신마취를 유도하기 위한 초회 투여 용량은 2.0-3.0mg/kg이라는 점이 참고가 될 수 있다(한편, 약제설명서에서는, 전신마취를 유도하는 경우, 보통 건강한 성인에게는 10초마다 40mg을 정맥주사하고, 55세 미만의 성인에는 체중 kg당 1.5-2.5mg을 투여하며, 투여속도를 감소시켜(20-25mg/분) 총 투여량을 감소시킬 수 있고, 55세 이상의 경우에는 일반적

---

2) 해당 내용은 판결문에 수록된 내용임.

으로 감량하여 투여해야 하며, ASA 등급 III, IV 환자에는 투여속도를 감소하여 매 10초마다 20mg을 투여해야 한다고 설명하고 있다.).

프로포폴의 부작용으로 저혈압, 호흡억제 등이 있는데, 프로포폴에 대한 길항제가 없으므로, 고령의 환자에게는 그 투여량을 감량할 필요가 있으며, 프로포폴에 의한 수면 내시경검사를 시행하는 경우 기도유지와 심폐소생술을 할 수 있는 장비를 갖춘 상태에서 심폐소생술에 전문 식견을 가진 의사가 사용해야 하며, 검사 중에는 지속적으로 산소포화도, 혈압, 심전도를 계속적으로 감시하여야 한다.

• 호흡저하에 대한 응급처치

갑작스런 호흡저하나 호흡정지는 저산소증을 일으키며 결국 뇌손상과 중요 장기의 손상을 야기하여 사망에 이르게 하는데, 뇌 저산소증이 3－4분 이내인 경우에만 예후가 양호하기 때문에, 되도록 빨리 호흡저하에 대해 응급처치를 하여야 한다.

호흡저하에 대한 응급처치로, ①우선 환자의 기도(airway)를 확보하고, ②앰부배깅의 방법을 통하여 인공호흡을 실시하고, ③환자의 흉부를 압박하는 심폐소생술을 시행하여야 하며, 정맥에 에피네프린(epinephrine) 등을 주입하여야 한다.

기도가 폐쇄되어 있는 경우 일반적으로 기도삽관술(intubation)을 시행하여 기도를 유지하게 되고, 기도삽관술이 실패하는 경우에는 코로 튜브를 넣는 방법인 '경비 기관내삽관법', 광섬유 후두경 내지는 기관지경을 이용하여 성대를 확인하면서 기도삽관을 시도하는 '섬유광원법', 외과적인 수술로 기관절개술을 시행하는 '윤상갑상연골 절개술' 등을 통하여 기도를 유지해야 하나, 이는 적절한 도구가 미리 구비되어 있는 경우에만 시행이 가능하며, 이러한 것들이 준비되어 있지 못하는 경우에는 위 도구들이 구비되어 있는 종합병원 등으로 신속히 이송해야 한다.

• 저산소성－허혈성 뇌병증(hypoxic-ischemic encephalopathy)

저산소성－허혈성 뇌병증은 저혈압이나 호흡부전 때문에 뇌로 산소운반이 부족하여 발생하는 것으로, 심근경색, 심정지, 쇼크, 질식, 호흡마비, 일산화탄소 및 시안화물 중독 등에 의하여 발생하는데, 경미한 저산소증의 경우에는 판단장애, 부주의 등이 발생하나, 순환정지와 같이 저산소－허혈인 경우, 저산소－허혈이 5분 이상 지속되면 영구적인 뇌손상으로 이어진다.

저산소성－허혈성 뇌병증은 주로 허혈성 손상에 민감한 부위에 발생하게 되므로, 뇌자기공명영상(MRI)으로는 주로 대뇌피질에 광범위한 다발국소성 또는 미만성의 판형피질괴사(laminar cortical necrosis)를 나타나나, 해마(hippocampus) 부위나 기저핵(basal ganglia) 부위에 손상이 나타나기도 하며, 그 정도에 따라서는 위와 같은 소견이 관찰되지 않기도 하는 등 뇌자기공명영상의 소견은 다양하게 나타날 수 있다.

뇌혈관에 폐색이나 협착이 있는 상태에서 저산소증 상태에 이르게 되면, 뇌혈관에 이상이 있는 부위에 저산소성－허혈성 뇌병증이 보다 심각하게 발생할 수 있다.

판례 12. 스텐트 삽입술에 따른 혈전 발생 증상 처치 중 필수약물(아스 피린과 플라빅스) 미투여와 심폐소생술 지연으로 환자가 영구 인지기능장애를 입은 사건_서울북부지방법원 2011. 6. 23. 선고 2009가합3467 판결

1. 사건의 개요

좌전하행지 관상동맥협착으로 진단받은 환자가 관상동맥조영술 및 스텐트삽입술 을 받아 상태가 호전되었으나 스텐트삽입술에 따른 혈전 발생으로 2차 스텐트삽입술을 시행 받아 영구적인 허혈성 척수경색으로 인한 척수성 하지마비 및 허혈성 뇌손상으로 인한 인지기능 장애를 입었다. 즉 의료진의 필수투약약물 누락, 응급처치 지연, 관상동맥 스텐트 시술 후 지연성 박리에 의한 혈전 발생으로 인지기능장애를 입은 사건[서울북부 지방법원 2011. 6. 23. 선고 2009가합3467 판결]이다. 자세한 사건의 경과는 다음과 같다.

날짜	시간	사건 개요
		피고: 학교법인 학원
		환자: 1946. 5. 14.생의 여자(사고 당시 만 62세)
2008. 07. 16.		• 3개월 전부터 시작된 호흡곤란, 다리부종을 이유로 피고 병원 내분비 내과에 내원
		• 심혈관 단층촬영을 받은 결과 좌전하행지 관상동맥 협착 발견
2008. 08. 18.	10:40	• 관상동맥조영술을 받기위해 피고 병원 입원
	11:24	• 아스피린 600mg, 플라빅스 600mg 처방 기재
	15:40	• 환자에 대하여 관상동맥조영술 실시 • 협착 발견부위 | 좌전하행지 관상동맥 중간 부위	85%
사선분지 입구	75%
사선분지 중간 부위	80%	 • 스텐트삽입술 시행 결정 후 헤파린 7000유닛 주사
	15:50 −16:05	• 스텐트 삽입 | 좌전하행지 관상동맥 중간부위	3mm×28mm
사선하행지 관상동맥 사선분지	3mm×23mm	

날짜	시간	사건 개요
		• 스텐트삽입술 시행 후 혈압, 맥박 등이 모두 안정적이고, 부정맥이나 흉통 등 특이 소견이 발견되지 아니함
2008. 08. 18.	16 : 30	• 일반병실로 전실 조치
	16 : 59	• 발작증상을 보이며, 맥박이 잡히지 않고 무호흡증상이 발생하였으며, 곧이어 심정지 상태가 되었음
2008. 08. 18.	17 : : 04	• 환자에게 전기적 제세동, 산소 공급 및 심장 마사지를 각 시행
	17 : 05	• 아트로핀, 에피네프린 투여
	17 : 10	• 기도삽관 실시
	17 : 40	• 동성 빈맥이 지속되자 관상동맥조영술을 실시하였음 • 좌전하행지 관상동맥 중간 및 하부부위에 박리로 인한 혈전을 발견 • 스텐트 삽입 | 좌전하행지 관상동맥의 원위부 | 2.75mm×13mm | | 근위부 | 3.0mm×13mm |
2008. 09. 24		• 피고 병원에서 퇴원 • 다발성 늑골 골절 발생 • 허혈성 척수경색으로 인한 척수성 하지마비 및 허혈성 뇌손상으로 인한 인지기능 장애가 영구적으로 남음

2. 법원의 판단

가. 아스피린과 플라빅스를 투여하지 아니한 과실: 법원 인정

(1) 스텐트삽입술로 인한 혈전 발생을 방지하기 위해서는 시술 전 헤파린과 더불어 아스피린, 플라빅스의 각 부하용량이 투여되어야 하며, 아스피린과 플라빅스가 투여되지 않을 경우 급성 혈전증의 발생가능성이 높아졌다.

(2) 피고 병원 의사지시서에는 피고 병원의 의료진이 2008년 8월 18일 11시 24분경 환자에게 아스피린 600mg, 플라빅스 600mg을 처방한 것으로 되어 있으나, 그 용법 및 검체는 아침 식후 30분으로 기재되어 있으며, 당시 환자는 금식을 의미하는 NPO 처방을 받은 상태였음. 위 의사지시서에는 즉시 처방을 시행하라는 의미의 'stat'의 표시나, 약을 제외한 금식 처방을 의미하는 'NPO except medi'의 표시가 되어 있지 않았다.

(3) 피고 병원의 간호기록지상 피고 병원 의료진이 환자에게 관상동맥조영술을 마치고 스텐트삽입술의 시행을 결정한 15시 40분경 헤파린 7000유닛을 주사하였다는 기록만 있을 뿐, 아스피린과 플라빅스를 투여하였다는 기록은 없다.

나. 심폐소생술 지연 과실에 대한 판단: 법원 인정

피고 병원 의료진은 환자에게 심정지가 발생한 2008년 8월 18일 16시 59분경으로부터 5분이 경과한 17시 04분경 이후에야 전기적 제세동, 혈압상승제와 부교감신경차단제의 투여 및 기도삽관을 시행하였다.

다. 스텐트삽입시술 상 주의의무 위반 여부에 대한 판단: 법원 불인정

피고 병원 의료진이 환자에게 1차 스텐트삽입 시술 후 박리를 예상할 만한 증후가 보이지 않았고, 환자는 일반병실로 전실된 30분이 경과한 후에야 혈전으로 인한 심정지상태가 발생하였다. 고령 환자의 혈관은 석회화가 많이 진행되어 스텐트삽입술 시행히 의료진이 필요한 주의의무를 다하더라도 박리의 발생을 100% 예방하기 어렵다.

라. 부적절한 방법으로 흉부압박을 시행한 과실 유무에 대한 판단: 법원 불인정

심폐소생술 시행 시 늑골이 4내지 5cm 정도 눌려지도록 가슴에 충분한 압박을 가해야 최소한의 혈류를 유지할 수 있는 점, 정상적인 심폐소생술의 경우에도 늑골골절이 상당수 발생하는 점, 고령환자의 경우 골다공증 등으로 늑골골절의 위험성이 현저히 높아지는 점 등을 고려하면, 환자에게 늑골골절이 발생하였다는 사정만으로 의료진이 부적절한 방법으로 흉부압박을 시행한 과실이 있다고 인정하기에 부족하고, 달리 이를 인정할 증거가 없다.

3. 손해배상범위 및 책임 제한

가. 의료인 측의 손해배상책임 범위: 30%

나. 제한 이유

(1) 스텐트삽입술에 따른 혈전의 발생을 100% 방지하기 어려운 점

(2) 환자와 같이 스텐트삽입술 직후 혈전이 발생하지 않다가 40분이 경과한 후에야 혈전에 따른 심정지가 발생하는 것은 이례적인 점

다. 손해배상책임의 범위: 총 125,740,851원

(1) 기왕치료비: 14,377,534원(47,925,116원의 30%)

(2) 향후치료비: 10,346,200원(34,487,334원의 30%)

　① 물리치료(중추신경계발달재활치료, 매트 및 이동치료, 기능적 전기자극치료, 특수 작업치료, 일상생활동작 훈련치료, 연하장애 재활치료 등): 30,427,491원

　② 약물치료(경직조절을 위한 Baclofen, 대변조절을 위한 MgO): 4,059,843원

(3) 보장구: 517,406원(1,724,688원의 30%)

　③ 의자차: 720,000원

　④ 욕창방지용 매트리스: 1,004,688원

(4) 개호비: 76,499,711원(254,999,037원의 30%)

(5) 위자료: 24,000,000원

4. 사건 원인 분석

이 사건에서 환자는 3개월 전부터 시작된 호흡곤란, 다리부종으로 피고 병원에 내원하였다가 좌전하행지 관상동맥협착으로 진단받은 환자이다. 환자는 관상동맥조영술 및 스텐트삽입술을 받아 상태가 호전되었으나 스텐트삽입술에 따른 혈전 발생으로 2차 스텐트삽입술을 시행받았으며, 영구적인 허혈성 척수경색으로 인한 척수성 하지마비 및 허혈성 뇌손상으로 인한 인지기능 장애를 입은 사건이다. 이 사건과 관련된 문제점 및 원인을 분석해본 결과는 다음과 같다.

첫째, 의료진은 관상동맥 시행 전 필수적으로 투약되어야 하는 약물(예: 아스피린, 플라빅스)을 투여하지 않았다.

둘째, 의료진은 환자에게 심정지가 발생한 후 5분이 경과된 이후에야 응급처치를 시행하였다. 자문위원은 심정지를 확인 한 후 5분이 경과된 후 심폐소생술을 실시하였다면, 이는 명백한 응급처치의 지연으로 볼 수 있다는 의견이 있었다.

셋째, 관상동맥 스텐트 시술 후 환자에게 지연성 박리에 의한 혈전이 발생하였다. 관상동맥 스텐트 시술 후 지연성 박리에 의한 혈전 발생은 최근에는 매우 드문 경우로, 재발 방지를 위해서는 상황에 따라 시술 후 충분한 시간을 두고 조영사진을 재촬영하여 미세한 혈관 박리 등이 없는지 확인하는 과정을 의무화하는 것도 고려할 수 있다는 자문의견이 있었다(〈표 12〉 참조).

〈표 12〉 원인분석

분석의 수준	질문	조사결과
왜 일어났는가? (사건이 일어났을 때의 과정 또는 활동)	전체 과정에서 그 단계는 무엇인가?	- 시술 전 투약단계(관상동맥 시행 전 필수적으로 투약되어야 하는 약물을 투여하지 않음) - 응급처치 단계(심정지가 발생한 후 5분이 경과된 이후에야 응급처치를 시행)
가장 근접한 요인은 무엇이었는가? (인적 요인, 시스템 요인)	어떤 인적 요인이 결과에 관련 있는가?	○ 환자 측 - 해당사항 없음 ○ 의료인 측 - 관상동맥술 시행 전 혹은 필수적으로 투약되어야 하는 약물(예: 아스피린, 플라빅스)이 투여하지 않음 - 심정지 후 5분이 지난 뒤 심폐소생술을 실시함(응급처치 지연) - 관상동맥 스텐트 시술 후 지연성 박리에 의한 혈전 발생
	시스템은 어떻게 결과에 영향을 끼쳤는가?	○ 의료기관 내 - (추정) 수술이나 시술전 투여되어야 하는 약물의 확인절차 부재 - (추정) 응급상황 시 효과적으로 대처하기 위한 원내 지원정책 미흡 ○ 법·제도 - (추정) 응급상황 시 효과적으로 대처하기 위한 제도적 지원정책 미흡

5. 재발 방지 대책

원인별 재발방지 대책은 〈그림 12〉와 같으며, 각 주체별 재발방지 대책은 아래와 같다.

〈그림 12〉 판례 12 원인별 재발방지 사항 제안

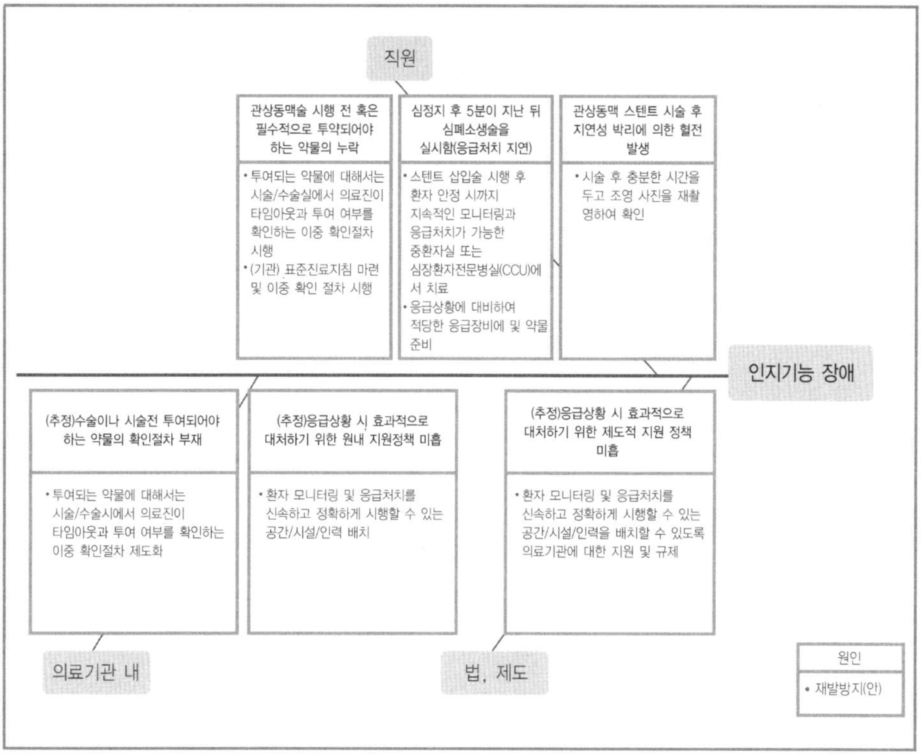

(1) 의료인의 행위에 대한 검토사항

병실 혹은 수술실에서 전 처치로 투여되는 약물은 최종적으로 시술실 혹은 수술장에서 정해진 절차에 따라 타임아웃으로 의사(집도의)와 간호사, 마취과 의료진 등이 투여 여부를 확인하는 이중 확인 시행이 필요하다. 스텐트 삽입술 시행 후에는 심정지를 포함한 모든 합병증의 가능성을 열어두고, 환자가 안정될 때까지 지속적인 모니터링과 응급처치가 가능한 중환자실 또는 심장환자전문병실(CCU)에서 치료하는 것이 좋으며, 항상 응급상황을 대비하여 적당한 응급 장비 및 약물을 준비하여야 한다.

관상동맥 스텐트 시술 후 지연성 박리에 의한 혈전 발생을 방지하기 위해서는 상황에 따라 시술 후 충분한 시간을 두고 조영사진을 재촬영하여 미세한 혈관 박리 등이 없는지 확인하는 과정을 의무화하는 것이 필요하다.

(2) 의료기관의 운영체제에 관한 검토사항

수술 및 수술과 관련된 표준진료지침을 마련하고 이를 철저하게 준수하는 절차를 제도화하는 것이 필요하다. 수술 전 투약 또는 필수 약물에 대한 투약이 이루어졌는지 복용여부를 확인하기 위한 기전이 마련되어야 한다. 의료기관은 환자에게 투여되는 약물에 대하여 시술/수술실에서 의료진이 절차에 따른 투여 여부를 확인하는 이중 확인절차를 제도화하는 것이 필요하다. 의료진이 응급환자의 모니터링 및 응급처치를 좀 더 신속하고 정확하게 시행할 수 있도록 충분한 공간 및 시설을 갖추어야 하며 응급 장비 및 약물을 상비하고, 이를 이용할 수 있는 전문 인력의 배치가 필요하다.

(3) 법·제도적 차원의 검토사항

의료기관이 응급상황에 좀 더 효과적으로 대응하기 위하여 충분한 공간 및 시설을 갖추고 이를 이용할 수 있는 전문 인력을 배치할 수 있도록 제도적인 지원 및 규제가 필요하다.

┃ **참고자료** ┃ 본 판결에서 참고하고 있는 의학적 소견[3)]

- 스텐트삽입술이란 협착된 심장혈관을 풍선으로 확장한 다음 그물망처럼 생긴 관인 스텐트를 좁혀진 혈관에 삽입하여 협착부위의 혈관을 확장하는 시술로서 수술을 통한 방법보다 간편하고, 전신마취에 의한 부담을 줄일 수 있어 관상동맥중재술 분야에서 가장 널리 보급되어 사용된다.
- 스텐트혈전증이란 스텐트삽입술 시행 후 그 자리에 혈전이 생겨 혈관을 막아 부작용을 일으키는 것을 말한다. 스텐트혈전증의 발생을 방지하기 위해서는 스텐트삽입 시술 전 헤파린을 2000 유닛 내지 5000 유닛까지 투여하고, 아스피린은 시술 24시간 전부터 최소 2시간 전까지 300mg, 플라빅스는 시술 직전까지 300mg 내지 600mg가 각 투여되어야하며, 스텐트 삽입시 최적의 충분한 스텐트 확장을 통하여 시술 후 잔여 협착을 최소화하고, 스텐트 삽입 후 매일 아침 1회 아스피린 100mg 내지 300mg, 플라빅스 75mg이 투여되어야 한다.

---

3) 해당 내용은 판결문에 수록된 내용임.

판례 13. 환자의 심장질환증상과 심전도검사결과를 제대로 살펴보지
　　　　않고 수면내시경 중 환자가 갑작스런 확장성 심장 근육병증
　　　　으로 사망에 이른 사건_대전지방법원 천안지원 2008. 8.
　　　　22. 선고 2008가합1906 판결

1. 사건의 개요

　　환자의 심장질환 가능성을 의심할 수 있었음에도 불구하고 환자의 증상과 심전
도검사결과를 제대로 살펴보지 않고 수면내시경검사를 강행하였다. 급성심근경색 의
심 환자에게 수면내시경 검사를 진행하던 중 환자는 수면내시경 검사 진행 중 저산
소증을 보였으며 심장, 복부 초음파 검사 후 확장성 심장근육병증으로 사망한 사건
[대전지방법원 천안지원 2008. 8. 22. 선고 2008가합1906 판결]이다. 자세한 사건의 경과는
다음과 같다.

날짜	시간	사건 개요
		환자: 사고 당시 45세, 남성 피고 1: 병원 개설·운영 피고 2: 병원 제2내과 과장 근무 의사
2005. 7. 2. (토요일)	11 : 20	• 소화불량, 운동 시 호흡곤란, 상복부 통증, 함요부종(손가락으로 압박 후 손가락을 떼어도 올라오지 않는 상태의 부종)을 주요 증상으로 호소하며 피고 병원 내원 • 피고 병원 제1내과 과장인 피고 2는 환자를 진료한 후 수면내시경 검사를 시행하기로 함 ＝피고 병원의 제5내과 과장에게 지시
	11 : 48 (+00 : 28)	• 내시경 검사실에서 환자에 대한 내시경검사를 시행하기에 앞서 환자에 대한 심전도 검사(이하 '최초 심전도검사'라 한다), 소변검사 및 혈액검사 시행 ＝심전도 검사 결과: 급성 심근경색증 의심, 심방세동, 방실마비, 빈맥 등 • 피고 1 의사은 환자의 상태가 수면내시경검사를 하기에 나쁜 상태는 아니라고 판단하여 환자에 대한 수면내시경검사 시행

날짜	시간	사건 개요
2005. 7. 2.	12:20 (+00:32)	• 내시경검사 도중 환자가 청색증과 무호흡증(이하 이러한 증상들을 '저산소증'이라 한다)을 보임 • 피고 1 의사은 산소를 투여하고 앰부백을 사용하여 기도 내 공기 주입을 하는 등 응급처치 시행
	13:10 (+00:50)	• 환자의 호흡이 점차 회복되면서 의식도 정상으로 회복
	14:00 (+00:50)	• 이때부터 환자에 대한 치료는 제2내과 과장 피고 2가 담당함 • 내시경 검사가 끝난 후 환자에게 저산소증이 일어난 원인을 규명하기 위해, 환자에 대한 심장, 복부 초음파 검사 시행 = 심장 수축력이 약하고 심장이 확장되며, 일부 판막부전증이 있는 것으로 나타남
	15:00 (+01:00)	• 피고 병원 입원 • 입원 후 특별한 이상 징후를 나타내지 않았음 = 식사를 하고 병원을 돌아다니는 등 정상적으로 활동하였으며, 병원복도로 나가 담배를 피우고 들어오기까지 하였음
2005. 7. 3. (일요일)	02:55 (+11:55)	• 환자에 부착한 심전도 등 집중관리장치에서 환자의 상태 악화 알람이 울려, 피고 병원 간호사와 당직의사 등이 심폐소생술을 시행함
	03:15 (+00:20)	• 확장성 심장근육병증(dilated cardiomyopathy)로 사망

2. 법원의 판단

가. 수면내시경검사 전 과실 유무에 대한 판단: 법원 인정

피고 1 의사는 환자의 증상 및 최초 심전도검사 결과에 의해 환자에게 심장질환의 가능성을 의심할 수 있었을 뿐 아니라 피고 병원에는 심장초음파검사기, 심전도검사기 등이 있어 추가검사를 통해 환자에 대한 심장질환 유무를 용이하게 진단할 수 있었음에도 만연히 피고 증상 및 심전도검사결과를 제대로 살펴보지 않았거나, 살펴보았다 하더라도 특별한 문제가 없다고 가볍게 판단하고는 추가적인 검사 없이 수면내시경검사를 강행한 과실이 있다.

○ 진료, 부검기록감정촉탁결과

① 환자가 내원하여 호소한 운동 시 호흡곤란, 복부 불편감 및 함요부종 등의 증상들로 울혈성 심부전증을 의심할 수 있다.

② 최초 심전도검사결과 급성 심근경색증 의심, 심방세동, 방실 마비, 빈맥 등으로 기계 판독되었는데 이와 같은 검사 결과 및 환자의 증상 등을 종합하면 심부전을 예상할 수 있고, 이러한 경우 내시경적 검사를 취소하고 심장질환에 대한 추가 검사가 우선적으로 이루어져야 했다.

③ 피고 1 의사는 위와 같은 환자의 증상 및 심전도 검사결과를 제대로 살펴보지 않았거나 살펴보았다 하더라도 특별한 문제가 없다고 판단하고 환자의 심장에 대한 추가적인 검사 없이 수면내시경검사를 강행한 사실이 있다.

④ 수면내시경검사 당시 투여한 수면제 및 위 검사 당시 발생한 입속 분비물로 인해 환자에게 저산소증이 발생하였고, 이는 일시적 심장 기능 저하와 전기적인 불안정성을 초래하여 이 사건 사고의 촉발원인이 되었을 개연성이 높다.

나. 설명의무 위반 여부에 대한 판단: 법원 인정

피고 1 의사는 최초 심전도검사 결과 및 이러한 검사결과에도 불구하고 수면내시경검사를 실시할 경우 어떠한 위험이 따르는지, 그럼에도 위 검사를 실시할 필요성이 있는지 여부, 심장초음파검사 등 심장과 관련된 추가적인 검사의 필요성 여부 등을 환자에게 설명하지 않은 사실이 인정된다.

3. 손해배상범위 및 책임 제한

가. 의료인 측의 손해배상책임 범위: 20%

나. 제한 이유

(1) 확장성 심장근육병증은 현재까지 그 원인이 불명으로 예후가 좋지 않아 치료하지 않으면 1년 이내 약 25%가 사망하며, 5년 이내에 약 50%가 사망하는 질병임

(2) 환자는 수면내시경검사 후 피고 병원에 입원하였을 때 복도에 나가 담배를 피우기도 한 사실, 흡연은 환자의 확장성 심장근육병증 악화에 영향을 미쳐 이 사건

사고의 한 촉발제가 되었을 개연성이 있는 점

다. 손해배상책임의 범위: 총 48,422,370원

(1) 일실수입: 35,822,370원(179,111,850원의 20%)

(2) 장례비: 600,000원(3.000.000원의 20%)

(3) 위자료: 12,000,000원

4. 사건 원인 분석

환자는 소화불량, 운동 시 호흡곤란, 상복부 통증, 함요부종을 주요 증상으로 피고 병원에 내원하여, 수면내시경검사를 시행하기로 하였으나 검사에 앞서 실시한 심전도 검사, 소변검사 및 혈액검사에서 급성심근경색증 의심, 심방세동, 방실마비, 빈맥 등의 결과가 확인되었다. 피고 병원에서는 수면내시경검사를 진행하였고 검사 도중 환자는 저산소증을 보였으며, 심장·복부 초음파검사 시행 후 병원에 입원한 다음 날 새벽 확장성 심장근육병증으로 사망한 사건이다. 이 사건과 관련된 문제점 및 원인을 분석해본 결과는 다음과 같다.

첫째, 심초음파 후 심수축력이 약하고 심장이 확장되며 일부 판막부전증이 있는 것으로 나타났으나 병원에 입원한 환자는 병원복도에 나가 담배를 피우는 등 환자의 확장성 심장근육병증 악화에 영향을 줄 수 있는 행동을 하였다.

둘째, 환자의 증상 및 최초 심전도검사결과에 따라 심장질환의 가능성을 의심할 수 있었고, 추가적인 검사를 통해 심장질환 유무를 용이하게 진단할 수 있었음에도 검사 결과를 제대로 살펴보지 않거나 살펴보았다 하더라도 추가적인 검사 없이 수면내시경검사를 강행하였다. 더불어 심전도검사결과에도 불구하고 수면내시경검사를 실시할 경우 어떠한 위험이 따르는지, 그럼에도 위 검사를 실시할 필요성이 있는지 여부, 심장초음파검사 등 심장과 관련된 추가적인 검사의 필요성 여부 등을 설명하지 않았다.

본 사건의 경우 수면내시경을 시행하기 전 사전검사에 대한 확인이 미흡했고, 최초 진료 의사에서 다른 의사에게로 심장질환에 대한 검사가 의뢰되면서 환자에 대한 주의의무가 소홀히 취급되었을 가능성이 있으며, 내시경 검사 시행 중 저산소증 등의 특이 상황이 발생하였음에도 불구하고, 검사 후 주의 깊은 관찰과 환자에게 주의 등의 교육을 소홀히 한 책임이 있다는 자문위원의 의견이 있었다(〈표 13〉 참조).

〈표 13〉 원인분석

분석의 수준	질문	조사결과
왜 일어났는가? (사건이 일어났을 때의 과정 또는 활동)	전체 과정에서 그 단계는 무엇인가?	− 진단 단계(최초 심전도검사 결과에 의해 환자에게 심장질환의 가능성을 의심할 수 있었을 뿐 아니라 추가검사를 통해 환자에 대한 심장질환 유무를 진단할 수 있었음에도 추가적인 검사 없이 수면내시경검사를 강행함)
가장 근접한 요인은 무엇이었는가? (인적 요인, 시스템 요인)	어떤 인적 요인이 결과에 관련 있는가?	• 환자 측 − 심초음파 후 심수축력이 약하고 심장이 확장되며 일부 판막부전증이 있는 것으로 나타나 입원하였으나 병원복도로 나가 흡연함 • 의료인 측 − 검사 중 저산소증 등 특이상황이 발생하였음에도 추가적인 조치를 취하지 않음 − 심장질환이 발견되었음에도 불구하고 수면내시경 검사 진행
	시스템은 어떻게 결과에 영향을 끼쳤는가?	• 의료기관 내 − 고위험 환자(예: 심부전등의 심장 질환 등)를 대상으로 한 내시경 검사 시 추가적으로 필요한 응급대응체계 미흡 • 법·제도 − 저녁이나 새벽시간, 주말 등 환자대응이 취약한 시간에 발생한 응급상황대응에 대한 제도적 지원 미흡 − 심장에 부담을 줄 수 있는 시술 시행 전 합리적인 판단을 위한 제도적 지원 미흡

5. 재발 방지 대책

원인별 재발방지 사항 제안은 〈그림 13〉과 같으며, 각 주체별 재발방지 대책은
아래와 같다.

〈그림 13〉 판례 13 원인별 재발방지 사항 제안

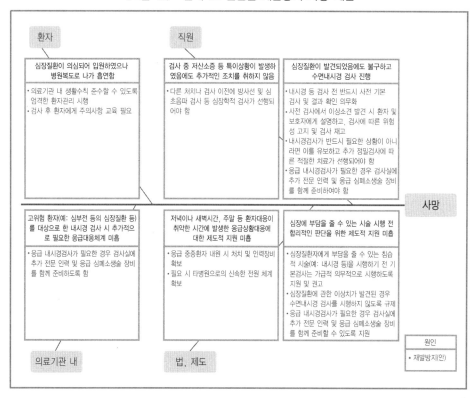

(1) 환자 측 요인에 대한 검토사항

의료진은 환자가 원내 규칙을 지키고 의료진의 권고에 협조할 수 있도록 치료과
정에 대하여 상세히 설명하고 교육할 수 있어야 하며 좀 더 엄격한 환자관리를 시
행하여야 할 것이다. 그러나 환자 또한 자신의 질병에 대한 심각성을 인지하고 의
료기관 내 입원생활수칙을 준수하여야 한다. 특히 병원 내에서 흡연 금지가 기본이

며(타 환자에게도 위해) 협조가 아니라 환자의 의무임을 고지할 필요가 있다. 수면내시경검사 후 피고 병원에 입원하였을 때 흡연한 사실은 환자의 확장성 심장근육병증 악화에 영향을 미쳐 이 사건 사고의 한 촉발제가 되었을 가능성이 있다. 의료진은 검사 시행 중 저산소증, 호흡곤란 등의 특이 상황이 발생하였고, 심장질환이 의심되는 상황이라면 검사 후 환자에게 현재의 상황을 설명하고 환자의 협조가 필요한 주의사항에 대하여 철저히 교육하여야 한다.

(2) 의료인의 행위에 대한 검토사항

내시경 등과 같이 심장에 부담을 줄 수 있는 침습적 시술(검사)을 시행하기 전에는 방사선 및 심초음파 검사 등과 같은 심장학적 검사가 선행되어야 한다. 본 사건에서와 같이 심장질환 등을 의심할 수 있는 소견이 나온 경우에는 내시경 검사가 응급으로 꼭 필요한 상황이 아니라면 잠시 검사를 보류하고, 먼저 심장질환 여부 등에 대한 추가 정밀 검사를 실시하여 심장질환 정도를 사전에 평가하고, 이에 따른 적절한 치료를 선행하는 것이 필요하다고 할 수 있다.

사전 검사에서 이상 소견이 발견되었다면 이의 결과를 환자 및 보호자에게 설명하고, 검사에 따른 위험성을 알리며, 검사의 필요성을 재고한 후 경우에 따라 해당 전문 의사와 상의하여 추가로 검사를 시행하거나 처치를 시행해야 한다. 부득이하게 응급 내시경 검사가 필요할 경우에는 검사실에 추가 전문 인력을 배치하고 응급 심폐소생술 장비 등을 함께 준비하여 만일의 사태에 신속히 대응할 수 있도록 하여야 한다.

(3) 의료기관의 운영체제에 관한 검토사항

의료기관은 응급 내시경 검사를 해야 할 경우 발생 가능한 응급상황에 신속히 대처할 수 있도록 검사실에도 응급진료 전문 인력을 배치하고 응급 심폐소생술 장비 등을 구축해야 한다.

(4) 국가·지방자치단체 차원의 검토사항

내시경 등과 같이 심장에 부담을 줄 수 있는 침습적 시술(검사)을 하기 전 시행하는 기본적인 검사(혈액, 심전도, 방사선)는 가급적 의무적으로 시행될 수 있도록 권고하고 검사에 대한 수가를 보정하는 등의 제도적인 지원이 필요하다. 심부전과 같은 심장질환이 있는 경우 내시경 등의 검사는 검사 자체나 사전 처치 약물 등에 의해 심장에 부담을 줄 수 있는 위험성이 있으므로 검사를 시행하지 않도록 규제하되 응급 내시경검사가 필요한 경우에는 검사실에 추가 전문 인력을 배치하고 응급 심폐소생술 장비를 준비할 수 있도록 하는 제도적인 지원이 필요하다.

▌ **참고자료** ▌ 본 판결에서 참고하고 있는 의학적 소견4)

• 확장성 심장근육병증은 심장의 2개의 방실이 확장되면서 점차적으로 심부전이 나타나는 것을 특징으로 하는 질환으로서 유전, 바이러스성 심근염, 과다 알콜 섭취 등이 그 원인으로 추정되고 있으나 현재까지는 그 명확한 원인은 불명이다.

• 동반되는 증상으로 피로, 쇠약감, 흉통, 때로는 상복부 통증, 운동 시 호흡곤란 등이 있고, 말기에는 심부전에 동반된 증상이 나타난다.

• 예후는 좋지 않으며, 치료하지 않으면 1년 이내에 25%가 사망하며, 5년 이내에 약 50%가 사망하는 것으로 알려져 있다.

---

4) 해당 내용은 판결문에 수록된 내용임.

판례 14. 관상동맥 조영술을 권유받고 시술 실시 중 환자가 심근경색
        증에 의한 심인성 쇼크와 다장기부전으로 사망에 이른 사건_
        부산고등법원 2010. 9. 30. 선고 2009나18762 판결

1. 사건의 개요

의료진은 응급수술이 아님에도 이 시술에 관해 환자와 가족에게 시간을 두고 충분히 설명하지 않았다. 환자는 관상동맥 조영술을 권유받고 시술받던 중 환자가 심근경색증에 의한 심인성 쇼크와 다장기부전으로 사망에 이른 사건[부산지방법원 2009. 10. 23. 선고 2007가단9913 판결, 부산고등법원 2010. 9. 30. 선고 2009나18762 판결]이다. 자세한 사건의 경과는 다음과 같다.

날짜	시간	사건개요
		환자: C1, 61세
		원고 1: A1(45년생, 여)
		원고 2: A2(69년생, 여)
		원고 3: A3(71년생, 남)
		원고 4: A4(73년생, 여)
		원고 5: A5(76년생, 남)
		피고 1: B1의료공단 대표자 이사장
		•피고 B1의료공단 산하 병원
		피고 2: B2, 피고병원 소속 의사
		피고 3: B3, 피고병원 소속 의사
1998. 10. 21		•흉통으로 피고의 병원에 내원 =급성심근경색 진단 =응급입원
1998. 10. 26.		•경피적 관상동맥중재술(확장성형술) 시술 =환자의 우관상동맥의 병변: 성공적으로 시행 =좌회선지 병변에 대해서는 유도 철선이 통과하지 못하여 시술에 실패함
1998. 10. 29.~		•흉통 없이 안정됨 •마산 모병원 퇴원

날짜	시간	사건개요
~ 2001. 08. 02		• 병원에서 통원하면서 지속적으로 항협심증 약물 치료를 계속 받음 = 간헐적인 흉통이 계속됨
2002. 03. 경		• 개인의원에서 시행한 운동부하검사에서 심근허혈 소견
2002. 05. 03.		• 마산 모병원에 내원하여 입원

2002. 05. 07.		• 경피적 관상동맥중재술 시행(2차 시술)
		  = 좌회선지는 만성 완전 폐쇄 상태로 유도철선이 병변부위를 통과할
		    수 없어 2차 관상동맥중재술도 실패하였음

2002. 05. 08.		• 증상의 호전 없이 퇴원하였음
		  = 마산 모병원은 환자의 증상을 진구성 심근경색증, 협심증, 당뇨병
		    으로 진단하고 향후 환자의 상태가 악화될 때 다시 관상동맥중재
		    술을 시행하기로 하였음

~2006. 05. 26.		• 환자에 대하여 약물치료 계속함

2006. 05.경		• 피고 병원(B1의료공단 산하 부산병원)에서 통원치료 받기 시작함
		  = 부산 병원 의료진은 병원의 진료소견서 및 검사기록 등으로 2차에
		    걸친 관상동맥확장술이 실패한 사실을 알고 있었음
		• 환자의 병력과 약물치료에도 불구하고 지속적인 흉통이 계속된다는
		  점을 중시하여 환자에게 관상동맥 조영술 및 중재술을 받을 것을 권
		  유하였음

2006. 11. 03.		• 2006. 11. 07. 관상동맥중재술을 받기로 하고 피고 병원 입원

2006. 11. 06.		• 시술 전날 관상동맥 조영술 및 확장성형술에 대한 동의서의 환자 성
		  명란에 각 서명·무인하였음
		• 환자의 보호자로서 환자 A3이 서명·무인하고, 시술필요성·진행
		  방법·합병증의 설명을 듣고 동의한다는 인쇄문구 옆에 각 서명하
		  였음
		• 관상동맥 확장성형술에 대한 동의서의 합병증 서명란에는 '비교적
		  안전한 시술이며, 시술 도중 환자에게 치명적인 합병증이 생길 확률
		  은 1%정도라고 설명한 인쇄문구와 함께 다음 내용이 인쇄되어 있
		  었음
		
		 ┌─ 시술 도중이나 직후에 좁아진 혈관이 예기치 않게 갑자기 막혀
		 │ 심근경색증이 유발되거나 응급으로 관상동맥 우회술을 받아야
		 │ 되는 경우가 5% 정도이며, 사망률은 1% 정도이다.
		 └─ 그 외의 위험으로는 뇌혈관질환의 발생 위험률이 0.2%, 느린
		    부정맥 및 빠른 부정맥의 발생 위험률이 1.3% 정도이다.

날짜	시간	사건개요
		− 천자부위 혈종, 동정맥류, 동맥류 등의 합병증과 폐동맥 색전증, 정맥 혈전증 그리고 조영제에 의한 알레르기 반응, 세균성 염증이 약 0.5% 정도에서 볼 수 있다. − 관상동맥 조영술 이전 환자의 상태가 나쁜 경우나 위험인자를 가지고 있는 경우 심근의 천공이나 관상동맥의 파열로 인한 심장 압전이 발생할 수 있다. − 이런 부작용은 의학적으로 불가항력적이며 사망에까지 이를 수 있다.
2006. 11. 07.	08 : 40	• 피고 B1, B2는 환자에게 관상동맥조영술 시작
	08 : 55	• 관상동맥중재술 개시
	09 : 00	• 환자의 대각지에 풍선확장 및 스텐트 삽입 시행
	09 : 10경	• 좌회선지(심장의 동맥)의 만성완전폐색병변에 대한 시술 시행 = 시술 도중 유도 도관에 의한 좌주간지 관상동맥 박리 발생
	10 : 20경	• 환자 흉통 호소 • 심전도의 변화와 함께 맥박과 혈압 하강
	10 : 30경	• 기도삽관과 심장박동기 및 대동맥내 보조펌프 설치 등 응급조치 시행
	10 : 40경	• 위 응급조치를 하는 한편 환자를 급히 부산 모병원으로 전원
	10 : 54	• 혈압, 맥박, 호흡이 측정되지 않는 상태에서 부산 모병원 응급실로 전원됨 = 부산 모병원 의료진들에 의하여 응급심폐소생술, 응급 심장보조장치설치, 응급 관상동맥우회로시술 등 실시
		• 부산 모병원 의료진들에 의하여 시행된 위 시술에도 불구하고, 위 관상동맥확장술 중에 발생한 관상동맥박리증으로부터 비롯된 심근경색증에 의한 심인성 쇼크(저심박출증)와 다장기부전으로 사망하였음

2. 법원의 판단

가. 관상동맥성형술을 강행한 과실이 있는지 여부: 법원 불인정

(1) 환자 측의 주장

　− 환자의 시술전력과 좌회선지의 관동맥폐쇄 상태에 비추어 환자에게 관상

동맥 및 확장성형술을 시술해서는 안 됨에도 피고는 마산 모병원의 시술실
패 사유 및 환자의 상태를 간과하거나 제대로 확인하지 않은 채 무리하게
시술을 강행한 과실이 있다.

○ 법원 판단의 근거

(1) 마산모병원에서 2회에 걸친 관상동맥성형술을 받고 지속적으로 약물치료를
받았으나 관상동맥 좌회선지의 폐쇄병변으로 인한 흉통이 계속되고 있었다.

(2) 약물치료에도 불구하고 호전됨이 없이 흉통이 계속될 경우 심근경색으로 사
망할 위험성이 높다.

(3) 마산 모병원 의료진도 상태가 악화될 경우 재차 환자에 대하여 관상동맥중
재술을 실시할 예정이었다.

(4) 시술을 시행하는 것과 시술을 시행하지 않고 약물치료만 하는 것 중 어느
것이 의학적으로 옳은 선택이었는지 단정하기 어렵다.

(5) 환자에 대한 관상동맥조영술 및 확장술의 시술이 의료시술상의 일반 원칙에
비추어 잘못되었다 할 수 없다.

(6) 실패하였던 병변에 대하여 재차 시도된 관상동맥성형술이 이전의 시술과 비
교하여 시술위험이나 부작용이 증가된다고 단정할 수 없고, 성공적으로 행하여지는
경우도 많다.

(7) 관상동맥 병변에 의한 환자의 주관적 증상이 약물치료에 의하여 적절하게
치료되지 않는 경우 등에는 관상동맥성형술을 재차 시행할 수 있어 의학적으로 이전
의 관상동맥성형시술의 실패 그 자체만으로는 동일부위에 대한 관상동맥성형시술이
금지된다고 보기는 어렵다.

(8) 관상동맥성형술의 시술 도중 발생하는 관상동맥의 박리는 예측하기가 사실
상 불가능하다.

나. 신속한 응급조치 및 전원의무를 위반한 과실: 법원 불인정

(1) 환자 측의 주장

 - 시술 당일 9시 30분경 이미 환자의 관상동맥박리가 발생하였음에도 피고
   의료진이 환자를 즉시 부산 모 병원으로 후송하지 않고 1시간 이상 지체하

거나 응급상황에 즉시 대처할 의료진을 대기시켜두지 않았다.

○ 법원 판단의 근거

(1) 시술 당일 10시 20분경 환자의 상태가 악화된 직후 응급조치 및 전원조치를 신속하게 실시한 것으로 보인다.

(2) 신속한 전원조치가 이루어진 이상 피고 병원 내 응급 관상동맥우회로시술 등을 위한 의료진이 대기하지 않았다는 점만으로 과실이 있다 볼 수 없다.

다. 설명의무 위반 여부: 환자 주장인정: 법원 인정

- 환자의 선택권을 실질적으로 보장하기 위해서는, 그 설명의 내용이 일반적이고 추상적인 증상과 위험을 소개하는 정도에 그쳐서는 안 되고 과거의 시술병력 및 검사결과 등 모든 자료를 종합하여 알 수 있는 개개 환자의 상태에 따른 구체적이고 개별적인 증상과 그에 대한 시술 및 위험성에 대하여 일반인이 쉽게 이해할 수 있는 언어로 된 설명이어야 한다.
- 환자에게 시술의 필요성이나 위험성을 비교해보고, 악결과가 발생한 경우를 대비하기에 충분한 시간, 즉 원칙적으로 자신이 신뢰하는 사람과 의논하고 충분히 숙고한 후 결정할 시간이 주어져야 할 것이다.

(1) 환자 측의 주장

- 피고 의료진은 재차 시술되는 관상동맥확장성형술의 재시술 필요성과 위험성, 특히 관상동맥박리의 위험성에 대해 자세히 설명할 의무가 있었음에도 이를 충분히 이행하지 않았다.
- 시술내용 및 합병증 등에 대한 설명이 시술 바로 전날 이루어짐으로써 시술여부결정에 대한 환자 및 환자들의 실질적인 선택권이 침해되었다.

(2) 법원의 판단

- 피고 의료진은 환자에 대한 시술이 응급을 다투는 상황에서 실시된 것이 아님에도 약물치료를 계속할 경우와 재시술을 받는 경우에 대한 의학적 불확실성, 유도철선 통과 실패 이후 재시술에 따른 위험성과 그 필요성, 시술로 인한 관상동맥의 박리가능성 등에 대하여 환자가 고도의 사망가능성을 염두해 둔 상태에서 시술여부를 숙고하여 실질적으로 결정할 수 있을

정도로 충분히 설명하였다 보기 어렵다.

- 시술 전날 인쇄된 동의서 용지에 서명을 받아 환자에게 사망의 위험성이 높은 시술에 대한 선택여부를 신중히 결정하기에 충분한 시간을 보장하였다고 보기도 어려워, 환자의 자기결정권 내지 선택권을 침해하였다고 봄이 상당하다.

○ 법원 판단의 근거(제1심·항소심 공통)

(1) 환자는 2회에 걸친 관상동맥확장술의 시술과정에서 유도철선이 통과할 수 없을 정도로 관상동맥의 좌회선지에 만성완전폐쇄 병변이 있었으므로, 재차 시도되는 시술의 성공가능성은 처음 시술받는 환자와 비교하여 완전히 동일하다고는 볼 수 없다.

(2) 유도철선이 통과하지 못하여 실패한 마지막 관상동맥성형시술로부터 4년이 경과하였고, 그 이후 지속적인 약물치료에도 환자의 흉통은 완화되지 않고 있는 상태였으므로, 마지막 시술 당시와 비교하여 환자의 관상동맥이 합병증의 발생에 취약할 정도로 약화 내지 악화되었을 가능성을 완전히 배제할 수는 없다.

(3) 피고 병원에서의 관상동맥중재술 시술 당시 환자의 상태는 환자가 심근경색의 위험성을 부담한 채 약물치료로 연명하는 것과 시술로 인한 심각한 부작용을 감수하고서도 관상동맥중재술(확장술 또는 우회로술)로 흉통을 감소시키는 것 중 어느 쪽이 옳은지 의학적으로도 명백하지 않다.

(4) 관상동맥확장성형시술 동의서는 합병증에 관하여 관상동맥우회술, 천자부위 혈종, 폐동맥, 혈전증, 천공, 심낭 압전 등 일반인들로서는 이해하기 어려운 의학용어의 나열과 함께 전체적인 내용으로 보아 결국 시술로 인한 사망률은 1% 정도에 불과한 안전한 시술이라고 기재되어 있는 한편 그러한 용어나 수치에 대하여 피고들 또는 피고 병원 의료진이 인쇄된 내용에 추가하여 구체적으로 자세히 설명한 흔적이 전혀 없어 피고 병원 의료진이 환자에게 관상동맥중재술의 시술에 따른 중대한 악결과인 사망의 위험성에 대하여 충분한 설명을 다하지 않은 것으로 보인다.

(5) 관상동맥의 박리가 관상동맥의 파열로 진행할 수는 있으나 의학적으로 증상 및 위험성이 구분되는 증상인바, 관상동맥의 박리는 관상동맥중재술의 시술의 전형적인 합병증임에도 위 동의서에는 혈관에 관한 합병증이라는 기재 외에 관상동맥의 박리에 대하여는 명시적인 기재가 없다.

(6) 환자가 관상동맥중재술을 시술 받을 당시 응급상태가 아니었다.

○ **법원 판단의 근거(제1심)[5]**

- 환자는 시술 날짜가 정해진 상태에서 2006년 11월 3일 피고 병원에 입원하였고, 시술 직전까지 의식이 명료하였던 것으로 보임에도 시술 전날 동의서가 작성되어 있다.

3. 손해배상범위 및 책임 제한

가. 피고의 손해배상책임 범위: 위자료 30,000,000원

(1) 피고들의 설명의무위반과 환자의 사망 사이에 상당인과관계가 있다고 보기 어려우며, 그 설명의무위반이 환자의 생명 신체에 대한 구체적인 치료과정에서 요구되는 의사의 주의의무 위반과 동일시 할 정도의 것으로 보이지 않는다.

(2) 다만, 피고들은 위와 같이 설명의무를 위반하여 환자의 자기결정권 내지 선택권을 침해함으로써 정신적 고통을 가하였다고 할 것이므로, 환자에 대한 위자료(금 30,000,000원)를 인정한다.

4. 사건 원인 분석

이 사건은 흉통으로 급성심근경색을 진단받은 환자는 2회에 걸친 관상동맥성형술을 받고 지속적으로 약물치료를 받았으나 관상동맥 좌회선지의 폐쇄병변으로 인한 흉통이 계속되고 있었다. 이후 피고 병원에서 통원치료를 받던 중 환자의 시술전력을 알고 있던 피고 병원 의료진으로부터 관상동맥 조영술 및 중재술을 권유받은 환자는 보호자 동의를 받아 3차 관상동맥조영술과 관상동맥중재술을 시행받았으나 시술 도중 유도철선에 의한 좌주간지 관상동맥 박리가 발생하여 심근경색증에 의한 심인성 쇼크(저심박출증)와 다장기부전으로 사망한 사건이다. 위 관상동맥 박리에 관한 사항은 환자의 보호자가 서명한 동의서에 기재되어 있지 않은 사항이었다. 이 사건과 관련된 문제점 및 원인을 분석해본 결과는 다음과 같다.

---

5) 항소심에서는 판단 근거에서 제외된 항목임.

피고 의료진은 환자에 대한 시술이 응급을 다투는 상황에서 실시한 것이 아님에도 시술에 따른 위험성과 그 필요성, 고도의 사망가능성을 염두 해 둔 상태에서 시술여부를 숙고하여 실질적으로 결정할 수 있을 정도로 충분히 설명하지 못하였다. 일반적으로 동의서 작성은 담당의사에 의해 시술 전에 받는 것이 관례화 되어 있으나, 이에 대한 설명이나 동의 여부는 미리 외래 등에서 환자와 보호자 모두에게 이뤄지며, 사전 며칠 전에 반드시 받아야 한다는 규칙은 따로 없으나, 날짜 선정은 환자 측 뿐만 아니라, 의료진 및 병원 사정 등 여러 가지를 고려하여 결정하는 것이 일반적이라는 자문위원의 의견이 있었다(〈표 14〉 참조).

〈표 14〉 원인분석

분석의 수준	질문	조사결과
왜 일어났는가? (사건이 일어났을 때의 과정 또는 활동)	전체 과정에서 그 단계는 무엇인가?	– 시술 전 설명 단계
가장 근접한 요인은 무엇이었는가? (인적 요인, 시스템 요인)	어떤 인적 요인이 결과에 관련 있는가?	• 환자 측 – 해당사항 없음 • 의료인 측 – 시술이 응급을 다투는 상황에서 이루어진 것이 아님에도 시술에 따른 위험성과 그 필요성, 고도의 사망가능성을 염두해 둔 상태에서 시술여부를 숙고하여 실질적으로 결정할 수 있을 정도의 시간을 두고 충분히 설명하지 않음
	시스템은 어떻게 결과에 영향을 끼쳤는가?	• 의료기관 내 – 해당사항 없음 • 법·제도 – 해당사항 없음

5. 재발 방지 대책

원인별 재발방지 사항 제안은 〈그림 14〉와 같으며, 각 주체별 재발방지 대책은 아래와 같다.

〈그림 14〉 판례 14 원인별 재발방지 사항 제안

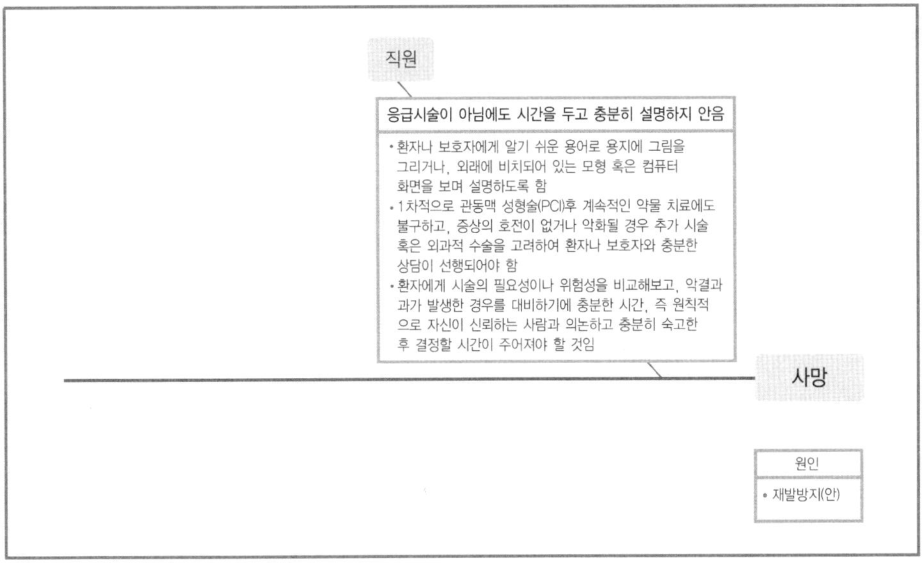

(1) 의료인의 행위에 대한 검토사항

의료인은 가급적 환자나 보호자에게 알기 쉬운 용어로 용지에 그림을 그리거나, 외래에 비치되어 있는 모형 혹은 컴퓨터 모니터를 이용하여 혈관조영술이 진행되는 화면을 보여 주면서 설명하는 것이 바람직하다. 위 사건과 같이 1차적으로 관상동맥 성형술(PCI)을 시행한 후 계속적인 약물 치료에도 불구하고, 증상의 호전이 없거나 악화될 경우에는 추가 시술 혹은 외과적 시술을 고려하여 이에 대하여 환자, 보호자와 함께 충분한 상담이 선행되어야 한다. 과거 관동맥 성형술을 받은 기왕력이 있는 환자에게 추가 시술 혹은 외과적 시술을 하여야 할 경우, 과거 시술 당시와 현재 상황을 면밀히 재검사하여 차이점과 추가 시술의 사전 필요성에 대하여 환자와 보호자에게 충분히 설명하고, 이를 결정할 수 있는 선택권을 주도록 하며, 악결과가 발생한 경우를 대비하기에 충분한 시간, 즉 원칙적으로 자신이 신뢰하는 사람과 의논하고 충분히 숙고한 후 결정할 수 있도록 충분한 시간이 주어져야 할 것이다.

┃ **참고자료** ┃ 본 판결에서 참고하고 있는 의학적 소견6)

• 심근경색증

심근에 혈액을 공급하는 관상동맥이 주로 동맥경화에 의해 좁아지거나, 죽상반파열과 이에 따른 혈전에 의해 갑자기 좁아지거나 막혀서 심근의 혈류 공급에 장애가 유발되어 심근의 괴사를 일으키는 질환으로서 급성인 경우 사망률이 높다.

• 관상동맥 조영술

요골동맥, 대퇴동맥 등을 통하여 도관을 관상동맥입구까지 삽입하고 그 관을 통하여 조영제를 주입하여 엑스레이기계로 혈관의 모양을 관찰하는 검사이다.

• 관상동맥 확장성형술

대퇴동맥이나 요골동맥에 국소마취를 하고 도관(카데터)을 삽입하여 관상동맥의 위치를 찾은 후 가느다란 풍선과 그물망(스텐트)을 이용하여 폐색 혹은 협착된 관상동맥을 풍선을 부풀려 확장하여 재협착을 막는 시술이다. 심각한 합병증으로는 사망(1% 미만), 시술 전후 심근경색(5−10%), 관상동맥 박리(1.7%), 관상동맥 천공(0.2−0.5%), 스텐트 혈전증(시술 후 1년 내 1%) 등이 있다. 완전폐색병변에서는 풍선도관의 통과가 어려운 경우가 있고 이때는 풍선도관을 앞뒤로 움직이면서 통과를 시도하게 되며, 이 경우 가끔 좌주간지 혈관의 박리(얇게 찢어지는 현상)가 발생하게 되는데 그 발생률은 1% 이하라고 한다. 이러한 좌주간지의 박리는 좌주간지에 동맥경화가 심할 때 발생률이 높은 데 좌주간지에 병변이 보이지 않는 경우에도 예외적으로 발생할 수 있어 예측하기가 어렵다.

• 관상동맥 박리 및 파열

관상동맥의 박리는 관상동맥(내막, 중막, 외막)의 내막이 손상되어 관상동맥의 벽이 찢어진 상태를 의미하며, 박리가 진행하여 심낭압전 및 관상동맥의 파열이 발생할 수도 있다. 관상동맥의 파열은 관상동맥이 갈라져 터진 상태를 의미하며, 관상동맥 내의 혈액이 심장막강으로 직접적으로 유출되므로 박리만 발생하였을 경우보다 심낭압전이 빠른 속도로 진행된다. 심장막강 내에 혈액이나 삼출액 등이 차면 심장 내외로의 혈액의 유입, 유출이 방해되고 그 감소 정도가 저혈압을 유발할 정도가 되면 심낭압전이 발생하여 호흡곤란, 흉통 등을 호소하게 되며, 계속 진행하면 쇼크가 발생하고 의식이 저하된다.

---

6) 해당 내용은 판결문에 수록된 내용임.

판례 15. 의사의 참관 없이 고혈압 환자의 CT촬영을 진행하던 중 급성 대동맥박리로 인한 심낭압전으로 환자가 사망에 이른 사건_대구고등법원 2008. 6. 18. 선고 2007나1525 판결

1. 사건의 개요

흉부 불편감 증세로 내원한 고혈압 환자의 CT촬영을 의사의 참관 없이 진행하던 중 호흡곤란 환자를 응급실로 옮겼으나 급성 대동맥박리로 인한 심낭압전으로 환자가 사망하게 된 사건[대구지방법원 2007. 1. 9. 선고 2004가합1169 판결, 대구고등법원 2008. 6. 18. 선고 2007나1525 판결]이다. 자세한 사건의 경과는 다음과 같다.

날짜	시간	사건개요
		환자: 1995년 경 고혈압 진단을 받은 후 외래 추적 및 약물복용을 함. 사고 당시 67세 8개월 피고: 학교법인 대표자
2002. 11. 27.	09:00	• 아침식사를 하던 중 갑작스런 전흉부 통증(쥐어짜는 듯한 양상으로 3-4분가량 지속, 식은 땀, 오심, 구토)을 느낌
	16:00	• 의식 소실됨
	17:00	• 모병원 입원 • X-ray 촬영, CT 촬영, 심전도 검사 받음 = 별다른 이상 없다는 진단을 받음
2002. 11. 29.	10:00	• 퇴원함 • 퇴원 후에도 흉부 불편감(바로 누운 자세에서 심해지고, 모로 눕거나 앉은 자세에서 호전)의 증상을 느낌
2002. 11. 30.	09:00	• 김모 심장내과의원에서 진료함 = 심부전증, 협심증 의심 • 피고병원으로 진료 의뢰함
	10:00	• 피고병원 응급실에 내원함 • 호흡곤란과 가슴 답답한 증상 호소
	10:17	• 의료진은 환자에게 산소를 공급함 • 활력징후 측정

날짜	시간	사건개요
2002. 11. 30.	11:00	• 피고병원의 심장내과의가 환자를 진료함 = 결과: 울혈성 심부전, 대동맥 박리 의증, 협심증 의증으로 추정진단하고 흉부 CT 촬영을 하기로 함
	11:12	• CT 촬영에 앞서 X-ray검사 시행 = 결과: 종격동 확장 및 심장 비대 소견 보임
	11:30	• 흉수천자검사 시행 = 결과: 혈액양상 흉수가 발견됨
	11:40	• 심초음파검사 시행함 = 결과: 대동맥박리증의 소견은 없었으나 상행 흉부 대동맥이 4.92cm으로 심하게 확장되어 있었고, 중증도의 심낭삼출이 발견됨
	13:10	• CT 촬영기사가 환자의 흉부 CT 촬영 시도함 • 의사의 참관 없이 응급조치장비를 갖추지 않은 상태에서 단독으로 촬영 진행함 • 조영제를 투여하지 않고 1차 촬영을 하던 중 환자가 호흡곤란과 가슴이 답답한 증세를 호소하다가 의식소실 소견을 보이고 자극에 반응하지 않자, CT 촬영을 중단하고 응급실로 옮김
	14:10	• 기관 내 삽관 시행 및 전기충격을 시행하면서 심폐소생술을 시행함
	15:20	• 환자는 심박동을 회복하지 못함 • 급성 대동맥박리로 인한 심낭압전으로 사망함(이하 '이 사건사고'라 한다)

2. 법원의 판단

가. 설명의무 위반 주장에 대한 판단: 법원 불인정(제1심)

○ 환자 측의 주장

- 피고 의료진이 심초음파 검사과정에서 환자의 상태 등에 대한 설명 및 CT 촬영 시행 이유에 대한 설명을 하지 않았다.

○ 법원 판단의 근거

- 환자들의 주장만으로 피고병원 의료진이 심초음파검사 과정과 CT 촬영 과정에서 어떠한 설명의무를 지니고 있다는 것인지 불명확하다.

- 피고병원 의료진은 흉부 X-ray촬영을 한 결과 심장이나 폐에 물이 좀 고

여 있는 것 같으니 정밀검사를 하자고 하면서 심초음파검사를 시행하였다.
- 심초음파검사실에서 환자의 심장이나 폐에 피가 고여 있다고 설명하면서 더 자세한 검사를 하기 위해 CT 촬영을 시행하였다.

나. 폐쇄공포증의 사전 검사 미실시 및 사지결박 주장에 대한 판단: 법원 불인정(제1심)

○ 환자 측의 주장
- CT 촬영을 하는 경우에는 환자들이 폐쇄공포증이 있는지의 여부를 사전에 검사하여 만일의 사태를 방지해야함에도 환자가 폐쇄공포증이 있는지 여부에 대한 사전검사를 전혀 하지 않고 환자의 사지를 묶어 CT 촬영을 함으로써 환자에게 폐쇄공포증을 유발하였다.

○ 법원 판단의 근거
- CT 촬영에 사용된 기계가 환자에게 폐쇄공포증을 유발하는 것이어서 피고 병원 의료진에게 CT 촬영을 하는 경우 사전에 환자에게 폐쇄공포증이 있는 지의 여부를 확인해야 할 주의의무가 있다는 사실을 인정하기에 부족하며, 병원에서 CT 촬영을 하였으나 폐쇄공포증의 증세를 보이지 않아 위 주장은 이유 없다.

다. 검사 과정상의 즉각적인 대응조치 미흡 주장에 대한 판단: 법원 불인정(제1심)

○ 환자 측의 주장
- CT 촬영 중에는 환자와의 지속적인 대화를 통하여 급작스런 공포증이 발생되지 않도록 주의하고 환자가 고통스러워하거나 공포심을 나타내는 경우 즉각 검사를 중단하는 등 세심한 주의, 관찰을 해야 할 주의의무가 있음에도 환자가 2-3분가량 비명을 지르는 동안 즉각적인 대응조치를 제대로 하지 않았다.

○ 법원 판단의 근거
- 피고병원 의료진이 CT 촬영을 하는 과정에서 환자를 지속적으로 관찰하던 중 환자가 호흡곤란 등의 증세를 보이자 응급실로 옮겨 심폐소생술을 시행

한 점에 비추어 보면, 피고병원 의료진이 CT 촬영을 마치기 위해 고통을 호소하는 환자를 상당한 시간 방치함으로써 환자를 사망에 이르게 하였다는 사실을 인정하기에 부족하다.

– 환자의 대동맥박리 증상은 환자가 피고병원 응급실로 내원하기 이전인 2002. 11. 27일경 이미 발생하였으나 박리 및 출혈의 양상이 대동맥 외벽에 국한됨으로써 주위조직에 의하여 에워싸여지면서 소량의 출혈로 한정되게 되어 며칠 증상이 지속되었다가 피고병원에서 CT 촬영 등의 검사를 받던 중 대동맥박리에서 출혈이 진행되어 심낭압전으로 진행되면서 사망에 이르게 된 것으로 보인다.

라. CT 촬영 시 담당의사가 환자의 상태를 모니터링하면서 근접 관찰하지 않은 과실이 있는지 여부: 법원 인정(항소심)

○ 인정사실

– 환자에게 발생한 대동맥박리는 이미 11. 27일경 발생하여 박리 및 출혈의 양상이 대동맥 외벽에 국한되어 주위 조직에 의하여 에워싸이면서 소량의 출혈로 한정되게 되어 며칠간 증상이 지속되다가 피고병원의 검사과정에서 대동맥박리가 급격하게 진행된 것으로 보인다.

– CT 촬영 전에 실시한 흉부 엑스선 촬영 및 흉수천자검사, 심장초음파검사 결과에서도 종격동 확장 및 심장비대, 혈액양상흉수, 증증도의 심낭삼출 등 대동맥박리를 의심해 볼 수 있는 소견을 보이기는 하였으나 직접적인 대동맥박리증상은 확인되지 않았던 사실을 인정할 수 있으므로 환자의 증상을 대동맥박리로 확진하고 그 치료를 위한 심낭천자나 기타 응급수술을 곧바로 시행할 것을 피고병원의 의료진에 기대할 수는 없는 것이며 대동맥박리의 정확한 진단을 위하여 CT 촬영이 반드시 필요한 것으로 보인다.

○ 법원의 판단

– 피고병원 의료진으로서는 생명에 중대한 위협이 되고 발생 시 응급수술이 절대적으로 필요한 대동맥박리를 의심해 볼 수 있는 충분한 사정이 존재하는 환자를 다룸에 있어 의사가 갖추어야 할 최선의 주의의무를 다하였더라면 환자에게 CT 촬영 도중 대동맥박리가 급격하게 진행되는 응급상황이

발생할 수 있음을 충분히 예견할 수 있었을 것으로 판단된다.

○ 법원 판단의 근거

- CT 촬영 전 실시한 사전 검사결과에 의하면, 이미 상행 흉부 대동맥이 4.92cm로 심하게 확장되어 있었고 혈액양상흉수 및 심낭삼출이 나타나 이 당시 이미 대동맥박리로 인해 혈액이 혈관에서 유출되고 있었던 것으로 보이며, 위와 같은 증상들은 다른 원인에 의한 가능성을 배제할 수는 없지만 한편으로 대동맥박리를 의심해 볼 수 있는 충분한 사정도 된다.

- 피고병원 역시 응급실에 내원한 환자를 최초 진찰한 담당의사가 대동맥박리의증을 추정진단명에 포함시켰을 뿐만 아니라 CT 촬영에 즈음하여 혈압강하제인 테놀민 25mg을 투여하는 등 대동맥박리의 가능성을 염두해 두고 있었던 것으로 보인다.

- 상행 대동맥 박리일 경우 그 발생과 동시에 매우 응급한 상황이 되고 사망률도 매우 높을 뿐 아니라 급성기 환자일수록 최대한 빨리 응급수술을 할 필요가 있다는 점에서, 대동맥박리가 의심이 되는 환자를 다루는 의료진으로서는 그와 같은 결과 발생 예견 및 응급조치에 보다 더 세심한 주의를 기울여야 한다고 판단된다.

- 조영제를 투여하지 않더라도 응급상황이 예상되고 상황 발생 시 신속한 응급조치가 필요한 경우라면 응급실에서부터 의사가 입회하여 환자 상태를 모니터링하면서 CT 촬영을 하는 경우가 실제로 많고, 또한 그와 같이하는 것이 앞서 본 바와 같이 생명을 다루는 의사의 고도의 주의의무에 비추어 규범적 의료수준에도 부합한다.

마. 응급상황 발생 시 신속한 응급조치를 다하지 못한 과실이 있는지 여부: 법원 인정(항소심)

○ 법원의 판단

- 응급상황에 대비하여 응급실에서부터 CT 촬영에 이르기까지 의사가 입회하여 환자상태를 지속적으로 모니터링하면서 CT 촬영을 하였더라면 그 촬영 준비단계나 촬영 도중 환자의 이상상태를 즉시 발견하고 신속한 응급조치를 통하여 사망이라는 악결과를 회피할 수 있었던 것으로 판단된다.

○ 법원 판단의 근거

- 이 사건 CT 촬영은 촬영기사가 혼자서 촬영했는데(평소에는 2명의 기사가 촬영함), 촬영기사는 당시 담당의사로부터 환자에게 발생할 수도 있을 응급상황 등에 대하여 아무런 지시도 받지 못한 것으로 보이고, 환자는 CT 촬영 중 움직이지 말라는 촬영기사의 수차례에 걸친 요구에도 불구하고 계속 몸을 뒤척이는 등 움직임이 매우 심하였다.

- 환자는 13 : 10분경 CT 촬영을 시작하여 응급상황이 발생하였으나, 14 : 10경이 되서야 비로소 응급처치가 이루어졌다는 점에 근거하면 CT 촬영 기사의 증언으로 응급조치가 수 분 내에 이루어진 것이라는 주장은 믿을 수 없다.[7]

바. 피고병원의 주장 및 판단(항소심)

○ 피고 측의 주장

- CT 촬영이 종료되지 않았을 뿐만 아니라 그 촬영 결과에 대한 확인도 제대로 하지 않은 상태에서 환자가 갑자기 의식을 잃었고, 당시에는 이미 상행대동맥박리로 인하여 심낭압전까지 발생한 상태여서 소생시킬 기회를 가질 수 없었다고 주장한다.

○ 법원의 판단

- 의사가 입회한 상태에서 촬영을 준비하거나 촬영하던 과정에서 환자의 이상상태를 즉시 발견하고 응급조치의무를 다하였더라도 환자의 사망이라는 악결과는 회피할 수 없었을 것이라고 단정할 수 없으므로 피고병원의 주장은 불인정한다.

---

7) "촬영시간이 길어진 것은 환자의 움직임이 상당히 심하여 촬영이 정상적으로 이루어지지 못했을 뿐 아니라 당시 촬영기사가 혼자뿐이어서 그 준비 및 촬영에 상당한 시간이 소요되었던 것으로 보이고 피고병원은 뒤늦게 제출한 준비서면에서 종전 주장을 번복하면서 진료기록부에 CT 촬영이라고 기재된 위 13 : 10이라는 시각은 환자에 대하여 실제 CT 촬영이 이루어진 시간이 아니라 의사에 의해 CT 촬영이 지시된 시간에 불과하고 실제촬영은 14 : 01경에 이루어졌다고 주장하나, 피고병원에 의하여 작성된 의사지시 및 간호기록지에 기재된 'P1 : 10 chest CT 우측의 taken'이라는 문구가 사후에 삭제된 흔적이 위 주장을 뒷받침하는 증거로 해석될 수 없고 최초 촬영된 사진이라고 피고병원에서 제출한 CT사진에 자동적으로 인쇄된 시각이 14 : 01이라는 점 역시 위 주장을 뒷받침하는 증거로는 부족하다고 함".

3. 손해배상범위 및 책임 제한

가. 손해배상책임의 범위: 제1심 기각, 항소심 총 11,000,000원

(1) 일실수익: 0원[8]

(2) 위자료: 11,000,000원

4. 사건 원인 분석

위 사건은 평소 고혈압으로 약물치료를 받고 있던 환자가 흉부 불편감의 증세로 전원 된 후 울혈성 심부전, 대동맥박리증 의증, 협심증 의증으로 추정 진단되어 정확한 진단을 위해 CT 촬영을 하였으나 촬영기사는 응급상황 준비를 하지 않은 상태에서 의사의 입회 없이 검사를 진행 하였다. 촬영기사는 검사 도중 환자가 호흡곤란과 가슴이 답답한 증세를 호소하고 의식소실 소견을 보이며 자극에 반응하지 않자, CT 촬영을 중단하고 응급실로 옮겼으나 결국 급성 대동맥박리로 인한 심낭압전으로 환자가 사망하게 된 사건이다. 이 사건과 관련된 문제점 및 원인을 분석해본 결과는 다음과 같다.

첫째, 담당의사는 응급실에서부터 CT 촬영에 이르기까지 환자의 상태를 모니터링하면서 근접 관찰하지 않았다. 자문위원은 환자와 같이 사망률이 높은 질환이 의심되는 상황에서 CT 검사를 해야 하는 경우 의료진이 입회하에 검사를 진행하는 것은 매우 필요한 일이며 CT 촬영의 과정 자체가 결국에는 환자 혼자 CT 기계 안에 들어가게 되는 과정을 포함하기 때문에 의료진과 떨어지게 되는 것을 완전히 피할 수 없다는 단점이 있지만 의료진이 입회했다면 응급 처치가 시작되는 시간을 최소화 할 수 있었을 것이라는 의견을 주었다.

둘째, 환자는 생명에 중대한 위협이 되고 응급수술이 절대적으로 필요한 대동맥박리를 의심해 볼 수 있는 충분한 과거력과 의학적 상황이 존재하였으므로, 의료진은

---

8) "일반 도시일용노동자에 대하여는 경험칙 상 60세가 될 때까지 가동할 수 있다고 보는 것이 상당하나, 환자는 사고 당시 67세 8개월로써 이미 가동연한(통상 일할 수 있다고 보는 예상 기간)을 지났다고 할 것이므로 환자의 가동연한이 남아있음을 전제로 하는 일실수입 청구 부분은 이유 없음".

CT 촬영 도중 대동맥박리가 급격하게 진행되는 응급상황을 충분히 예견할 수 있음에
도 불구하고 이를 예상하지 못하여 응급상황 발생 시 신속한 응급조치를 다하지 못
하였다. 그러나 자문위원은 응급상황이 예견 된다고 하더라도 확진 없이 위험부담이
큰 대동맥 박리에 대한 응급 개흉수술을 시행할 수는 없으며 더구나 환자의 현재 활
력징후가 안정적이고 CT 촬영이 가능한 상태였다면 검사를 하여 확진도 없이 수술을
진행 한다는 것은 불가능한 일이라는 의견을 주었다.

　　따라서 확진을 위한 검사는 필요했을 것으로 생각되며 CT 검사도중 대동맥 박
리가 파열되어 급사로 이어졌을 가능성이 높은 사건은 응급조치가 취해졌더라고 사
망률은 매우 높았을 것으로 판단되지만 의료진 없이 검사가 진행된 것은 응급대처가
늦어지게 된 요인으로 작용한 것으로 판단된다(〈표 15〉 참조).

〈표 15〉 원인분석

분석의 수준	질문	조사결과
왜 일어났는가? (사건이 일어났을 때의 과정 또는 활동)	전체 과정에서 그 단계는 무엇인가?	– 검사 중 응급처치 단계
가장 근접한 요인은 무엇이었는가? (인적 요인, 시스템 요인)	어떤 인적 요인이 결과에 관련 있는가?	• 환자 측 – 해당사항 없음 • 의료인 측 – 담당의사는 응급실에서부터 CT 촬영에 이르기까지 　환자의 상태를 모니터링하면서 근접 관찰하지 않음
	시스템은 어떻게 결과에 영향을 끼쳤는가?	• 의료기관 내 – 응급상황에 대한 대응체계 미흡 • 법·제도 – 응급상황대응을 위한 제도적 지원의 미흡(인력 부족)

5. 재발 방지 대책

원인별 재발방지 사항 제안은 〈그림 15〉와 같으며, 각 주체별 재발방지 대책은 아래와 같다.

〈그림 15〉 판례 15 원인별 재발방지 사항 제안

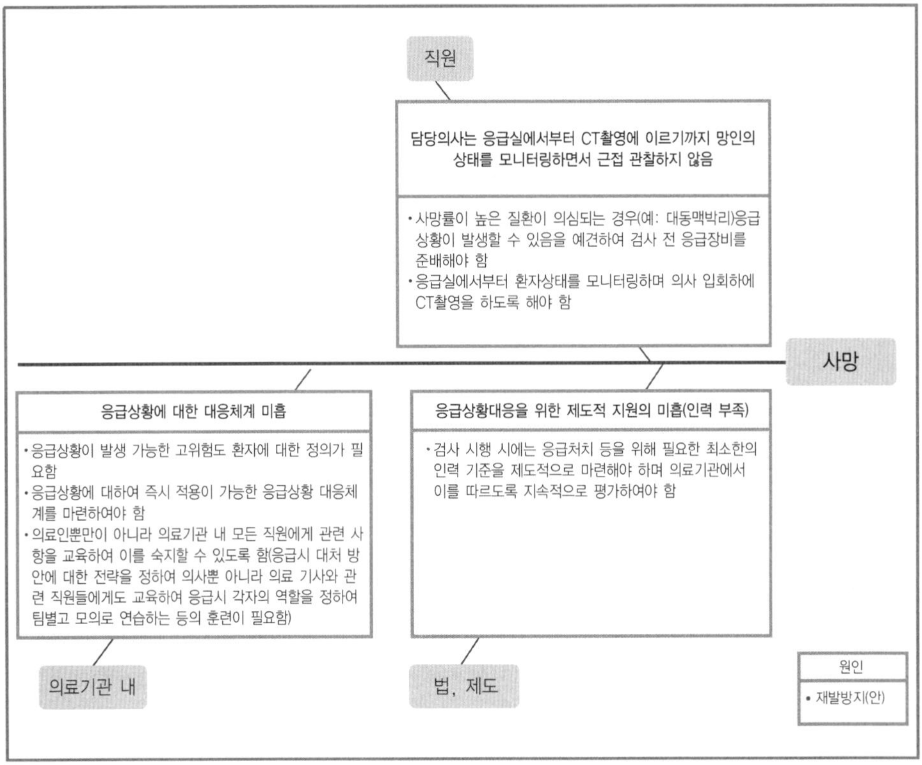

(1) 의료인의 행위에 대한 검토사항

고위험 환자는 CT, MRI와 같이 밀폐된 공간에서 일정 시간을 소요하여 촬영해야 하는 검사는 검사 중에 응급상황이 발생할 가능성이 높은 것이 현실이다. 그러므로 의료진은 사망률이 높은 질환이 의심되는 경우(예: 대동맥박리) 응급상황이 발생할 수 있음을 예견하여 검사 전 응급장비를 준비해야 하며 응급실에서부터 환자상태를 모니터링하며 응급상황에 대하여 대응이 가능한 의사의 입회하에 CT 촬영을 하도록 해야 한다.

(2) 의료기관의 운영체제에 관한 검토사항

CT나 MRI와 같이 밀폐된 공간에서 일정 시간을 소요하여 촬영해야 하는 검사 중에 응급상황이 발생할 가능성이 높은 고위험 환자에 대한 정의가 필요하며, 응급상황에 대하여 즉시 적용이 가능한 응급상황 대응체계를 마련해야 한다. 또한 의료인뿐만이 아니라 의료기관 내 모든 직원에게 관련 사항을 교육하여 이를 숙지할 수 있도록 해야 한다. 의료기관의 환경에 적합한 응급대처 방안에 대하여 전략을 정하고, 응급 시 각자의 역할을 정하여 팀별로 모의로 연습하는 등의 훈련이 필요할 것으로 생각된다.

(3) 국가·지방자치단체 차원의 검토사항

국가 및 지방자치체는 의료기관에 검사 시행 시에도 응급처치 등이 가능한 전문 인력을 배치할 수 있도록 최소한의 인력 배치기준을 제도적으로 마련해야 하며 의료기관에서 이를 따르도록 지속적으로 평가하여야 한다.

┃ 참고자료 ┃ 본 판결에서 참고하고 있는 의학적 소견[9]

- 사람 몸의 대동맥은 내막, 중막, 외막의 3층이 모여서 마치 한 개의 막처럼 구성되어 있는데, 어떤 원인으로 인하여 혈관내막의 파열이 일어나면 심장수축기에 뿜어나가는 혈류가 내막과 중막을 찢으면서 대동맥을 박리시키는데 이를 대동맥박리라고 한다. 대동맥이 파열되면서 매우 심한 통증을 수반하게 되고 특히, 발생부위가 상행대동맥일 경우 뇌로 가는 혈류를 막아 뇌졸중을 일으키거나 심장 관상동맥을 막아 급사를 초래하기도 하며 대동맥판부전을 일으키거나 혈심낭을 일으켜 매우 응급한 경우가 된다. 진단은 주로 초음파 검사, 전산화단층촬영, 대동맥조영술 검사등으로 하며, 한편 급성 대동맥박리증은 발생초기에 사망률이 가장 높아 증상 발생 후 수 시간 이내의 급성기 환자일수록 최대한 빨리 응급수술을 하는 것이 필요하다. 이 때, 고려될 수 있는 응급수술로는 심낭천자 및 대동맥 절개 후 인공혈관을 삽입하는 방법 등이 있다.
- 흉수천자검사에 의하여 발견된 혈액양상흉수의 원인은 결핵성 심낭염, 암의 전이가 흔하나 대동맥박리가 심낭삼출로 연결될 경우에도 발생하며, 박리가 상행 대동맥을 침범한 경우 흉부 방사선검사에서 종종 상부 종격동의 확장이 보이기도 한다.
- CT 촬영 중 의식을 상실하는 등의 응급상황이 발생하면 즉시 촬영을 중지하고 수액공급, 승압제 정주, 심폐소생술 등을 실시해야 한다.
- 조영제 투여 후 CT 촬영을 할 경우에는 조영제의 위험성 때문에 의사가 입회하여 환자 상태를 모니터링하면서 촬영하는 것이 원칙이고 이 사건과 같이 대동맥박리가 의심되는 환자의 경우 환자가 지속적인 흉통을 호소하고 있다면 대부분 응급실에서부터 환자상태를 모니터링하며 의사가 입회하여 CT 촬영을 하는 경우가 많다.

---

9) 해당 내용은 판결문에 수록된 내용임.

제5장

투약 관련 판례

판례 16. 변경된 담당의가 약제용량을 줄이기 전에 환자 상태를 정밀하게 진단하지 않아 환자의 뇌기능이 저하된 사건_부산고등법원 2008. 12. 24. 선고 2007나14001 결정

1. 사건의 개요

관상동맥폐쇄성질환으로 진단받은 환자의 담당의가 바뀌면서 투여약제변경으로 인한 부작용이 나타났다. 이 부작용에 대한 검사를 실시하지 않아 환자가 저산소증으로 뇌손상을 입은 사건이다[부산지방법원 2007. 7. 11. 선고 2005가합3673 판결, 부산고등법원 2008. 12. 24. 선고 2007나14001 결정]. 자세한 사건의 경과는 다음과 같다.

날짜	시간	사건 개요
		환자: 여자, 1960. 08. 23생(사건당시 만 42세) =고혈압으로 혈압강하제를 복용해오고 있었음
2003. 05. 28.		• 흉통, 식은땀, 호흡 곤란, 구토 등의 증상을 호소하며 A병원 내원 • A병원 당직의사의 권유로 당일 피고 병원 응급실로 전원함
		• 피고 병원 응급실로 전원한 후 불안정성 협심증, 고혈압 등으로 진단받고 입원 • 피고 병원 담당의는 심장초음파, 관상동맥조영술, 흉부전산화단층촬영 등의 검진 결과로 환자에게 관상동맥폐쇄성질환 증세가 있는 것을 확인

날짜	시간	사건 개요
		= 다만 관상동맥 협착 정도가 10% 미만으로 경증이고, 심장 초음파결과는 정상이며, 입원기간 중 환자 흉통이 안정된 것 등을 감안하여 수술 요법이 아닌 약물요법으로 환자를 치료하기로 결정
2003. 05. 30.		• 환자에게 다음 약제를 9일간 복용하도록 처방한 후 퇴원

혈관확장제 헤르벤	혈관확장제 시그마트	위장약 에이치투
30mg	5mg	200mg

날짜	시간	사건 개요
2003. 06. 07.		• 환자는 퇴원 후 피고병원에 내원하여 외래진료를 받으면서 가슴부위의 둔한 통증을 호소 = 담당의사는 퇴원 당시와 같은 약제를 30일간 복용하도록 처방
2003. 06. 23.		• 환자는 피고 병원에 내원하여 외래진료를 받으면서 가슴부위의 잦은 통증 호소 = 담당의사는 흉통을 줄여주기 위해 기존의 처방약에 추가하여 혈관확장제 임듈과 이소켓스프레이를 복용하도록 처방 함
2003 07. 07.		• 담당의사는 종전과 같은 약제를 30일간 복용토록 처방
2003. 08. 11.		• 흉통의 발생빈도를 줄여주기 위해 60일분의 약제를 처방하면서 퇴원 당시의 투약처방에 추가하여 다음 약제를 복용토록 처방

혈관확장제				혈압강하제		혈관확장 및 혈압강하제	소화기관제	응급처치용 혈관확장제
임듈	몰시톤	시그마트	바스티난	딜라트렌	트리파몰	스프렌딜	포리부틴	니트로링구알스프레이
60mg	4mg	5mg		12.5mg	15mg	5mg	100mg	12.2ml

날짜	시간	사건 개요
2003. 08. 26~ 2003. 10. 07.		• 환자는 피고병원에서 협심증 및 고혈압에 대한 약물치료를 받으면서 좌측 아래 복벽부위의 종괴에 대한 수술을 받음
2003. 09. 01		• 이른 아침 환자가 3분가량 지속되는 흉통을 호소하자 담당의사는 혈관확장제 시그마트 5mg, 혈압강하제 타나트릴 5mg을 추가로 처방
2003. 09. 22		• 혈액검사 시행
2003. 10. 08.		• 담당의사는 환자로부터 가슴통증이 사라졌다는 말을 듣고 혈관확장제를 증량하여 다음 약제 등을 15일간 복용토록 처방

혈관확장제				혈압강하제			소화기관제	혈관확장 및 혈압강하제
몰시톤	바스티난	시그마트	임듈	트리파몰	딜라트렌	타나트릴	포리부틴	스프렌딜
20mg	20mg	5mg	60mg	15mg	12.5mg	5mg	100mg	5mg

날짜	시간	사건 개요
2004. 10. 22~ 2004. 06. 23		• 다음 약제 등을 60일간 복용하도록 처방 표1
2004. 07. 27.		• 스트레스로 인한 협심증의 발작 예방 등을 위해 혈관확장제 바스티난 20mg과 정신신경제 부스파 10mg을 추가로 처방
2004. 08. 31.		• 담당의사는 환자가 증상의 호전은 있으나 간헐적인 흉통을 호소하므로 60일분의 다음 약제 등을 처방 표2 • 환자는 약물 치료를 받는 과정에서 음주 및 흡연 습관을 중단하여 당시 체중이 다소 늘어난 상태임
		• 담당의사의 이직으로 담당의사 변경
2004. 10. 26.		• 환자에 대하여 그 동안의 처방 약제를 대폭 줄여 처방 • 처방 이전 별다른 검사를 실시하지 않음 표3
2004. 10. 26.~ 2004. 10. 27.		• 병원 의사의 처방대로 약을 복용
2004. 10. 27.	23 : 50	• 갑자기 흉통과 호흡곤란증세를 보이며 의식을 잃고 쓰러짐
2004. 10. 28.		• B병원에서 01 : 13경까지 응급심폐소생술을 시술받고 의식이 불명인 상태로 병원으로 이송되어 치료받았으나 심폐소생술이 실시되기 전에 발생한 저산소증으로 인해 뇌손상을 입음
2004. 11. 05		• 병원에서 C병원으로 전원
2005. 05. 13		• D병원에서 치료를 받고 있음 • 저산소증 뇌병변증으로 전반적인 뇌기능이 저하되어 의식 저하, 인지기능 저하, 언어 및 연하 장애, 경직성 불완전 사지마비 등의 증상과 함께 관절구축과 전신적 근위축이 동반되어 있어 의학적으로 호전의 가능성은 미미하며, 여생 동안 지속적으로 약물요법 및 재활치료, 합병증 예방을 위한 의학적 관찰 및 추적관리가 필요한 상태임

표1 (2004. 10. 22~2004. 06. 23 처방):

혈관확장제				혈압강하제		소화기관제
임듈	시그마트	바스티난	몰시톤	트리파몰	타나트릴	포리부틴
60mg	5mg	20mg	20mg	15mg	5mg	100mg

표2 (2004. 08. 31. 처방):

혈관확장제				혈압강하제		혈관확장 및 혈압강하제	소화기관제	정신신경제
임듈	몰시톤	시그마트	바스티난	딜라트렌	트리파몰	스프렌딜	포리부틴	부스파
60mg		5mg	20mg	12.5mg	15mg	5mg	100mg	10mg

표3 (2004. 10. 26. 처방):

혈관확장제 및 혈압강하제 스프렌딜	혈압강하제 켈론	신경안정제 자낙스	순환제 아스트릭스
5mg	10mg	0.25mg	100mg

2. 법원의 판단

가. 법원 판단의 근거

(1) 환자는 2003년 5월 28일 갑자기 흉통을 호소하여 A병원을 통해 병원 응급실로 입원한 이후 1년 5개월간에 걸쳐 병원에서 진료를 받는 동안 일시 흉통이 완화되기는 하였으나 간헐적인 흉통은 지속되는 불안정성 협심증을 앓고 있었다.

(2) 병원은 환자의 흉통 완화를 위해 지속적으로 혈관확장제, 혈압강하제, 소화기관제 등의 투약량을 증가시켰으며, 스트레스로 인한 협심증의 발작을 예방하기 위하여 정신신경제까지 처방한 상태로, 2004년 10월 26일 환자에 대하여 약제의 용량을 줄이기 전에 혈관촬영, 심초음파검사 등을 통해 환자의 증상을 정밀하게 진단하여 투약의 감소여부를 신중하게 결정할 필요가 있었다.

(3) 최소한의 약물의 효과를 판독하기 위한 운동부하검사 혹은 방사선 동위원소 검사 등을 시행할 필요가 있었음에도, 병원 담당의사는 환자에 대하여 아무런 검사도 실시하지 않은 채 만연히 투약량을 급격히 감소시킨 잘못이 있다.

나. 병원 측의 주장: 법원 불인정

환자의 증세가 안정성 협심증이었다고 인정하기 부족하며 이를 인정할 증거 또한 없다. 환자는 병원에서 외래진료를 받는 과정에서 담당의사에게 간헐적으로 흉통이 있음을 지속적으로 호소하였고, 첫 담당의는 환자의 흉통완화를 위해 계속적으로 혈관확장제, 혈압강하제 등을 증량하여 처방하였으며, 환자가 2003년 5월 28일 병원 응급실에서 불안정성 협심증으로 진단받았고, 급작스런 투약 감소가 환자의 협심증을 악화시켰을 개연성이 있다.

다. 인과관계

혈관확장제, 혈압강하제 등의 투약량이 대폭 감소된 2004월 10월 26일로부터 단 하루 만에 호흡곤란으로 의식을 잃은 점에 비추어 시간적으로 다른 원인이 개입할 여지가 있다고 보기 어렵다.

3. 손해배상범위 및 책임 제한

가. 의료인 측의 손해배상책임 범위: 25%

나. 제한 이유

(1) 환자에게는 병원에 내원하기 이전부터 불안정성 협심증, 고혈압 등의 증세가 있었을 뿐만 아니라 과거에 음주 및 흡연습관도 있었던 점

(2) 환자가 신속한 응급소생술을 받지 못한 것이 중한 결과의 한 요인이 되는 점

다. 손해배상책임의 범위: 총 124,777,396원(제1심, 항소심(결정) 동일)

(1) 일실수입: 8,983,559원(35,934,239원의 25%)

(2) 향후치료비: 3,370,020원(13,480,093원의 25%)

(3) 개호비: 64,721,776원(258,887,107원의 25%)

(4) 위자료: 14,000,000원

4. 사건 원인 분석

이 사건은 관상동맥폐쇄성질환으로 진단받은 42세 여성이 약물요법으로 약 1년 5개월가량 치료를 받았으나, 담당의가 바뀌면서 줄어든 약제를 처방받은 이후 흉통과 호흡곤란 증세를 보이며 의식을 잃고 쓰러진 뒤 저산소증으로 인한 뇌손상을 입은 사건이다. 이 사건과 관련된 문제점 및 원인을 분석해본 결과는 다음과 같다.

첫째, 환자는 담당의사가 바뀌면서 복용약이 대폭 줄어들었으나 변경된 복용약제 및 치료에 대해 인지하지 못하고 의료진의 처방에 그대로 따랐으므로 자신이 복용하고 있는 약제와 관련된 지식이 부족한 것으로 분석된다.

둘째, 변경된 담당의는 약제의 용량을 줄이기 전 환자의 상태를 정밀하게 진단하지 않았다. 법원은 최소한의 약물의 효과를 판독하기 위해 운동부하검사 혹은 방사선 동위원소 검사 등을 시행할 필요가 있었음에도, 병원 담당의사는 아무런 검사도 실시하지 않은 채 투약량을 급격히 감소시킨 잘못이 있다고 판단하였다. 그러나 약물의 효과는 7일정도 지속되기 때문에 처방약제의 감소가 직접적인 사고원인이 아닐

수 있으며 혈압강하제를 줄이는 경우, 오히려 혈압을 높이기 때문에 심근경색을 유발하지는 않으며 처방 약제를 복용한지 하루 뒤(2004. 10. 27.) 23시 50분경에 환자가 흉통과 호흡곤란증세를 보인 것은 심장에 무리가 갈 수 있는 활동을 일과시간에 하지는 않았는지 심근경색의 유발요인을 확인하는 것이 필요하다는 자문의견이 있었다.

셋째, 담당의가 변경된 후 처방약제가 급격히 감소된 것으로 보아 의료기관 내에는 담당의 변경 시 필수적으로 전달되어야 할 환자의 정보에 대한 인수인계절차가 미비한 것으로 판단된다(〈표 16〉 참조).

〈표 16〉 원인분석

분석의 수준	질문	조사결과
왜 일어났는가? (사건이 일어났을 때의 과정 또는 활동)	전체 과정에서 그 단계는 무엇인가?	−약물처방 단계(관상동맥폐쇄성질환으로 진단받은 환자가 약물요법으로 약 1년 5개월가량 치료를 받았으나, 담당의가 바뀌면서 줄어든 약제를 처방받은 이후 합병증이 발생함)
가장 근접한 요인은 무엇이었는가? (인적 요인, 시스템 요인)	어떤 인적 요인이 결과에 관련 있는가?	• 환자 측 −담당의사가 바뀌면서 복용약이 대폭 줄어들었으나 환자는 변경된 복용약제 및 치료에 대해 인지하지 못함 • 의료인 측 −변경된 담당의는 약제의 용량을 줄이기 전 환자의 상태를 정밀하게 진단하지 않음
	시스템은 어떻게 결과에 영향을 끼쳤는가?	• 의료기관 내 −인수인계 절차 미비 • 법·제도 −담당의 변경 시 활용할 수 있는 EHR(전자건강기록시스템) 제도 부재

5. 재발 방지 대책

원인별 재발방지 사항 제안은 〈그림 16〉과 같으며, 각 주체별 재발방지 대책은
아래와 같다.

〈그림 16〉 판례 16 원인별 재발방지 사항 제안

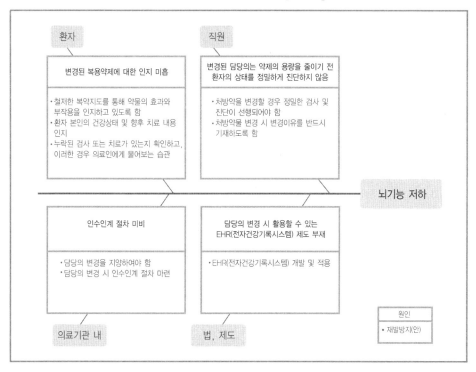

(1) 환자 측 요인에 대한 검토사항

환자는 스스로 본인의 건강상태 및 향후 치료 내용에 대해 인지하고 있어야 하
며 처방이 누락되거나 잘못된 진료에 대해서는 다시 한 번 담당의에게 확인을 받는
것이 필요하다. 뿐만 아니라 담당의 변경 후 실시되는 재검사 및 기타 의료행위에 협
조하도록 해야 한다.

(2) 의료인의 행위에 대한 검토사항

담당의 변경 시 변경 전 의료인은 환자와 관련된 모든 의학적 사항에 대하여 기록하고 후임 담당의에게 전달해야 한다. 인계를 받은 후임 의료인은 환자와 관련된 모든 사항을 재확인해야 한다. 환자의 협조를 유도하여 필요한 검사를 재실시해야 하며 처방 약제를 변경할 경우에는 사전에 투여하였던 약품 확인과 함께 정밀한 검사가 선행되어야 한다. 더불어 처방약물 변경 시 변경이유를 반드시 기재하도록 하여야 한다.

(3) 의료기관의 운영체제에 관한 검토사항

의료기관은 담당의 변경을 되도록 지양하여야 하며 부득이하게 담당의를 변경할 경우에는 환자와 관련된 모든 의학적 사항에 대한 인계 절차를 마련하여 환자정보가 누락되지 않도록 하여야 한다.

(4) 국가·지방자치단체 차원의 검토사항

환자가 이용하는 의료기관이 변경될 경우 각 의료기관에서 환자의 정보를 공유할 수 있도록 하는 EHR(전자건강기록시스템)을 개발하여 적용할 수 있도록 한다.

판례 17. 심부정맥혈전증 환자의 약물 투여 후 경과 관찰 소홀로 인한 뇌출혈로 사망에 이른 사건_서울중앙지방법원 2009. 1. 7. 선고 2008나29221 화해권고결정

1. 사건의 개요

오른쪽 다리가 붓고 통증이 있어 병원에 내원한 환자가 심부정맥혈전증을 진단받았고 환자는 혈소판 응집억제제 등을 복용하던 중 혈전용해제를 투여 받았다. 약물투여 시 정해진 용량이 지켜지지 않았다. 이후 의료진이 부작용을 일으킬 항응고제 및 혈전용해제 등의 약물을 환자에게 투여하고도 경과 관찰을 소홀히 하여 환자가 뇌출혈로 사망한 사건[서울중앙지방법원 2008. 7. 23. 선고 2007가단6220 판결, 서울중앙지방법원 2009. 1. 7. 선고 2008나29221 화해권고결정]이다. 자세한 사건의 경과는 다음과 같다.

날짜	시간	사건 개요
		환자: 이 사건 사고당시 만 73세
		피고 1: 모대학 부속병원(이하 '병원')
		피고 2: 의대 교수, 피고 3전공의
2006. 10월 중순		• 오른쪽 다리가 붓고 통증이 있어병원에서 외래검사 실시 = 심부정맥혈전증 진단
2006. 11. 01.		• 병원 입원 = 혈액응고검사를 실시 = 혈소판 응집억제제(아스피린) 처방 및 복용 시작
2006. 11. 02.		• 정맥에 필터를 설치하는 수술 시행 • 항응고제(와파린) 복용 시작
		• 입원 이후 위와 같은 치료를 거쳐 환자의 증상은 다소 호전되고 통증 역시 완화
2006. 11. 03	17 : 00	• 혈압과 맥박 측정
2006. 11. 04	00 : 34	• 혈전용해제(유로키나제) 630만 단위 10gtt 속도로 투여
	05 : 10	• 혈압과 맥박 측정
	06 : 10	• 투여 중 환자에게 뇌출혈 발생
2006. 11. 05.	11 : 12	• 뇌출혈에 대한 치료에도 불구하고 회복하지 못한 채 뇌간내 출혈로 인한 뇌연수마비로 사망

2. 법원의 판단

가. 법원 판단의 근거

투여의 필요성이 크게 인정되지 않고 환자에게 부작용의 위험성이 큰 약물인 유로키나제를 투여하면서, 정해진 용량을 초과하여 투여하고도 그에 대한 경과관찰을 소홀히 함으로써 환자로 하여금 뇌출혈을 일으켜 사망에 이르게 한 과실이 있다.

나. 투여의 필요성: 법원 인정

(1) 유로키나제는 혈전을 용해하는 약물로서 출혈성 뇌경색의 부작용을 수반할 가능성이 있다.

(2) 유로키나제는 심부정맥혈전의 경우 사용의 이익이 확실하지 않아 합병증인 폐색전이 확인되거나 지속적인 저혈압과 저산소증을 보일 경우를 제외하고는 이를 사용하지 않는 것이 일반적이다.

- 환자는 입원 이후 11/2, 11/3에 다리의 통증이 없고 증상이 호전되는 양상에 있었으므로, 유로키나제의 조기 투여 적응증에 해당한다 할 수 없다.

다. 용량의 초과: 법원 인정

(1) 유로키나제를 투여한다고 하더라도 환자는 말초동·정맥색전 환자이므로 초기 1일 동안 5만~25만 단위를 투여하고 그 이후 7일간 양을 줄여가며 투여하였어야 함에도 위급한 폐색전 환자에게 투여하는 양에 버금가는 양을 단기간에 투여하여 (630만 단위를 10gtt의 속도로 5시간 30분 정도 투여하였으므로, 총 투여량은 140만 단위 정도), 정하여진 요법을 지키지 않았다.

(2) 환자는 당시 혈소판 응집억제제와 항응고제를 투여하고 있어 출혈의 가능성이 훨씬 높아진 상태였으므로, 당연히 투여량을 조절하였어야 함에도 오히려 약전에 정하여진 용량을 늘려 투여하였으나, 병원은 어떠한 필요에서 그와 같은 용량을 투여하였는지에 대해 아무런 주장·입증이 없다.

(3) 의사에게 치료방법의 선택에 대한 재량이 보장되어야 함을 고려한다고 하더라도 투여의 필요성이 크지 않은 환자에 대하여 부작용의 위험성이 큰 약물을 투여

하면서 필요한 용량을 초과하여 투여한 것은 치료방법의 선택에 있어 과실이 없다고
할 수 없다.

라. 투여시의 경과관찰 등: 법원 인정

○ 병원 측의 주장

− 뇌출혈 발생 이후의 환자에 대한 혈액응고검사결과가 전반적으로 정상치를
   유지하고 있어 위 검사를 하지 않은 것이 결과에 어떠한 영향을 미치지 못하
   였을 것이다.

○ 법원의 판단

(1) 유로키나제는 뇌출혈이라는 중대한 부작용을 초래할 가능성이 있는 약물이
므로, 그 투여시에도 주의 깊게 경과관찰을 하여야 한다.

− 병원에서는 환자가 입원한 11월 1일에 한차례 혈액응고검사를 한 이후 환자
   에게 뇌출혈이 발생할 때까지 한번도 추가로 혈액응고검사를 하지 않았다.

− 환자에 대하여 유로키나제를 투여하면서 아무런 모니터링도 하지 않았다.(11
   월 3일 17:00경 혈압과 맥박을 측정하고, 심야시간대인 11월 4일 00:34경 유로키나제
   의 투여를 시작한 뒤 그로부터 4시간이 경과한 11월 4일 05:10경 혈압과 맥박을 측정,
   위 두 차례의 활력징후 측정은 유로키나제의 투여에 대한 모니터링이 아니라 통상 입
   원환자에 대한 정기적인 활력징후의 측정으로 볼 것이다)

(2) 고령으로 이미 혈소판 응집억제제와 항응고제를 투여하고 있어 출혈의 가능
성이 훨씬 높아진 환자에게 위와 같은 시간대에 투여를 시작하고 아무런 모니터링을
하지 않은 점에 대해서는 병원의 투여 시 경과관찰에 있어 중대한 과실이 있다고 하
지 않을 수 없다.

3. 손해배상범위 및 책임 제한

가. 의료인 측의 손해배상책임 범위: 70%

나. 제한 이유

(1) 심부정맥혈전의 경우 폐색전으로 증상이 악화되는 경우가 있어 이를 예방하기 위하여 혈전용해제를 사용하는 것이 일반적인 것은 아니라고 하더라도 전혀 근거가 없는 치료방법은 아닌 점

(2) 따라서 이와 같이 환자의 치료를 위한 시술을 하다 부작용이 발생한 경우 그로 인한 손해를 병원으로 하여금 모두 배상하게 하는 것은 의료행위 자체가 내포하고 있는 위험성을 병원에만 그대로 전가하는 것이 되는 점

다. 손해배상책임의 범위

○ 제1심: 총 46,688,179원
  (1) 일실수입: 13,367,400원(13,697,400원의 70%)
  (2) 장례비: 2,100,000원(3,000,000원의 70%)
  (3) 위자료: 35,000,000원
○ 항소심: 총 42,000,000원(화해권고)
  (1) 위로금: 42,000,000원

4. 사건 원인 분석

이 사건은 오른쪽 다리가 붓고 통증이 있어 병원에 내원한 환자가 심부정맥혈전증을 진단받고 혈소판 응집억제제 등을 복용하던 중 혈전용해제를 투여 받고 뇌출혈로 사망한 사건이다. 이 사건과 관련된 문제점 및 원인을 분석해본 결과는 다음과 같다.

첫째, 환자는 당시 혈소판 응집억제제제와 항응고제를 투여하고 있어 출혈의 가능성이 훨씬 높아진 상태였으므로, 당연히 투여량을 조절하였어야 함에도 오히려 약전에 정하여진 용량을 늘려 투여하였고, 의료진은 어떠한 필요에서 그와 같은 용량을

투여하였는지에 대한 근거가 부족하다. 심부정맥혈전증 환자에서 유로키나제의 사용은 심한 근위부 하지혈전증이나, 대퇴골정맥 혈전증이 극심한 증상에 하지 부종이나 하지 허혈을 동반한 경우에 한해 적용되는데 이 사건에서처럼 용량이 초과 된 이유가 처방의 오류나 투약의 오류 등을 생각할 수도 있으나 추측일 뿐 위의 내용만 가지고 판단하기 어렵다는 자문의견이 있었다.

둘째, 잘못된 약물을 처방하였거나 의료인 간 커뮤니케이션 실패로 인해 잘못된 처방의 수행, 잘못된 용량의 약물 처방, 그리고 루틴하게 처방되는 약물로 인한 투약 사고로도 해석해 볼 수 있다. 이유가 명확하지 않은 약물의 처방이 났다면 실시자(간호사)는 처방의에게 이중 확인해야 할 의무가 있으나 이 사건의 경우 이러한 과정 없이 투여되어 환자의 합병증을 막지 못한 것으로 분석된다.

셋째, 약물 투여 시 경과관찰을 하여야 하며, 특히 중대한 부작용을 초래할 가능성이 있는 약물의 경우 더 주의 깊게 관찰하여야 한다. 환자는 고령으로 이미 혈소판 응집억제제와 항응고제를 투여하고 있어 출혈의 가능성이 훨씬 높아진 상황에서 투여를 시작하고 아무런 모니터링을 하지 않은 점에 대해서는 병원의 투여 시 경과관

〈표 17〉 원인분석

분석의 수준	질문	조사결과
왜 일어났는가? (사건이 일어났을 때의 과정 또는 활동)	전체 과정에서 그 단계는 무엇인가?	– 약물 투여 단계(환자는 혈소판 응집억제제와 항응고제를 투여하고 있어 출혈의 가능성이 훨씬 높아진 상태였으며 증상이 호전되는 상태임에도 불구하고 혈전용해제인 유로키나제를 약전에 정해진 용량보다 늘려 투여함) – 약물 투여 후 경과관찰 단계(유로키나제는 투여 후 환자에게 뇌출혈이 발생할 때까지 한번도 추가로 혈액응고검사를 하지 않았으며 통상적인 활력징후만을 측정함)
가장 근접한 요인은 무엇이었는가? (인적 요인, 시스템 요인)	어떤 인적 요인이 결과에 관련 있는가?	• 환자 측 – 해당사항 없음 • 의료인 측 – 약물투여의 근거가 부족하며 정해진 용량을 지키지 않음
	시스템은 어떻게 결과에 영향을 끼쳤는가?	• 의료기관 내 – (추정) 병동 내 약품 매뉴얼 및 투약 지침서 부재 • 법·제도 – (추정) 약물투약과 관련된 표준지침서 배포 및 교육 미비

찰에 있어 중대한 과실이 있다고 볼 수 있다

　넷째, 병동 내 약품의 정보 및 사용법과 관련된 매뉴얼이나 투약지침서가 마련되어 있지 않은 것으로 추정되며 각 의료기관에 약물투약과 관련된 표준지침서를 배포하고 관련된 사항에 대하여 의료진을 교육하는 제도가 미흡한 것으로 분석된다 (〈표 17〉 참조).

5. 재발 방지 대책

　원인별 재발방지 사항 제안은 〈그림 17〉과 같으며, 각 주체별 재발방지 대책은 아래와 같다.

〈그림 17〉　판례 17 원인별 재발방지 사항 제안

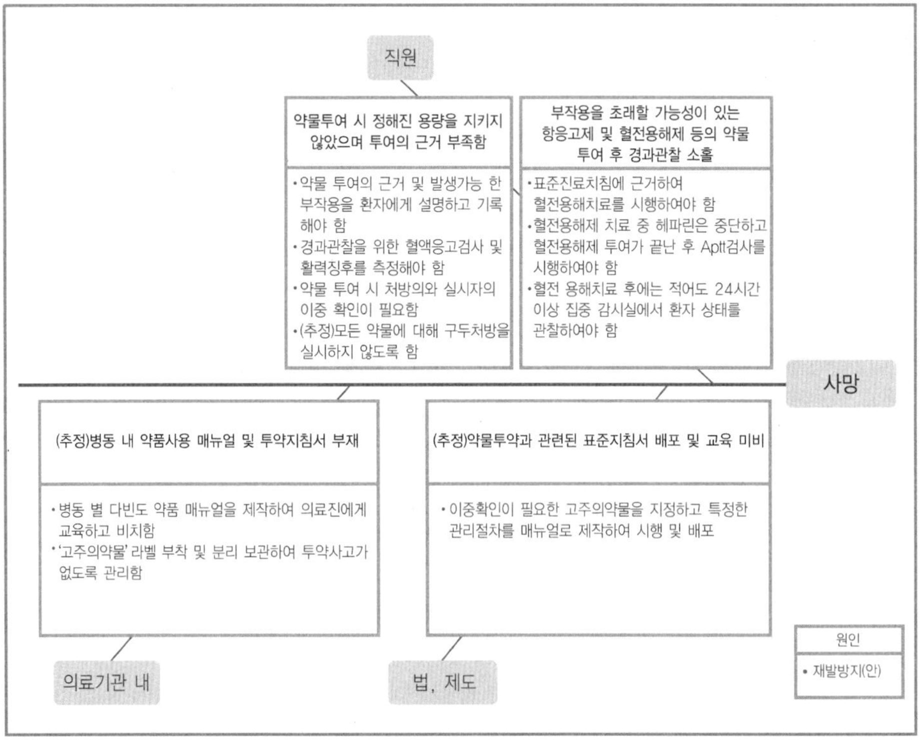

(1) 의료인의 행위에 대한 검토사항

의료인은 약물 투여 부작용의 위험성을 충분히 고려하여 투약을 결정하되, 투여 시 용량과 정해진 요법에 따라 투여하여야 하며, 정해진 용량 이상을 투여해야 할 경우 그 이유에 대해 정확히 명시해 두어야 한다. 또한 투여 전 투여의 적절한 근거 및 발생가능한 부작용과 관련된 모든 사항을 환자에게 설명해야하며 이를 반드시 기록해야 한다. 약물 처방에 의문이 있을 시 수행자(간호사)는 투약 전 처방의에게 다시 한 번 확인해야하며 고위험 약물을 사용할 경우 필수적인 이중 확인절차가 필요하다. 또한 약물은 전산 처방 후 실시하도록 하여 구두처방을 감소시키기 위한 노력이 필요하며, 고위험 약물은 구두처방이 불가능하도록 한다. 의료진은 모든 약물 투여 후 약물의 효과 및 부작용과 관련된 경과관찰을 하여야 하며, 특히 중대한 부작용을 초래할 가능성이 있는 약물(예: 혈전용해제)의 경우 좀 더 주의 깊은 관찰이 필요하다. 현재 혈전용해제 치료 후의 뇌출혈을 예방하기 위해 공인된 방법은 없으나 표준진료지침에 근거하여 혈전용해제 치료의 제외기준에 따라 환자를 선정하고 혈전용해치료 후 혈액응고검사 및 활력징후 측정을 통해 적절히 혈압을 조절해야 한다(수축기 혈압< 80 mmHg시 심인성 쇽 발생 가능). 또한 혈전용해제 치료 중 헤파린은 중단하고 혈전용해제 투여가 끝난 후 aPTT검사를 시행하여 정상 범위의 2배 이하로 감소하면 헤파린 투여를 부하용량 없이 재개할 수 있다. 혈전용해치료 후에는 적어도 24시간 이상 집중 감시실에 입원시켜 혈압, 맥박, 호흡 등의 활력징후를 모니터링 하는 것이 필요하다.

(2) 의료기관의 운영체제에 관한 검토사항

각 의료기관은 병동 별 가장 많이 사용하는 약제의 투여용량 및 임상에서 실제로 주의해야 할 부분 등을 내용으로 하는 '병동별 다빈도 약품 매뉴얼'을 제작하여 병동 내 비치하도록 한다. 더불어 임상에서 고위험 약물은 다시 한 번 검토하는 매뉴얼을 제작하여 시행하며, 투여 시에도 안전 지침에 따라 이중 확인, '고주의 약물' 라벨 부착, 분리보관 등 투약 사고가 없도록 관리하여야 한다. 고위험 약물 투여 후 주의깊은 환자 관찰에 대한 매뉴얼도 필요하다. 의료진을 대상으로 정기적인 의약품 사용과 관련된 원내교육을 실시해야 한다. 전산 상 고위험 약물을 처방할 경우 약품명이 붉은 색으로 보이거나 경고문구가 적힌 팝업창이 띄워지도록 하는 전산프로그램을 활용한다.

(3) 학회·직능단체 차원의 검토사항

협회는 진료과목별 약물투약과 관련된 표준지침서를 제작하여 각 의료기관에 배포해야하며 투약오류방지를 위한 정기적인 보수교육을 실시해야 한다.

(4) 국가·지방자치단체 차원의 검토사항

국가적으로 처방의와 실시자의 이중 확인이 필요한 고위험 약품을 지정하고 각 약물의 특정한 관리절차를 매뉴얼로 개발, 제작하여 의료기관 및 의료인이 활용할 수 있도록 배포하고 관련사항을 교육하도록 하는 제도적인 노력이 필요하다.

┃참고자료┃ 본 판결에서 참고하고 있는 의학적 소견1)

- 심부정맥혈전증은 혈관 안에서 액체 상태로 흘러야 할 피가 고체로 굳어서 피가 흐르지 못
하도록 혈관을 막는 질환으로, 주로 다리의 큰 정맥인 장골정맥, 대퇴정맥, 슬와정맥 등에
한쪽으로 침범한다. 제때 적절한 치료를 받지 못하면 폐동맥색전증이나 만성정맥허혈 등 심
각한 합병증이 생길 수 있다.

- 심부정맥혈전의 치료는 폐동맥색전과 만성정맥허혈을 예방하기 위한 것으로 혈전증에 대한
치료와 정맥압을 낮추는 치료를 병행하는데, 원인이 있는 경우에는 원인에 대한 치료를 같이
해야 한다. 초기에는 혈액응고방지제인 헤파린을 주사로 투여하고 장기적으로는 경구용제인
와파린을 복용시키는 것이 일반적이다.

- 유로키나제는 혈전을 용해하는 약물로서 출혈성 뇌경색의 부작용을 수반할 가능성이 있어
통상 급성심근경색이나 폐색전이 확인될 경우 사용하게 된다. 심부정맥혈전의 경우에는 폐
색전의 예방 등 차원에서 이를 사용하는 예도 없지는 않으나 사용의 이익이 확실하지 않고
앞서 말한 바와 같이 출혈로 인한 심각한 부작용의 가능성이 있기 때문에 사용하지 않는 것
이 보통이며, 다만 합병증인 폐색전이 확인되거나 지속적인 저혈압과 저산소증을 보일 때 사
용하게 된다.

- 유로키나제는 급성심근경색의 경우에는 50~100만 단위를 관상동맥 내에 주입하거나 30분
간 정맥주사하고, 폐색전의 경우에는 초회량으로 체중 kg당 4,400단위를 10분동안 투여하
고, 유지량으로 kg당 4,400단위/시간을 12시간 투여하며, 단순한 말초동·정맥색전의 경우
에는 초기 1일 동안 5만~25만 단위를 투여한 후 천천히 감소하여 약 7일간 투여한다.

- 유로키나제의 투여 시에는 출혈여부, 과민반응 등 부작용의 발생이나 혈압, 맥박의 변동을
수시로 확인하거나 모니터링 하는 것이 필요하다. 또한 유로키나제를 혈소판 응집억제제나
항응고제를 투여 받고 있는 환자 및 고령자에 대하여 사용할 때에는 출혈의 가능성이 증가
하므로 신중한 투여를 요한다.

---

1) 해당 내용은 판결문에 수록된 내용임.

제6장

기 타

판례 18. 환자에게 뇌지주막하출혈의 가능성을 강력하게 주의시키지 않고 상급병원 전원도 권유하지 않은 상태에서 갑작스런 뇌지주막하출혈로 환자가 사망에 이른 사건_서울고등법원 2006. 5. 30. 선고 2005나20219 판결

1. 사건의 개요

혈압강하제를 5일간 복용하지 않던 환자가 약물치료를 받고 퇴원한 후에 갑작스런 두통을 호소하며 의식을 잃어 뇌지주막하출혈로 사망에 이른 사건[인천지방법원 2004. 11. 3. 선고 2003가합12089 판결, 서울고등법원 2006. 5. 30. 선고 2005나20219 판결]이다. 자세한 사건의 경과는 다음과 같다.

날짜	시간	사건 개요
		환자: 사고당시 51세, 남자, 육상운송 및 파이프라인 운송업자 피고: 내과의원
1998. 09. 04.	오전 경	• 환자 콘테이너 하치장에서 하차대기 중 갑자기 구토와 심한 두통 및 의식이 소실되는 등의 증상을 보임
	14 : 00	• 동료의 부축을 받아 피고 병원 내원 • 환자는 1993년부터 고혈압으로 혈압강하제를 복용하여 왔으나 5일전부터 혈압강하제를 복용하지 못하고 있었음

날짜	시간	사건 개요
1998. 09. 04.		• 피고 병원 내원 당시 동료가 환자에게 고혈압의 병력이 있음을 피고(의원)에게 고지하였음 • 혈압측정 결과: 140/100mmHg

		• 환자의 증상 및 발병양태를 문진하고 신경학적 검사시행
		 = 뚜렷한 뇌막자극 증상이 나타나지 않자 일단 뇌혈관장애 의증
		   (R/O CVA, Cerebral Vascular Accident)으로 진단
		• 일시적인 뇌혈류장애로도 위와 같은 증세를 보일 수 있다는 판단
		  하에 수액제 및 안정제를 투여하며 3시간 정도 경과 관찰
		
		    5% 포도당 수액제
		
		| 5% 포도당 수액제	

---	---
바륨	안정제
덱사메타손	부신피질호르몬제	
	17 : 00경	• 혈압 및 환자 상태가 별다른 변화가 없어 퇴원, 혼자서 집으로 돌아감 • 안정을 취한 후 다음날 아침에 종합병원으로 가서 정밀검사를 하는 것이 좋겠다는 취지의 말을 하였음
1998. 09. 05	06 : 30	• 기상하여 운동
	07 : 00	• 갑자기 두통 호소, 의식 소실 증세를 보임
	07 : 30	• 119 구급차 이용하여 인근 대학병원 응급실 내원 • 신경학적 검사, 뇌 CT, 뇌혈관조영술 시행 결과 뇌동맥류 파열 및 지주막하출혈 발견
1998. 09. 08	23 : 26	• 뇌지주막하출혈(선행사), 뇌부종(중간사), 뇌간부전(직접사)로 사망

2. 법원의 판단

가. 문진을 소홀히 한 과실이 있다는 주장에 관한 판단: 법원 불인정

피고(의원)가 환자와 동행한 동료로부터 망인에게 고혈압의 병력이 있다는 사실을 듣고 혈압을 측정하고, 환자의 현재 증상 및 발병양태 등을 문진하고 나아가 신경학적 검사를 시행한 바, 피고(의원)가 환자에 대한 문진을 시행하면서 주의의무를 해태하였음을 인정할 아무런 증거가 없다.

나. 고혈압에 대하여 적절한 조치를 취하지 않은 과실이 있다는 주장에 관한 판단: 법원 불인정

내원 당시 환자의 혈압은 경도의 고혈압이었으며, 약 3시간 정도 보존적 치료를 시행한 결과 별다른 이상이 없었다. 이러한 경우 혈압강하제를 투여하는 등의 처치를 할 필요성은 없었던 것으로 보인다.

다. 필요한 검사의 미실시 및 재출혈을 야기한 과실이 있다는 주장에 대한 판단: 법원 불인정

피고 병원은 1차 의료기관이며 진료과목이 뇌혈관장애를 전문적으로 다루는 신경외과가 아니라 내과인 병원으로 위와 같은 정밀검사를 실시하거나 지주막하출혈에 대한 수술적 치료를 할 수 있는 기구가 갖추어져 있지 않았으므로 피고(의원)에게 위와 같은 정밀검사나 수술적 치료를 할 것을 기대할 수는 없다.

라. 전원의무를 위반하였다는 주장에 대한 판단: 제1심(법원 인정), 항소심 (법원 불인정)

뇌동맥류 파열에 의한 지주막하출혈의 경우 뇌혈관 이상으로 인한 질병의 심각성을 감안하여 볼 때 환자가 내원할 당시 뇌혈관질환에 대한 확진이 가능한 설비가 갖추어져 있는 상급병원으로 전원 할 필요성은 인정된다.

뇌혈관장애를 전문적으로 다루지 않는 내과의사인 피고(의원)가 환자에게 보존적 치료를 한 후 환자는 혼자서 걸어서 퇴원할 정도로 회복된 점, 환자가 퇴원한 시간이 17:00경으로 상급병원으로 가도 곧바로 정밀검사를 받을 수 있다고 보기 어려운 점과 같은 사정들을 고려하여 환자의 안정을 취한 후 다음날 아침에 상급병원에 갈 것을 권유하였다면 피고(의원)로서는 1차 의료기관으로서의 주의의무를 게을리 했다고 보기 어렵다.

또한 환자는 상급병원에 갈 때까지 안정을 취하라는 피고(의원)의 권고를 무시하고 아침에 일어나 운동을 하다 재출혈을 유발하였고, 환자가 피고 병원에서 곧바로 상급종합병원으로 전원 되었다 하더라도 그 의료기관에서 그 다음날 아침의 환자의 재출혈로 인한 사망을 방지할 수 있었다고 보이지 않는다.

3. 손해배상범위 및 책임 제한

가. 의료인 측의 손해배상책임 범위: 30%(제1심) → 불인정(항소심)

나. 제한 이유

(1) 뇌동맥류 파열에 의한 지주막하출혈은 선천적으로 혈관벽에 이상이 있는 경우 등에 발생하며 그 증상이 급격히 발생할 뿐만 아니라 사망률도 상당히 높은 점

(2) 피고(의원)가 뇌혈관장애를 전문적으로 다루는 신경외과 전문의가 아니라 내과 전문의인 점

(3) 피고(의원)가 환자에게 신경학적 검사를 실시하였으나 뚜렷한 뇌막자극 증상이 나타나지 않은 점

(4) 환자의 상태 및 재출혈의 시간, 지주막하출혈의 진단 및 수술 등에 걸리는 시간 등을 고려하여 볼 때, 피고(의원)가 환자를 상급병원으로 전원 하였다고 하더라도 환자의 사망을 막을 수 있었다고 단정할 수 없는 점

다. 손해배상책임의 범위

○ 제1심: 총 52,914,509원

  (1) 일실수입: 37,914,509원(126,381,696원의 30%)

  (2) 위자료: 15,000,000원

○ 항소심: 불인정

4. 사건 원인 분석

이 사건에서 환자는 고혈압으로 5년 동안 복용해오던 혈압강하제를 5일 동안 복용하지 않던 중 갑작스런 구토와 심한 두통 및 의식 소실을 증상으로 피고 병원에 내원하였다. 환자는 안정제 등 약물 치료를 받고 3시간 동안 경과관찰 후 퇴원하였으나, 다음 날 아침 운동 중 갑작스런 두통을 호소하고 의식을 잃어 응급실에 내원 한 뒤 뇌지주막하출혈로 사망하였다. 이 사건과 관련된 문제점 및 원인을 분석해본 결과는 다음과 같다.

첫째, 고혈압으로 진단받은 환자가 의사의 진단 없이 자의에 의하여 혈압강하제를 복용중단 하였다. 또한 고혈압으로 인한 뇌혈류장애 의증에 대한 치료 후에도 별다른 변화가 없어, 안정을 취한 후 다음날 아침에 종합병원으로 가서 정밀검사를 받으라는 의사의 권고에도 다음날 아침 운동을 하였다. 이러한 환자의 행위는 자신이

〈표 18〉 원인분석

분석의 수준	질문	조사결과
왜 일어났는가? (사건이 일어났을 때의 과정 또는 활동)	전체 과정에서 그 단계는 무엇인가?	- 환자 관리 단계 - 전원 단계
가장 근접한 요인은 무엇이었는가? (인적 요인, 시스템 요인)	어떤 인적 요인이 결과에 관련 있는가?	• 환자 측 - 고혈압으로 진단받은 환자가 자의에 의한 혈압강하제 복용중단 - 고혈압으로 인한 뇌혈류장애 의증에 대한 치료 후에도 별다른 변화가 없어, 안정을 취한 후 다음날 아침에 종합병원으로 가서 정밀검사를 받으라는 의사의 권고에도 다음날 아침 운동을 함 • 의료인 측 - (추정) 질병관리(복약, 생활습관 관리 등)와 관련하여 환자에게 제공되는 교육 부족 - (추정) 고혈압진단 후 뇌혈류장애 의증에 대한 치료 후에도 환자상태에 대한 변화가 없음에도 불구하고 적절한 시술이 가능한 병원으로 전원조치하지 않음
	시스템은 어떻게 결과에 영향을 끼쳤는가?	• 의료기관 내 - (추정) 표준 진료권고안에 따른 진료 수행에 관한 효과적인 교육방법 부재 - (추정) 의료기관 내 질병관리와 관련된 건강정보자료의 배포 및 교육 미비 • 법·제도 - (추정) 올바른 건강정보를 인식시키기 위한 지원체계 부재 - (추정) 표준 진료권고안에 따라 진료할 수 있도록 하는 교육제도 및 지원체계 미흡

앓고 있는 질병의 심각성에 대해 의식하지 못하고 있으며 올바른 질병관리 방법을 인지하지 못하고 있는 것으로 판단된다.

둘째, 법원은 항소심에서 뇌동맥류 파열에 의한 지주막하출혈의 경우 뇌혈관 이상으로 인한 질병의 심각성을 감안하여 볼 때 환자가 내원할 당시 뇌혈관질환에 대한 확진이 가능한 설비가 갖추어져 있는 상급병원으로 전원 할 필요성은 인정되나 뇌혈관장애를 전문적으로 다루지 않는 내과의사인 피고(의원)가 환자에게 보존적 치료를 한 후 안정을 취한 후 다음날 아침에 상급병원에 갈 것을 권유하였다면 피고(의원)로서는 1차 의료기관으로서의 주의의무를 게을리 했다고 보기 어렵다고 판단하였다. 그러나 의료진이 고혈압진단 후 뇌혈류장애 의증에 대한 치료 후에도 환자상태에 대한 변화가 없음을 인지하여 적절한 시술이 가능한 병원으로 전원조치를 하였다면 사건의 발생을 막을 수 있었을 것으로 분석된다(〈표 18〉 참조).

5. 재발 방지 대책

원인별 재발방지 사항 제안은 〈그림 18〉과 같으며, 각 주체별 재발방지 대책은
아래와 같다.

〈그림 18〉 판례 18 원인별 재발방지 사항 제안

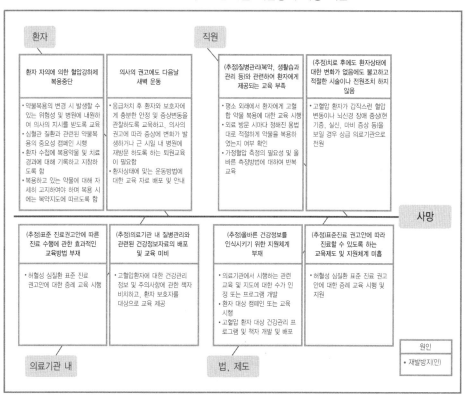

(1) 환자 측 요인에 대한 검토사항

고혈압 등 만성질환을 가지고 있는 환자는 진료 시 본인 스스로 복용약물 및 치
료경과에 대하여 환자수첩에 기록하는 습관을 가지도록 해야 하며 평소 이를 항상
지참하고 다니어 급작스럽게 병원에 내원하더라도 의료인이 문진 시 참고하도록 할
수 있다. 환자 또한 복용하고 있는 약물에 대해 의료진에게 자세히 고지하여야 하며

복용 시에는 복약지도에 따라 적절하게 복용하여야 한다.

(2) 의료인의 행위에 대한 검토사항

의료인은 문진 시 환자가 복용하고 있는 약물의 종류와 양, 그리고 제대로 복용하고 있는지에 대해 충분히 확인하여야 한다. 또한 외래진료 시, 가정혈압 측정의 필요성 및 올바른 측정방법에 대하여 반복적으로 교육해야 하며 혈압의 변동 시 환자 자의로 약물복용을 변경하였을 때 발생할 수 있는 위험성을 알리고, 반드시 병원에 내원하여 의사의 지시를 받도록 교육하여야 한다. 뿐만 아니라 평소 외래에서 환자에게 고혈압 약물 복용에 대해 구체적이며 반복적으로, 지속적인 교육을 하여야 하며 외래 방문시마다 정해진 용법대로 제대로 약물 복용을 하고 있는 지 반드시 확인하도록 한다. 고혈압 관리 도중 갑작스런 증상 변화 시 당분간 가급적 충분한 안정이 필요하다는 점을 반드시 환자나 동행한 보호자에게 교육시키고, 최대한 가까운 날짜에 다시 병원에 재방문하도록 세심한 주의와 교육이 필요하다. 의료진은 고혈압 병력이 있는 환자가 갑작스런 혈압 변동이나 뇌신경 장애 증상(현기증, 실신, 마비 증상 등)을 보일 경우 환자를 조속히 상급 의료기관으로 전원 하는 것을 고려하여야 한다.

(3) 의료기관의 운영체제에 관한 검토사항

의료진이 표준 진료지침에 근거하여 진료할 수 있도록 허혈성 심질환 표준 진료 권고안에 대한 증례 교육을 시행하여야 한다. 또한 고혈압환자에 대한 건강관리 정보 및 주의사항에 관한 책자를 의료기관 내 비치하고, 환자 보호자를 대상으로 교육을 제공하도록 하여 올바른 질병관리방법을 숙지할 수 있도록 한다.

(4) 국가·지방자치단체 차원의 검토사항

환자에게 효과적인 교육 프로그램을 개발하여야 하며 의료기관에서 시행하는 관련 교육 및 지도에 대한 수가를 인정하는 제도적인 지원이 필요하다. 또한 범국민적으로 심혈관질환의 관리에 대한 캠페인이나 교육을 시행하며 고혈압 환자를 대상으로 건강관리 프로그램 및 책자 개발하여 배포하도록 한다. 허혈성 심질환 표준 진료권고안에 대한 증례 교육 프로그램을 개발하여 시행하고 의료기관 내에서 원활히 시행될 수 있도록 교육지원체계를 구축하도록 한다.

┃참고자료┃ 본 판결에서 참고하고 있는 의학적 소견[1]

- 뇌동맥류란 두 개강내 동맥이 부분적으로 꽈리처럼 부풀어 오른 상태를 말하고, 선천적으로 혈관벽에 이상이 있거나 동맥경화증 등으로 인해 발생하는 경우가 대부분인데, 이러한 뇌동맥류가 고혈압, 과로, 음주, 정신적 스트레스 등으로 일시적으로 혈압이 높아지면 파열된다.
- 지주막하출혈은 뇌의 지주막과 연막 사이에 있는 지주막하강에 출혈이 발생하는 것을 말하며, 출혈원인으로 뇌동맥류 파열에 의한 것이 전체의 65% 가량을 차지하는 것으로 알려져 있다.
- 뇌동맥류 파열에 의한 지주막하출혈은 전구증상으로 두통, 뇌신경마비, 간질발작 등이 선행되기도 하나 약 90% 정도는 전구증상 없이 갑자기 발생하고, 극심한 두통, 경부강직, 오심, 구토, 사지마비, 시각장애, 언어장애, 경련 등 국소 신경증상을 동반하며 심한 경우 의식을 잃기도 한다.
- 뇌동맥류 파열에 의한 지주막하출혈의 자연경과는 내원 전에 15%의 사망률을 보이며 발병 후 시간에 따른 사망률은 1일에 32%, 1주일에 43%, 1개월에 56%, 6개월에 60%에 이른다. 일반적으로 파열된 뇌동맥류는 24시간 이내에 재출혈 가능성이 4.1%로 가장 높으며, 첫 주에 13%, 둘째 주에 12%, 셋째 주에 6%, 넷째 주에 6%의 재출혈률을 보이며, 재출혈시 사망률이 50~70%에 이른다. 1년 내에 약 50~60%의 환자에서 재출혈하며, 그 후엔 매년 3%씩 재출혈 확률이 증가한다.
- 지주막하출혈은 컴퓨터단층촬영술, 자기공명영상, 혈관조영술, 요추천자 등 객관적인 검사방법 만으로만 확진이 가능하며, 재출혈 발생 여부를 예측할 수 있는 객관적이고 직접적인 인자는 없는 것으로 알려져 있다. 이에 대한 보존적 치료로 혈압안정제, 진통제, 진정제 등으로 환자를 절대 안정시키고 뇌출혈에 의한 뇌압상승을 막기 위한 처치를 하고, 수술적 치료로 재출혈이 발생하지 않도록 뇌동맥류결찰술이나 뇌동맥류치환술 등을 실시한다.

---

1) 해당 내용은 판결문에 수록된 내용임.

판례 19. 뇌졸중과 당뇨병 과거력을 가진 환자가 관상동맥 조영술 및 중재술을 받던 중 심정지로 사망에 이른 사건_서울동부지방 법원 2010. 8. 26. 선고 2008가합20124 판결

1. 사건의 개요

뇌졸중과 당뇨병 과거력을 가진 환자가 관상동맥 조영술 및 중재술을 받던 중 심정지로 사망한 사건(설명의무 위반, 무정전 전원장치 미비 심혈관 조영술 1차 시술) [서울 동부지방법원 2010. 8. 26. 선고 2008가합20124 판결]이다. 자세한 사건의 경과는 다음과 같다.

날짜	시간	사건개요
		환자: 남자, 1961.생, 사고당시 47세, 기왕력: 뇌졸중, 당뇨병
		피고: 의료법인 병원(이하 '피고 병원'이라 한다)을 운영하는 법인
2004.		• 심근경색 발병
2005. 11.		• 뇌경색 증상으로 입원치료를 받음
2008. 6. 30.		• 왼쪽 팔과 다리가 저리는 증상으로 피고 병원 신경과에 내원하여 뇌경색 소견으로 입원함
2008. 7. 1. (화요일)		• 심전도검사 시행함
2008. 7. 3.		• 가슴이 답답하고 울렁거림증 호소
2008. 7. 5		• 심장내과에 협진을 의뢰함 = 심전도 검사결과: 이전의 심근경색을 시사하는 비정상 Q파가 V1 – V3유도에서, 비정상적인 T파의 역전이 V4 – V6와 I, aVL유도에서 각 관찰됨 = 좌심실 앞벽과 측벽의 심한 운동장애가 관찰됨 = 불안정 협심증 및 오래된 심근경색 의심 소견 = 항혈소판제인 아스피린과 플라빅스 처방함 = 심장초음파와 관상동맥 조영술을 시행할 것을 권유함
2008. 7. 7. (월요일)		• 심장초음파검사를 시행 = 결과: 좌심실박출률이 48%(정상 55% 이상)로 감소되었음 = 좌심실의 전벽과 측벽의 운동기능이 심하게 떨어져 좌심실의 수축기 능 이상 소견 보임

날짜	시간	사건개요
		• 환자의 아들에게 관상동맥 조영술 및 중재술 권유 • 관상동맥 조영술 및 중재술에 대해 설명함 〈설명내용〉 관상동맥 조영술은 특별한 방사선 장비와 TV 모니터를 갖춘 심혈관 조영실에서 시행되는 것으로 요골 또는 대퇴동맥을 통하여 가느다란 관을 심장까지 삽입한 다음 카데터를 통하여 방사선 조영제를 투여하여 촬영하는 것이고, 중재술은 이를 뚫고 확장하는 치료인데, 관상동맥 조영술 및 중재술의 합병증과 관련하여 전신 합병증으로 조영제 과민반응으로 인한 오심과 구토, 저혈압, 신장기능 저하, 쇼크와 시술 중 노폐물 이탈로 인한 혈전증이 생길 수 있고, 국소 합병증으로 요골동맥 주위의 멍이 생길 수 있으며, 요골동맥이 심한 동맥경화 등으로 요골동맥을 통한 검사가 불가능하여 대퇴동맥을 통하여 검사를 하게 되면 합병증의 빈도는 10%로 증가하며 수혈을 요하는 경우도 생길 수 있고, 급성심근경색이 올 경우 급사할 수도 있다고 설명함
	13 : 35	• 우측요골동맥에 국소마취 후 바늘로 천자함 • 요골동맥에 쉬쓰(sheath)관을 삽입함 • 항응고제인 헤파린을 3,000단위로 투여함
	13 : 43	• 관상동맥 조영술(coronary angiography)을 시행 • 관상동맥 조영 카테터 삽입 = 결과: 환자의 좌전하행지 근위부가 80% 협착 됨 = 자연적 박리(spontaneous dissection)가 일어남 = 좌전하행지 중간부는 완전 폐색(chronic total occlusion)된 상태임
2008. 7. 7.	14 : 00	• 유도철사 삽입
	14 : 25	• 2.0mm×15mm크기의 풍선도자를 각 삽입 후 니트로글리세린(nitroglycerin)을 투여함
〈정전 발생〉	14 : 41	• 1차 정전: 약 3초간 정전됨 • 비상발전기 가동되지 않았음
	15 : 06	• 2차 정전: 약 2분간 정전됨 • 심장혈관 조영술 장비에 연결된 컴퓨터가 다운되어 재부팅함 • 피고 병원 의료진은 1차 시술시 정전에 대하여 진료기록 어디에도 기재하지 않았음
	15 : 10	• 사건 1차 시술을 마침 • 우측요골동맥을 지혈함

날짜	시간	사건개요
		• 시술 종료 직후 혈압은 110/80mmHg, 맥박수는 63/min
		• 특이 증상을 호소하지 않음
		• 환자를 중환자실로 이동시키고 다음과 같은 약제를 처방함

		아스피린(aspirin)	
항혈소판제		아스피린(aspirin)	매일 투여
		플라빅스(plavix)	
뇌혈류 개선제		니세틸(nicetile)	매일 투여
소화제		뮤코스타(mucosta)	경구 투여
		알마겔(almagel)	
항응고제		클렉산(clexane) (60mg씩 2회/1일)	피하주사

날짜	시간	사건개요
		• 이 사건 1차 시술 당시 및 그 직후 피고 병원이 기록한 시술 장면 녹화 동영상이 존재하였으나, 같은 날 영상자료 전송장치에 고장이 있어 점검 수리하는 과정에서 위 장치에 안에 있던 영상이 모두 삭제되었음
2008. 7. 9.	15 : 25	• 관상동맥 조영술 및 중재술(이를 합하여 '이 사건 2차 시술'이라 한다) 시행함 • 우측 대퇴동맥 국소마취 및 천자 • 쉬쓰관을 삽입 후 헤파린 5,000단위를 정맥에 투여
	15 : 33	• 우측 관상동맥 조영술을 시행
	15 : 37	• 좌측관상동맥 카데터 삽입
	15 : 45	• 유도철사 삽입
	16 : 05	• 풍선도자로 관상동맥 협착 부위를 확장함
	16 : 10	• 2.75mm×33mm의 스텐트를 삽입 • 니트로글리세린 200마이크로그램(microgram)을 투여
	16 : 20	• 환자는 흉부불편감 및 오심을 호소함 • 의료진은 에피네프린(epinephrine)과 도파민(dopamine)을 투여하기 시작함
	16 : 25	• 심정지 발생하여 의료진은 심장마사지, 기관 삽관 및 인공호흡을 시행함 • 약물투여와 함께 전기제세동 치료를 하는 등 심폐소생술을 실시하였으나 환자의 심정지는 회복되지 않음
	18 : 45	• 허혈성 심질환(선행사), 심부전(중간 선행사), 심정지(직접사) 심정지로 사망함(이하 '이 사건 사고'라 한다)

날짜	시간	사건개요
2008. 7. 10.		• 사망 후 합의서 작성 〈합의 내용〉 ＝피고 병원은 환자에게 위로금, 진료비 및 장례식장 사용료를 지급 이행하기로 합의함
		• 피고 병원은 현재 하루 전기 사용량이 12,600kwh 정도로 설립 시부터 비상발전기를, 1998. 12.부터 무정전 전원장치(UPS)를 갖추고 있었는데, 심장혈관 조영술 장비에는 무정전 전원장치가 연결되어 있지 않고 비상발전기만 연결되어 있음 • 비상발전기는 전기공급이 중단되면 즉시 작동을 시작하나, 발전기의 발전 전압이 380v에 달하여야만 전기 공급이 시작되고, 그 소요시간은 20~25초임

2. 법원의 판단

가. 정전으로 인한 피고 병원의 과실: 법원 인정

○ 법원 판단의 근거

① 1차 시술은 위 시술은 특별한 방사선 장비와 TV 모니터를 갖춘 심혈관 조영실에서 전자 장비를 통하여 시야를 확보하고 확장 압력치를 측정하여야만 하는 시술이고, 확장을 할 때 관상동맥 파열과 같은 합병증이 발생할 수 있어 지나친 확장에 주의해야 하므로 위와 같은 전자 장비의 관리의 필요성이 큰 시술로서, 그 시술 중 정전이 되는 경우 환자의 생명에 중대한 문제가 발생할 수 있다.

② 피고 병원으로서는 이 사건 1차 시술 시행이 시행된 심혈관 조영실에 정전 시에도 자동으로 전력이 지속적으로 공급되도록 시설이 되어있어야 했다.

③ 피고 병원은 오래 전부터 정전 시에도 전력공급이 중단되지 않는 무정전 전원장치를 구비하고 있음에도, 이 사건 1차 시술이 시행된 심혈관 조영실에는 이를 설치하지 않고 비상발전기만 설치했다.

④ 비상발전기의 경우 정전 시부터 전기 공급이 이루어지기까지 20~25초의 시간이 소요되는데, 위와 같이 전기공급에 공백이 생기면 컴퓨터 등 관련 기기의 전원이 꺼지고 이를 재부팅하는데 상당한 시간이 소요되므로, 비상발전기만으로는 충분

한 시설을 갖추었다고 볼 수 없다.

나. 피고 병원의 잘못(정전)과 환자의 사망과의 인과관계: 법원 불인정

피고 병원의 정전에 의한 과실은 인정하나 이로 인해 환자가 사망하였다는 환자의 주장은 불인정한다.

○ 법원 판단의 근거

① 피고 병원 의료진이 약 2분간의 정전 발생 직후 1차 시술을 종료한 것이 정전으로 인하여 중단되었을 가능성이 있기는 하나 관상동맥 질환이 심할수록 합병증이나 시술에 따른 사망률이 더 높게 나타나는 것이 환자와 같이 당뇨병, 심근경색증, 만성 완전폐쇄 병변이 있고, 좌심실수축기능이 감소한 경우에는 시술의 성공률이 상대적으로 낮고 합병증의 위험률이 더 높은 것으로 알려졌다.

② 만성 완전폐쇄 병변인 경우 요골동맥으로 처음 조영술을 시행하였다면 중재술을 하기가 용이하지 않고 풍선확장술 후 혈전 등으로 인한 문제가 발생할 소지가 있어 혈전을 줄이기 위한 주사약을 추가적으로 수일 투여하고 그 후 대퇴부동맥으로 다시 중재술을 시도하는 것이 바람직했다.

③ 만성 완전폐쇄 병변인 경우 경험이 많은 병원에서도 중재술의 성공률은 약 70% 미만으로 난이도가 매우 높은 시술에 해당하여 여러 차례에 걸쳐 중재술을 하는 경우가 흔하다.

④ 조영제가 과다 투여될 경우 환자에게 심부전이 발생할 수도 있으므로 피고 병원 의료진이 이 사건 1차 시술 중 조영제 1일 사용량 제한 또는 환자의 만성 완전폐쇄 병변으로 인한 시술의 어려움 등으로 시술을 계속 진행할 수 없어 대퇴부동맥을 통한 관상동맥 조영술 및 중재술을 위하여 부득이 이 사건 1차 시술을 중단할 수밖에 없었을 가능성 또한 배제할 수 없다.

다. 조영제 과다 투여 및 이 사건 2차 시술의 시기상 과실: 법원 불인정

○ 판단 근거

① 신장기능이 매우 저하된 경우가 아니라면 2일 후 1차 시술에서 사용된 조영제가 이미 체외로 빠져나가기 충분한 기간이다.

② 사건 2차 시술시간을 고려할 때 과다한 조영제 사용의 가능성이 낮다.

③ 조영제가 과다 투여되어 심부전이 발생하여 환자가 숨차할 수는 있지만 심정지까지 갈 가능성은 매우 낮다.

라. 현저히 불성실한 진료행위 여부: 법원 인정

○ 법원 판단의 근거

① 정전으로 갑자기 중재술이 중단되었어도 특별한 합병증이 발생하지 않았다면 큰 문제를 야기하지 않을 수 있으나 만약 중재술로 합병증이 발생한 상태에서 정전이 되었다면 최악의 경우 환자가 사망하는 중대한 문제가 발생할 수도 있는 사실을 인정할 수 있다.

② 관상동맥 중재술의 성공률이 상당히 높으나 고위험 고난이도의 시술로서 중증의 합병증이나 사망이 나타날 수 있으며, 만성 완전폐쇄 병변인 경우 경험이 많은 병원에서도 중재술의 성공률은 약 70% 미만으로 그 난이도가 매우 높은 시술에 해당하기 때문에 시술 시에는 충분한 시설을 갖추어야 한다.

③ 관상동맥 조영술 및 중재술은 특별한 방사선 장비와 TV 모니터를 갖춘 심혈관 조영실에서 시행하는 이외에 다른 방법은 없으므로 전기의 공급이 필수적이다.

④ 피고 병원은 하루 전기 사용량이 12,600kwh에 이르고, 무정전 전원장치를 1998년경부터 보유하고 있음에도 불구하고 정전 시 전력공급이 중단되지 않는 무정전 전원장치가 설치되지 않은 심혈관 조영실에서 1차 시술했다.

마. 설명의무 위반: 환자의 자기결정권 침해 인정

1차 시술에 앞서 2008. 7. 7. 환자의 아들에게 이 사건 1차 시술의 내용 및 필요성, 발생이 예상되는 위험 및 재수술의 가능성 등에 관하여 설명하고 그로부터 시술동의서를 작성 받은 사실은 있지만 환자에게도 그러한 설명을 하였다고 인정할 증거가 없다.

3. 손해배상범위 및 책임 제한

가. 손해배상책임의 범위: 위자료 30,000,000원

4. 사건 원인 분석

이 사건은 뇌졸중과 당뇨병의 과거력을 가진 환자가 관상동맥 조영술 및 중재술을 받던 중 심정지로 사망한 사건이다. 1차 관상동맥 조영술 및 중재술 중 2번의 정전이 발생하였는데 약 2분간의 정전(2차 정전) 발생 직후 1차 시술을 종료한 것이 정전에 의한 것일 가능성이 있으나 법원은 피고병원의 정전이 환자의 사망원인에 직접적인 인과관계가 없다고 보았다. 다만 무정전 전원장치가 설치되지 않은 심혈관 조영실에서 1차 시술을 한 피고 병원의 과실은 인정되었다. 이 사건과 관련된 문제점 및 원인을 분석해본 결과는 다음과 같다.

첫째, 위 사건에서 의료진은 환자의 아들에게 시술의 내용 및 필요성, 발생이 예상되는 위험 및 재수술의 가능성 등에 관하여 설명하고 그로부터 시술동의서를 작성받은 사실은 있지만 환자에게도 그러한 설명을 하였다는 기록은 찾을 수 없었다. 성인인 환자 본인이 신체적, 정신적으로 자기결정권을 행사할 수 있는 상태가 아니거나 보호자로부터 의사의 설명 내용을 충실히 전해 듣고 자기결정권을 행사한 것이라는 기록이 남아있지 않다면 의료진이 보호자에게 시술에 관해 설명한 것이 환자 본인에게까지 설명의무를 이행하였다고는 할 수 없는 것으로 판단된다. 그러나 아직까지도 중증질환 즉, 암이나 심혈관 질환 같은 질환의 진단과 치료에 있어서 환자 본인 보다는 보호자에게 설명하고 보호자 동의하에 검사를 진행하는 경우가 있으며 보호자가 그걸 원하는 경우가 많이 있다는 자문의견이 있었다.

둘째, 피고병원은 전력공급이 중단되지 않는 무정전 전원장치를 구비하고 있었음에도, 이 사건 1차 시술이 시행된 심혈관 조영실에는 이를 설치하지 않고 비상발전기만 설치한 점을 이유로 법원은 피고 병원의 과실과 불성실한 진료행위를 인정하였다. 자문위원은 환자의 사망원인을 명확히 알기는 어렵다는 의견이 있었다. 질병의 중증도에 의한 시술 자체의 위험성의 가능성이 현재로써는 가장 큰 원인이라 생각되며 중재 시술실의 일시적인 정전이나 환자본인에서 동의서를 받지 않은 것은 명백한 문제점이기는 했지만 본 사건의 원인이라고 하기에는 거리가 있어 보인다는 의견이었다. 그러나 최상의 조건에서 치료를 받았다고 보기 어려운 점도 있으므로 설명의 의무과 제반시설과 관련된 문제가 환자를 치료함에 있어서 좋지 않은 영향을 미치지 않도록 사전 점검하고 조취를 취하는 것이 필요할 것이라는 의견을 주었다(〈표 19〉 참조).

〈표 19〉 원인분석

분석의 수준	질문	조사결과
왜 일어났는가? (사건이 일어났을 때의 과정 또는 활동)	전체 과정에서 그 단계는 무엇인가?	− 검사 전 시설관리 단계(무정전 전원장치를 구비하고 있었음 에도, 심혈관 조영실에는 이를 설치하지 않고 비상발전기만 설치함) − 시술 전 설명단계(의료진은 보호자에게 시술의 내용 및 필 요성, 발생이 예상되는 위험 및 재수술의 가능성 등에 관하 여 설명하고 그로부터 시술동의서를 작성 받은 사실은 있지 만 환자에게는 그러한 설명을 하였다는 기록은 없음)
가장 근접한 요인은 무엇이었는가? (인적 요인, 시스템 요인)	어떤 인적 요인이 결과에 관련 있는가?	• 환자 측 − 해당사항 없음 • 의료인 측 − 의료진은 환자의 보호자에게 시술의 내용 및 필요성, 발생이 예상되는 위험 및 재수술의 가능성 등에 관하여 설명하고 그로부터 시술동의서를 작성 받았으나 환자 본인에게는 이 를 하지 않음
	시스템은 어떻게 결과에 영향을 끼쳤는가?	• 의료기관 내 − 전력공급이 중단되지 않는 무정전 전원장치를 구비하고 있 었음에도, 이 사건 1차 시술이 시행된 심혈관 조영실에는 이를 설치하지 않고 비상발전기만 설치함 • 법·제도 − 전력공급과 관련된 의료기관의 시설 기준 미비

5. 재발 방지 대책

원인별 재발방지 사항 제안은 〈그림 19〉와 같으며, 각 주체별 재발방지 대책은
아래와 같다.

〈그림 19〉 판례 19 원인별 재발방지 사항 제안

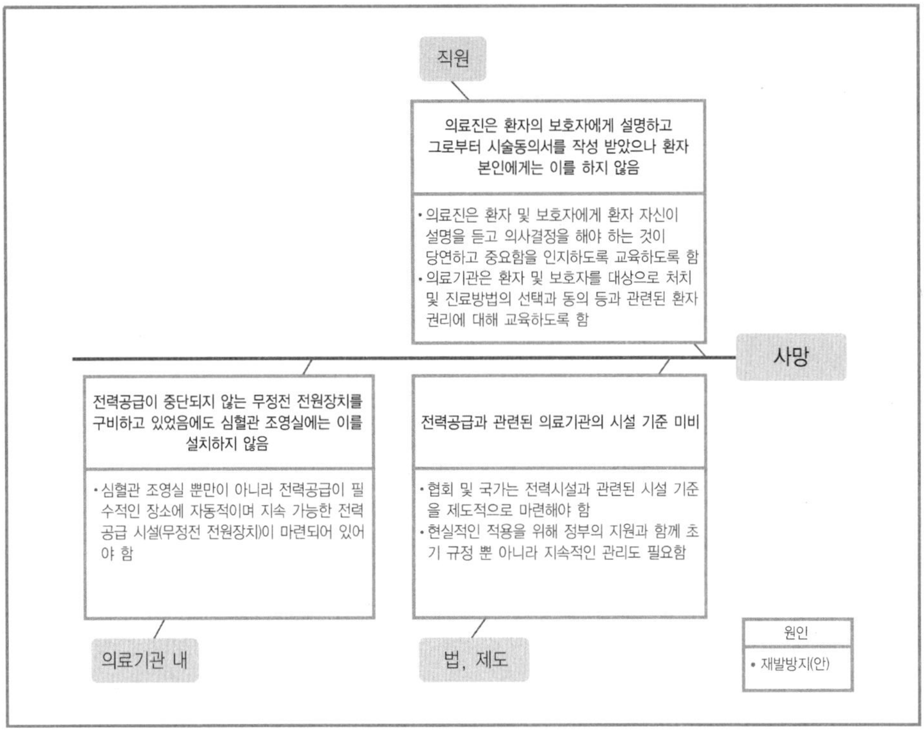

(1) 의료인의 행위에 대한 검토사항

시술동의서나 수술동의서 양식을 재검토 할 필요가 있다. 의료진은 환자 본인이
시술 및 수술과 관련된 모든 사항에 대한 설명을 듣고 이해했음을 자필 서명하도록
하며, 이를 반드시 기록에 남기도록 해야 한다. 뿐만 아니라 보호자 혹은 환자 가족
을 대상으로 모든 치료과정에서 환자의 자기결정권 및 본인의 동의가 반드시 필요함
을 교육해야 하며 보호자가 이에 협조하지 않을 경우 최대한 협조할 수 있도록 적극

적으로 설득해야 한다. 이러한 노력에도 보호자의 협조가 불가하다면 의료진은 설명의무에 대해 최선을 다했음을 기록하고 증명할 수 있어야 하며 예외 규정을 만들어 의료진도 설명의무에 대해 보호를 받을 수 있는 법적인 제도가 필요할 것으로 사료된다. 자문위원은 환자에게 직접 설명해야하는 것은 법적인 제도로 규제하기에는 동양적인 사고방식이나 정서의 문제가 함께 관련되어 있으므로 어려울 것이며 의료진이 환자는 물론 보호자에게 환자 자신이 설명을 듣고 의사결정을 해야 하는 것이 당연하고 중요함을 인지하도록 교육하는 것이 필요하다는 의견을 주었다.

(2) 의료기관의 운영체제에 관한 검토사항

심혈관 조영술 및 중재술은 전자 장비 관리의 필요성이 큰 시술로서, 시술 중 정전이 되는 경우 환자의 생명에 중대한 문제가 발생할 수 있다. 그러므로 의료기관은 심혈관 조영실 뿐만이 아니라 전력공급이 필수적인 장소에 자동적이며 지속 가능한 전력 공급 시설이 마련되어 있어야 한다. 비상발전기의 경우 정전 시부터 전기 공급이 이루어지기까지 20~25초의 시간이 소요되는데 전기공급에 공백이 생기면 컴퓨터 등 관련 기기의 전원이 꺼지고 이를 재부팅하는데 상당한 시간이 소요되므로, 비상발전기만으로는 충분한 시설을 갖추었다고 볼 수 없으며, 무정전 전원장치가 필요하다.

(3) 국가·지방자치단체 차원의 검토사항

협회 및 국가는 전력시설과 관련된 시설 기준을 제도적으로 마련해야 한다. 그러나 제도적인 규제는 현실적인 적용이 어려울 수 있으므로 정부의 재정적 지원이 필요할 것으로 생각되면 초기 규정 뿐 아니라 지속적인 관리를 통해서 무정전 장치가 잘 작동하는지, 설치 규정을 준수하는 지에 대한 평가가 이루어져야 한다.

┃ 참고자료 ┃ 본 판결에서 참고하고 있는 의학적 소견2)

• 관상동맥 협착증

관상동맥 협착증이란 심장에 혈액을 공급하는 혈관인 관상동맥이 좁아져서 심장에 혈액을
공급하는데 지장을 초래하는 질환으로, 관상동맥이 좁아지면 심근에 혈액 공급이 줄어들어 심
근 허혈이 발행하고 그 결과 통증이 발생하는데, 이를 협심증이라 한다.

불안정 협심증은 심근경색증으로 진행하는 직전 단계의 상태로 심근경색증이 발생할 경우
사망률은 10% 안팎에 달하는 것으로 알려져 있다.

심근경색이란 갑자기 관상동맥이 막혀서 심장에 혈액 공급이 중단되 심근에 손상을 초래하
는 것으로 관상동맥의 협착이나 폐쇄가 있는 경우, 심근의 허혈이 나타나 협심증이나 심근경색
증이 나타나고 이로 인해 사망할 수 있으며, 허혈로 인해 심장의 수축기능이 약화되어 흉통과
더불어 호흡곤란을 야기시킬 수 있고 심할 경우 정상적인 생활을 할 수 없으므로, 풍선확장 및
스텐트를 삽입하여 혈관을 개통시키는 경피적 중재술이나 개흉을 통한 관상동맥 우회술이 필
요하다. 다만, 협착 정도가 경미하거나 병변이 너무 심하여 중재술이나 우회술을 시행할 수 없
는 경우에는 약물치료만을 행하게 된다.

• 관상동맥 조영술

관상동맥 조영술은 팔의 요골동맥이나 사타구니의 대퇴동맥을 바늘로 천자한 후 혈관을 보
호하는 쉬쓰관을 삽입한 다음 유도철사와 함께 카데터를 동맥 내로 삽입하여 관상동맥 입구에
위치시킨 후 조영제를 카데터로 투여하여 혈관을 x-ray 동영상으로 촬영하여 관상동맥에 협
착이나 폐쇄소견이 있는지 확인하는 시술이다.

• 관상동맥 중재술

관상동맥 중재술은 관상동맥의 협착이나 폐쇄가 있는 경우 카데터를 통해 가는 유도철사를
협착이나 폐쇄된 병변에 통과시키고 이를 따라 풍선도자를 병변에 위치시킨 후 이를 부풀려 좁
아진 병변을 확장시킨 다음 풍선도자에 접혀져 있는 상태의 스텐트를 병변에 놓고 풍선도자를
부풀려 스텐트가 확장되도록 하여 혈관에 삽입시키는 시술이다.

일반적으로 관상동맥 중재술의 성공률은 96~99%이나 고위험 고난이도의 시술로서 모든 환
자에서 확률은 낮으나 중증의 합병증이나 사망이 발생할 수 있고, 합병증으로서 발생하는 심근
경색증은 1~3%, 사망률은 0.5~1.5% 정도이며, 특히 관상동맥 질환이 심할수록 합병증이나

---

2) 해당 내용은 판결문에 수록된 내용임.

시술에 따른 사망률이 더 높게 나타난다.

만성 완전폐쇄 병변인 경우 경험이 많은 병원에서도 중재술의 성공률은 약 70% 미만으로 난이도가 매우 높은 시술에 해당하기 때문에 시술 시에는 충분한 준비를 하는 것이 권장되는데, 요골동맥으로 처음 조영술을 시행하였다면 중재술을 하기가 용이하지 않고 풍선확장술 후 혈전 등으로 인한 문제가 발생할 소지가 있어 혈전을 줄이기 위해 주사약(헤파린 또는 클렉산)을 추가적으로 수일 투여하고 그 후 대퇴부동맥으로 다시 중재술을 시도하는 것이 바람직하다.

흔히 풍선확장술 후에는 잔여 협착 50%미만, 스텐트 삽입술 후에는 잔여 협착 30%미만을 성공한 시술의 기준으로 삼으며, 스텐트 내 혈전 형성은 심근경색의 주요요인이나, 잔여 협착을 낮추고자 추가적인 풍선확장을 할 때 관상동맥 파열과 같은 합병증이 발생할 수 있기 때문에 지나친 확장에는 주의해야 한다.

· 관상동맥 조영술 및 중재술과 관련한 조영제

일반적으로 관상동맥조영술의 경우 100~150cc, 중재술의 경우 중재술의 난이도에 따라 100~500cc정도 조영제가 사용되는데, 신장기능이 매우 저하된 경우가 아닌한 사용된 조영제가 체외로 빠져나가는데 약 2일 정도의 시간이 소요된다.

조영제가 과다 사용될 경우, 심부전이 나타나서 환자가 숨차할 수는 있지만 심정지까지 갈 가능성은 매우 낮다.

판례 20. 대동맥박리가 의심되는 상황에서 퇴원을 희망한 환자를 그대로 퇴원시켜 심낭압전이 발생하여 사망에 이른 사건_광주고등법원 2009. 2. 4. 선고 2007나5860 판결

1. 사건의 개요

의료진은 흉부통증과 호흡곤란으로 내원한 환자에게서 대동맥박리가 의심되는 상황에서 필요검사를 시행하지 않아 정확한 진단을 내리지 못하였다. 이후 의료진은 퇴원을 희망한 환자를 그대로 퇴원시켰다. 퇴원 후 환자에게 심낭압전이 발생하여 환자를 사망에 이르게 한 사건[광주지방법원 2007. 11. 1. 선고 2006가합2201 판결, 광주고등법원 2009. 2. 4. 선고 2007나5860 판결]이다. 자세한 사건의 경과는 다음과 같다.

날짜	시간	사건개요
		환자: 1983. 11. 12.생, 사고당시: 20세 10개월, 대학교 2학년 학생, 신장 192cm, 체중 72kg으로 마르판증후군(Marfan syndrome)에서 볼 수 있는 큰 키, 거미손, 새가슴 등의 신체적인 특징을 가지고 있음 피고: 모병원
2004. 09. 16	18 : 30	• 환자는 학교운동장에서 농구를 하던 중 상대의 팔꿈치로 상복부를 맞음 • 흉부통증과 호흡곤란 증상으로 구급차로 전주시 소재 모병원 내원 ＝상급병원 진료 권유받음
	21 : 05	• 구급차로 피고병원 응급실로 내원함 • 양측 옆구리 통증, 흉부 불쾌감, 심장 부근 통증 호소 • 이학적 검사, 혈액검사, 심전도 검사, 흉부방사선촬영를 실시함 • 흉복부좌상으로 추정진단 ＝진통제투여, 수액보충하면서 환자의 상태 관찰함
2004. 09. 17	03 : 30	• 퇴원을 원함 ＝수액보충을 중단할 것을 요청함 • 주치의는 선배인 전공의 3년차에게 환자가 자신의 말을 듣지 않으니 다시 설명해달라고 부탁하여 환자에게 위식도접합부열상 또는 대동맥박리의 가능성을 설명하고 컴퓨터단층촬영이나 위내시경검사를 권유함

날짜	시간	사건개요
	09：35	• 의료진은 항생제와 위장약 등 5일분의 약 처방 후 퇴원 수속하도록 함
	09：40	• 퇴원함
2004. 09. 18		• 퇴원 후 위통증 계속됨 • 집 근처 약국에서 근육진통제인 엠피스 구입하여 피고병원에서 처방한 약과 함께 복용
	18：00	• 상태가 급격히 악화되어 의식을 잃음 • 피고병원 응급실로 후송함
	18：30	• 피고병원에 도착하였으나 사망한 상태 • 의료진은 환자가 이미 사망한 상태임에도 심장초음파검사를 실시함
부검결과		• 심낭 내 출혈(약 1,026grm), 우측관상동맥 기시부의 박리 등이 발견됨 사망원인: 대동맥 박리에 의한 심장압전

2. 사건에 대한 법원의 판단 요지

가. 내원 당시 대동맥박리를 진단하지 못한 과실에 대한 판단: 법원불인정 (제1심) → 법원 인정(항소심)

○ 환자 측의 주장

피고병원 의료진들은 환자가 마르판증후군의 신체적 특징을 지녀 대동맥박리의 위험이 높은 상태였고 피고병원 내원 당시 호소한 증상에 비추어 대동맥박리를 진단할 수 있었음에도 이를 진단하지 못한 과실이 있다.

○ 법원의 판단

① 제1심

- 환자는 마르판증후군에서 보일 수 있는 신체적 특성을 지녔고 사망원인은 대동맥박리로 인한 심장압전이며 응급실 내원 시 심한 흉부통증을 호소한 사실은 인정되지만, 대동맥박리는 확진을 위해서는 CT나 MRI 등 정밀검사가 필요한데 환자가 응급실 내원당시 시행한 흉부방사선촬영에서는 별다른 이상소견이 나타나지 않았으며 당시 응급실 당직의사는 대동맥박리 등 심각한 상태

일 수 있다는 의심은 들었으나 정밀검사를 하지 않은 상태에서 대동맥박리라
고 확실하게 진단할 수는 없었고 대동맥박리나 위식도접합부 열상 등 의심되
는 질환에 대한 감별진단이 필요하여 추가검사를 권유한 사실이 인정되므로
내원 당시의 증세나 1차적으로 시행한 검사결과만을 토대로 즉각적으로 대동
맥박리로 진단하지 않았다 할지라도 이를 과실로 볼 수는 없다.

② 항소심
- 피고병원 의료진은 대동맥박리를 염려하여 환자에 대하여 신속히 전산화단층
  촬영 등의 검사를 하고 대동맥박리를 진단한 다음 응급수술을 하는 등의 치
  료를 하였어야 함에도 대동맥박리의 가능성을 생각하지 못하고 이를 진단하
  기 위한 검사를 실시하지 않아 결국 대동맥박리를 발견하지 못했고 그 결과
  환자가 적절한 치료를 받지 못하여 사망에 이르게 한 과실이 인정된다.

○ 법원 판단의 근거(항소심)
- 환자는 대동맥박리증의 중요한 위험인자인 마르판증후군에서 볼 수 있는 큰
  키, 거미손, 새가슴 등의 신체적 특징을 지니고 있었다.
- 환자가 피고병원 의료진에게 학교에서 농구를 하던 중 상복부를 맞은 후 양
  측 옆구리 통증, 흉부 불쾌감, 심장 부근 통증이 있다고 호소한 점이 있다.
- 피고병원 의료진으로서는 위와 같은 환자의 신체적 특징 및 증상에 비추어
  환자에게 대동맥박리가 발생하였음을 충분히 의심할 수 있었다고 보인다.
- 대동맥박리가 의심되는 경우에는 반드시 신속히 검사를 하여 이를 진단해야
  하고 전산단층촬영을 통해 이를 쉽게 진단할 수 있다.
- A형의 대동맥박리 환자의 경우 반드시 응급수술을 하여야하고 수술을 하지
  않을 경우 2주 이내에 환자의 약 80%가 사망하는 위험성이 있음에도 피고병
  원 의료진은 심장초음파검사나 전산단층화촬영 등 대동맥박리의 진단에 필요
  한 검사를 시행하지 않아 대동맥박리를 발견하지 못하고 환자에 대하여 흉복
  부좌상으로 추정진단을 한 후 진통제를 투약하고 환자의 상태만을 관찰하다
  대동맥박리와 상관없는 항생제와 위장약 등 5일분의 약만을 처방하고 퇴원하
  게 하였다.
- 환자가 병원에서 퇴원한 지 하루 만에 대동맥박리에 의한 심장압전으로 사망
  하였다.

나. 정밀검사를 시행하지 않은 과실 및 설명의무 위반 주장: 법원불인정(제1심) → 법원 인정(항소심)

○ 환자 측의 주장

단순흉부방사선촬영으로는 대동맥박리를 확진할 수 없으므로 CT나 MRI를 촬영해야 함에도 이를 시행하지 않았으며 환자의 상태를 설명하거나 정밀검사를 권유하지 않았고 당시 응급실 근무의는 대동맥박리에 관한 설명을 하지 않았음에도 설명한 것으로 진료기록을 기재하여 변조하였다.

○ 피고 측의 주장

내원 당시 시행한 기본검사만으로는 대동맥박리를 확진할 수 없었고 환자의 증상을 고려하여 위식도접합부 열상이나 대동맥박리의 가능성을 설명하고 확진을 위한 정밀검사를 권유하였음에도 환자가 이를 불응하고 퇴원하였으므로 책임이 없다.

○ 법원의 판단

① 제1심

- 환자의 퇴원은 피고병원 의료진이 환자가 상태나 퇴원 시 발생할 수 있는 위험을 설명하였음에도 환자 스스로 정밀검사를 하지 않고 퇴원하겠다고 결정하여 이루어진 것으로 피고병원 이후 발생한 악결과에 대해 어떤 책임을 물을 수 없다.

② 항소심

- 환자가 필요에 의한 검사를 거부한 채 피고병원을 퇴원하여 더 이상 검사를 못하였다고 하여 피고병원 의료진의 과실이 없다고 할 수 없다.

○ 법원 판단의 근거

① 제1심 판단의 근거

- 설명내용이 경과일지의 맨 마지막 부분에 기재된 것만으로 변조되었거나 가필된 것이라고 보기 어려운 점이 있다.
- 퇴원약을 처방하고 그 지시를 간호사가 이행한 것으로 기재되었으며 환자가 위 처방에 따른 퇴원약을 수령한 후 퇴원한 사실이 있다.
- 피고병원 의료진이 환자의 상태를 설명하고 정밀검사를 권유하였음에도 환자 스스로 퇴원한 점이 있다.

- 환자는 법과대학 2학년생이고 당직의사는 마르판증후군의 가족력이 있는 농구선수를 예로 들기도 하였으며 확진이 되지 않았지만 대동맥박리가 있으면 사망할 수도 있고 이상이 발견될 경우 병역면제가능성이 있다고 설명한 사실이 있다.

- 환자는 퇴원을 원하면서 주사 중이던 수액제거를 요구하였고 08:00경에는 더 이상의 검사를 받지 않고 퇴원을 고집하자 선배인 전공의 3년차에게 환자가 자신의 말을 듣지 않으니 다시 설명해달라고 부탁하여 환자에게 위식도접합부열상 또는 대동맥박리의 가능성을 설명하고 컴퓨터단층촬영이나 위내시경검사를 권유한 사실이 있다.

- 증인은 "의사선생님이 정밀검사를 받아야하는데 환자에게 겁을 주었다"는 말을 들었다고 진술한 사실이 있다.

② 항소심 판단의 근거

- 피고병원 의료진이 대동맥박리를 의심하고 환자에게 그 진단을 위하여 보다 정밀한 검사가 필요함을 설명하였다는 점에 부합하는 기재[3] 및 증인의 일부 증언을 믿기 어렵다.

  · 기재된 위치와 형식이 나중에 인위적으로 추가하여 기재한 것으로 보인다.

  · 상행대동맥박리 환자의 40 – 50%는 수술적 치료를 받기 전에 사망에 이르게 되는 급성 질환으로 대동맥박리로 진단되면 즉시 수술이 필요했다.

  · 피고병원 의료진은 환자가 피고병원에서 퇴원할 때 대동맥박리와 상관없는 항생제와 위장약 등 5일분의 약만을 처방하였다.

  · 피고병원 의료진이 환자에게 대동맥박리의 위험성을 충분히 설명하였음에도 환자가 검사를 받는 것을 거절하고 퇴원한다는 것을 납득하기 어려운 점이 있다.

- 피고병원 의료진이 대동맥박리를 의심하였다면 위 진단의 신속한 진단 및 그에 따른 응급수술의 필요성에 비추어 볼 때 환자의 동의 여부와 상관없이 즉각적으로 대동맥박리의 진단에 필요한 정밀검사를 시행해야 하는 것이지, 환

---

3) "Esophagus or E – G junction injury, aortic dissection 가능성을 설명하고 evaluation(CT, GFS)권유하였으나 환자 거부하고 퇴원 원하여 증상 악화 시 다시 내원 할 것을 설명하고 퇴원함, OPD F/U설명함(GS, IM) R3 임모".

자에게 이를 설명하고 검사를 받도록 권유하여 환자의 동의 여부에 따라 정밀검사 여부를 결정할 것이 아니므로 환자가 필요에 의한 검사를 거부한 채 피고병원을 퇴원하여 더 이상 검사를 못하였으므로 피고병원 의료진에게 과실이 인정된다.[4]

3. 손해배상범위 및 책임 제한

가. 의료인 측의 손해배상책임 범위: 제1심 기각, 항소심 40%

나. 제한 이유

① 환자에게 마르판증후근이 있었고, 마르판증후군은 대동맥박리증의 중요한 위험인자인 점

② A형 대동맥박리 환자의 수술 후 조기사망률이 10%정도이고, 수술 후 5년 생존율이 70-90%, 10년 생존율이 55-65%인 점

③ 환자가 피고병원을 내원하기 전에 모병원의 의사로부터 흉부외과적 정밀검사를 위해 대학병원으로 전원이 필요하다는 이야기를 들었음에도 피고병원에 입원 중 피고병원으로부터 흉부외과적 정밀검사를 받지 않은 상태에서 퇴원을 요구하여 퇴원하였던 점

④ 환자가 피고병원을 퇴원한 다음날까지도 계속하여 흉부의 통증을 느꼈으면 즉시 피고병원이나 다른 병원에 갔어야 함에도 가지 않고 집 근처 약국에서 구입한 근육진통제나 피고병원이 처방해준 약을 복용하다가 결국 상태가 악화되어 의식을 잃고 사망에 이르게 된 점

---

4) "진료기록감정촉탁결과 대동맥박리가 의심되는 환자에게 대해서는 어떻게든 검사를 시행할 수 있도록 질환의 위험성을 알리고 환자를 설득해야 하며, 환자가 정밀검사 없이 퇴원해서는 안 되고, 환자가 병원이나 담당 의사를 신뢰하지 못하여 검사를 거부할 경우 질환의 위험성을 알리고 환자 또는 보호자의 자퇴동의서를 받아 상급병원이나 타병원으로 전원 해야 한다고 함".

다. 손해배상책임의 범위: 총 56,117,688원(항소심)

(1) 일실수입: 22,917,688원(57,294,220원의 40%)

(2) 장례비: 1,200,000원(3,000,000원의 40%)

(3) 위자료: 32,000,000원

4. 사건 원인 분석

이 사건은 마르판증후군을 의심할 수 있는 신체적 특징을 가진 환자가 운동 중 상복부를 맞은 후 양측 옆구리 통증, 흉부불쾌감, 심장 부근의 통증을 호소하며 피고 병원에 내원하였으나 의료진은 환자에게 대동맥박리가 발생하였음을 충분히 의심할 수 있었음에도 불구하고 심장초음파나 전산화단층촬영 등 대동맥박리의 진단에 필요한 검사를 시행하지 않았으며 퇴원을 요구한 환자를 그대로 퇴원시켜 결국 심낭압전

〈표 20〉 원인분석

분석의 수준	질문	조사결과
왜 일어났는가? (사건이 일어났을 때의 과정 또는 활동)	전체 과정에서 그 단계는 무엇인가?	-환자 관리 단계
가장 근접한 요인은 무엇이었는가? (인적 요인, 시스템 요인)	어떤 인적 요인이 결과에 관련 있는가?	•환자 측 -정밀검사를 위해 상급 의료기관으로 전원이 필요 하다는 의료진의 권고에도 퇴원을 요구함 -퇴원 후 문제의 증상이 지속됨에도 병원에 내원하 지 않고 자의로 약을 복용함 •의료인 측 -해당사항 없음
	시스템은 어떻게 결과에 영향을 끼쳤는가?	•의료기관 내 -해당사항 없음 •법·제도 -해당사항 없음

이 발생하여 사망에 이르게 한 사건이다. 환자는 피고병원을 내원하기 전에 모병원의 의사로부터 흉부외과적 정밀검사를 위해 대학병원으로 전원이 필요하다는 이야기를 들었음에도 피고병원에 입원 중 수액보충요법을 거부하고 흉부외과적 정밀검사를 받지 않은 상태에서 퇴원을 요구하여 퇴원하였다. 뿐만 아니라 환자는 피고병원을 퇴원한 다음날까지도 계속하여 흉부의 통증을 느꼈음에도 즉시 피고병원이나 다른 병원에 가지 않고 집 근처 약국에서 구입한 근육진통제와 피고병원이 처방해준 약을 복용하다가 결국 상태가 악화되어 의식을 잃고 사망에 이르게 되었다(〈표 20〉 참조).

5. 재발 방지 대책

원인별 재발방지 사항 제안은 〈그림 20〉과 같으며, 각 주체별 재발방지 대책은 아래와 같다.

〈그림 20〉 판례 20 원인별 재발방지 사항 제안

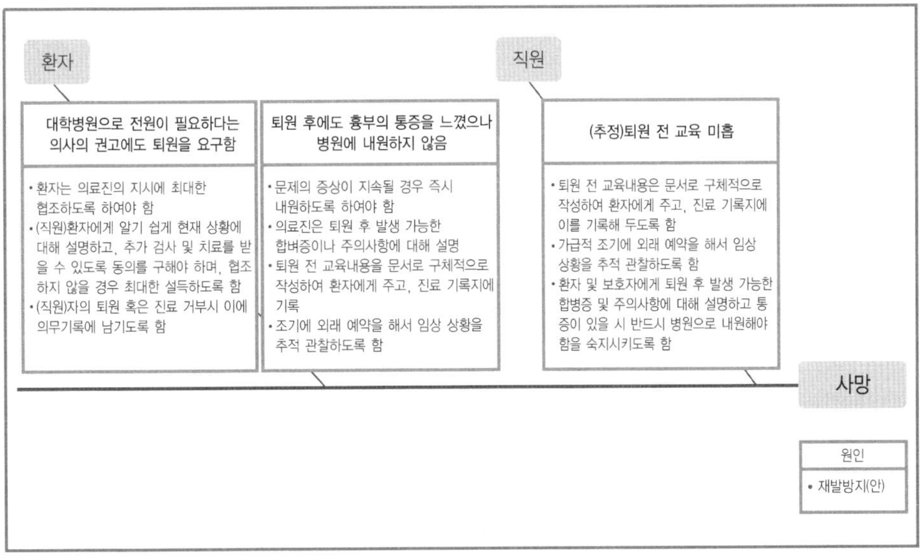

(1) 환자 측 요인에 대한 검토사항

환자는 의료진의 지시에 최대한 협조하도록 해야 한다. 의료진은 최대한 환자에게 알기 쉽게 현재 임상 상황에 대하여 설명하고, 추가 검사 및 치료를 받을 수 있도록 동의를 구해야하며, 여의치 않을 경우 가급적 보호자를 불러서 설명하고, 환자를 설득하도록 조치하여야 한다. 환자가 병원이나 담당 의사를 신뢰하지 못하여 검사를 거부할 경우 질환의 위험성을 알리고 환자 또는 보호자의 자퇴동의서를 받아 상급병원이나 타 병원으로 전원 하여야 한다. 더불어 자의 퇴원 혹은 진료 거부 시 진료기록지에 이 같은 상황을 세밀히 기술하고, 간호기록지 및 의무기록에도 표기하도록 한다. 환자는 퇴원 후에도 문제의 증상이 사라지지 않고 계속된다면 자의적으로 판단하지 말고 반드시 병원에 내원하도록 하여야 한다. 의료진은 퇴원 전 환자 및 보호자에게 퇴원 후 발생 가능한 합병증이나 주의사항에 대해 설명해야 하며 통증이 있을 때에는 반드시 가까운 병원이나 치료를 받던 병원으로 내원하여야 함을 교육해야 한다. 이 같은 교육내용은 필요시 문서로 구체적으로 작성하여 환자에게 주고, 진료 기록지에도 이를 기록해 두도록 하며 가급적 조기에 외래 예약을 하도록 하여 임상 상황을 추적 관찰하도록 한다.

┃ **참고자료** ┃ 본 판결에서 참고하고 있는 의학적 소견5)

・대동맥박리

대동맥은 심장에서 몸 전체로 혈액을 공급하는 매우 중요한 혈관인데, 이는 내막, 외막, 외막의 3층의 막으로 구성되어 있다. 대동맥박리는 대동맥 내막에 미세한 파열이 발생하면 높은 대동맥 압력으로 인해 대동맥의 중막이 장축으로 찢어지면서 대동맥이 진성 내강과 가성 내강으로 분리되는 치명적인 질환이다. 대동맥박리가 시작 된지 14일 이내의 상태를 급성 대동맥박리라고 하고, 14일 이상이 경과한 상태를 만성 대동맥박리라 한다.

대동맥박리의 발생원인은 여러 인자가 복합적으로 작용하는데 대동맥벽에 가하는 압력을 높이는 인자들과 약화시킬 수 있는 인자들에 의해 대동맥벽이 손상을 받아 대동맥벽 중층에 혈류가 유입되어 박리가 진행하게 된다. 대동맥벽에 압력을 가할 수 있는 인자로는 1)고혈압, 2)임신 등에 의한 혈액량 증가, 3)외상 등이 있고, 대동맥벽을 약화 시킬 수 있는 인자로는 1)결체조직질환(마르판증후군, 터너증후군), 2)대동맥염, 3)대동맥류 등이 있으며 그밖에도 동맥경화증, 이엽성 대동맥판막, 외인성 대동맥 손상 등이 대동맥 박리를 유발할 수 있다.

대동맥박리의 분류는 수술 필요여부와 관련하여 Stanford 분류가 최근에 많이 사용되고 있는데 A형은 상행대동맥 침범을 동반한 경우이고, B형은 상행대동맥 침범을 동반하지 않은 경우이며, 통상 A형은 수술에 의한 치료를 요하고, B형은 심장내과적 치료를 한다.

대동맥박리의 증상은 갑작스런 극심한 흉통이 특징적인 것이고, 저혈량성 쇼크, 빈맥, 고혈압에 이은 저혈압, 심낭압전증후군 등이 그 징후로 나타난다.

대동맥박리는 심장초음파로 진단할 수 있고 전산단층촬영이나 자기공명촬영으로 정확한 진단 및 박리의 정도까지 확인할 수 있으며, 심한 경우에는 단순 흉부방사선 촬영에서 상부 종격동의 확장 소견이나 혈흉 등의 소견이 보일 수 있다.

대동맥박리가 의심되는 경우에는 반드시 즉각적으로 초음파검사나 전산화단층촬영을 시행해야 하며 이 때, 쉽게(90－100%) 대동맥박리를 진단할 수 있다.

치료는 환자의 상태와 대동맥박리의 유형에 따라 다른데 위 A형의 경우 반드시 응급수술을 해야 하며 수술을 하지 않을 경우 2주 이내에 환자의 약 80%가 사망하며, 급성 쇼크의 증세를 보일 경우에도 진단과 동시에 신속히 수술해야 하며 안정적인 경우는 통증과 한께 수술이나 심장내과적 치료를 한다.

---

5) 해당 내용은 판결문에 수록된 내용임.

위 A형 대동맥박리 환자에 대하여 수술을 할 경우 수술 후 조기 사망률은 10%정도이고 수술 후 5년 생존율이 70-90%, 10년 생존율이 55-65%정도로 보고되고 있다.

• 마르판증후군(Marfan syndrome)

마르판증후군은 선천적으로 대동맥의 중층이 약하거나 발달이 되니 않은 질환으로 체세포 우성 결체조직질환이다.

마르판증후군의 증상으로는 근골계 이상, 심혈관계 이상, 안구수정체의 탈출증, 고도의 근시 등이 있는데 근골계의 이상의 가장 큰 특징은 마르고 키가 매우 크면서 몸에 비해 팔다리가 비정상적으로 길며, 좁고 긴 얼굴, 거미처럼 매우 가늘고 긴 손가락과 발가락, 척추 측만증(척추가 옆으로 휘는 병), 흉곽 기형(새가슴 또는 오목가슴), 평발 등도 흔히 볼 수 있고 심혈관계 이상으로는 승모판막탈출증, 대동맥판막폐쇄부전증, 대동맥확장에 의한 대동맥류 그리고 대동맥박리증 등이 나타날 수 있다.

마르판증후군 환자의 70%-80%가 상행대동맥을 포함한 대동맥류의 증상을 보이게 되고 이러한 환자군에서 대동맥박리증의 발명 가능성이 정상인보다 훨씬 높고, 마르판증후군 자체가 대동맥박리증의 중요한 위험인자인 것으로 알려져 있다.

제7장

결 론

제7장 결 론

심장내과 판결문 20건의 질적 분석 결과, 진단 지연 또는 진단 미비 관련 판례, 부적절한 처치 및 처치 지연 관련 판례, 검사 및 시술 관련 판례, 투약 관련 판례, 기타 판례로 분류가 가능하였다.

본 저서에서는 사건별 원인 분석과 함께 재발방지 대책을 주체별로 검토하였다. 환자안전의 향상을 위해서는 의료인 개인의 노력뿐만 아니라 기관의 협조, 법·제도 차원에서의 개선과 지원이 필요하다. 개별 판결문 분석을 통해 파악한 기관 및 법·제도 측면의 재발방지 대책을 종합한 주요 내용은 다음과 같다.

기관 차원에서는 금연 등 의료기관 내에서의 건강행태 개선을 위한 엄격한 환자 관리 및 체계적 인수인계 절차 마련 등 철저한 환자 관리가 요구된다. 고위험 약물 지정 및 관리 절차에 대한 매뉴얼 제작과 같은 투약 오류 감소를 위한 체계가 마련되어야 하며, 안전한 검사 시행을 위해 검사 시 사전에 응급장비 준비, 의사 입회 하 검사 시행 등이 강조되어야 한다. 기관 내 업무 인계절차 관리 및 인계업무 관련 교육, 평가를 위한 시스템 구축이 필요하다.

법·제도 차원에서는 인력 부족에 대한 의료자원 수급 대책 마련이 필요하다. 또한 의료기관 시설 기준 보완 및 관리 방안 마련이 요구되며, 특히 전력공급 필수 장소에 무정전 전원장치의 설치와 관리가 이루어져야 한다. 관상동맥질환 환자 등의 집중적인 경과관찰에 대한 수가가 보전되어야 하고, 환자 대응이 취약한 시간에 고위험 시술이 실시되는 경우 추가적인 수가 책정을 통해 응급상황에 대한 관리가 신속하게 이루어질 수 있도록 지원이 필요하겠다. 그리고 대국민 홍보 캠페인 및 교육 등을 시행해 환자 스스로 심혈관 질환에 대한 이해도를 증가시키고 위험성을 인지할 수 있도록 하여야 한다.

　이와 같은 판결문 분석을 통한 원인 분석 및 재발방지 대책 제시는 판결문에 제시된 내용을 토대로 사건을 파악하여야 하기 때문에 한계점이 존재한다. 하지만 환자와 의료인 간의 의견 차이로 인해 의료소송까지 진행된 실제 사건이며, 분쟁의 해결뿐만 아니라 유사 또는 동일한 사건이 재발하지 않도록 하는 것이 중요하기 때문에 분석할 가치가 있다. 또한 이러한 의료소송 판결문을 예방적 관점에서 분석하여 파악한 원인 및 재발방지 대책은 일반인, 예비 의료인, 현직 의료인 등 다양한 대상을 위한 교육 자료 및 예방을 위한 홍보 자료 등을 개발하고 활용하는 데에 근거 자료가 될 수 있다. 또한 제안된 법·제도 차원의 개선방안은 향후 보건의료정책 개발 등에 활용하여 안전한 의료 환경 개선에 기여할 수 있을 것이다.

공저자 약력

김 소 윤

연세대학교 의과대학 의료법윤리학과, 연세대학교 의료법윤리학연구원

예방의학전문의이자 보건학박사이다. 현재 연세대학교 의과대학 의료법윤리학과장을 맡고 있다. 보건복지부 사무관, 기술서기관 등을 거쳐 연세대학교 의과대학에 재직 중이며, 보건대학원 국제보건학과 전공지도교수, 의료법윤리학연구원 부원장, 대한환자안전학회 총무이사 등도 맡고 있다.

이 미 진

아주대학교 의과대학 인문사회의학교실

보건학박사이다. 현재 아주대학교 의과대학 인문사회의학교실에 재직 중이며, 대한환자안전학회 법제이사를 맡고 있다.

김 태 호

중앙대학교병원 심장내과

내과 전문의이자 순환기학 전공 박사이다. 현재 중앙대학교 의과대학 심장내과 교수를 맡고 있다. 미국 메이요클리닉에서 연수(관상동맥 재협착 방지)하고 중앙대병원에서 근무하고 있으며, 중앙대학교 의과대학 의학과장, 중앙대병원 순환기과장, 심장센터장 등을 역임하였고, 대한내과학회 이사 및 감사로 활동하고 있다.

최 동 훈

연세대학교 의과대학 내과학교실

심장내과 전문의이자 의학박사이다. 현재 세브란스 심장혈관병원 원장을 맡고 있다. 연세대학교 의과대학 의학 학사, 석사, 박사를 거쳐 의과대학 내과학교실 교수로 재직 중이며, 심장내과장, 심장혈관병원 진료부장 등 요직을 두루 거쳐 심장혈관병원 원장을 현재 맡고 있다. 대한심혈관중재학회, 대한심장학회 연구이사를 역임했으며, 2017년 대한심장학회 학술이사도 맡고 있다.

이 원

연세대학교 의과대학 의료법윤리학과

보건학박사이다. 중앙대학교 간호대학을 졸업한 후 삼성서울병원에서 근무하였다. 연세대학교에서 보건학석사와 박사 학위를 취득하였으며, 현재 연세대학교 의과대학 의료법윤리학과에서 박사후 과정 및 의료법윤리학연구원에서 연구원으로 재직 중이다.

조 단 비

의료기관평가인증원

보건학석사이다. 연세대학교 보건행정학과를 졸업 후 연세대학교 의료법윤리학연구원에서 연구원으로 근무하였다. 의료기관평가인증원 환자안전TF팀에서 환자안전법 하위법령 제정 지원 업무를 수행하였으며, 현재 환자안전관리체계 구축 사업 및 환자안전종합계획 수립 연구를 수행하고 있다.

이 승 희
의료기관평가인증원

보건학석사이다. 연세대학교 간호대학을 졸업한 후 연세대학교 의료법윤리학연구원에서 연구원으로 근무하였으며 의료기관평가인증원 환자안전TF팀에서 환자안전법 하위법령 제정을 지원하였고, 현재 환자안전관리체계구축 사업 및 환자안전종합계획 수립 연구를 수행하고 있다.

정 창 록
연세대학교 의과대학 의료법윤리학과

생명의료윤리학 박사이다. 경북대학교 사범대학 윤리교육과를 졸업하고 동 대학원에서 '실질주의 윤리설에 대한 칸트의 비판과 문제점'으로 석사학위를, '피터 싱어의 생명윤리론에 대한 비판적 고찰'로 박사학위를 받았다. 경북대학교, 울산대학교에서 과학기술글쓰기, 철학상담치료, 예술철학, 논리와 비판적 사고, 현대사회와 윤리, 서양윤리학 등을 강의하였고, 한국연구재단 박사후 과정에 선정되어 연세대학교 의료법윤리학연구원에서 '포스트게놈 다부처 유전체사업 ELSI'프로젝트에 참여하였다. 현재 연세대학교 의과대학 의료법윤리학과 연구조교수이고 건강보험심사평가원 기관생명윤리위원회 전문위원이다. 가톨릭대학교에서 '과학생명윤리학'을, 연세대학교 약학대학원에서 '생명윤리 및 연구방법론'을 강의하고 있다.

이 세 경
인제대학교 의과대학 인문사회의학교실

가정의학전문의이자 의학박사, 법학박사이다. 현재 한국의료법학회 이사, 고신대학교 생리학교실 외래교수를 맡고 있으며, 연세의료원에서 가정의학과 전공의 과정을 수료하였다. 연세대학교 의료법윤리학과 연구강사, 연세의료원 생명윤리심의소위원회위원을 거쳐 인제대학교 의과대학 인문사회의학교실에 재직 중이다. 서강대 및 대학원에서 종교학 및 독어독문학을 공부하기도 하였다.

정 연 이
의료기관평가인증원

서울대학교 간호대학을 졸업하고 동대학원에서 석사와 박사 학위를 취득하였다. 현재 의료기관평가인증원 연구개발실장으로 재직 중이며, 한국의료질향상학회 감사 및 간행위원, 한국QI간호사회 자문위원, 대한환자안전학회 교육이사를 맡고 있다.

손 명 세
건강보험심사평가원

예방의학 전문의이자 보건학박사이다. 2016년 현재 건강보험심사평가원(HIRA) 원장으로 재직 중이다. 연세대학교 의대 교수와 보건대학원장을 역임하였고 대한의학회 부회장, 한국보건행정학회장, 세계보건기구(WHO) 집행이사, 아시아태평양공중보건학회(APACHP) 회장, 유네스코 국제생명윤리심의위원회 위원 등으로 활동하며 우리나라 보건의료 시스템의 발전과 해외진출에 노력하고 있다.

환자안전을 위한 의료판례 분석
02 내과(심장)

초판인쇄   2016년 12월 20일
초판발행   2016년 12월 30일

공저자   김소윤·이미진·김태호·최동훈·이 원·조단비
               이승희·정창록·이세경·정연이·손명세
펴낸이   안종만

편 집   한두희
기획/마케팅   조성호
표지디자인   조아라
제 작   우인도·고철민

펴낸곳   (주) **박영사**
               서울특별시 종로구 새문안로3길 36, 1601
               등록 1959. 3. 11. 제300-1959-1호(倫)
전 화   02)733-6771
f a x   02)736-4818
e-mail   pys@pybook.co.kr
homepage   www.pybook.co.kr
ISBN   979-11-303-2935-2 94360
               979-11-303-2933-8   (세트)

정 가   24,000원